·投资者必读系列·

预见未来

双循环与新动能

FORESEE THE FUTURE

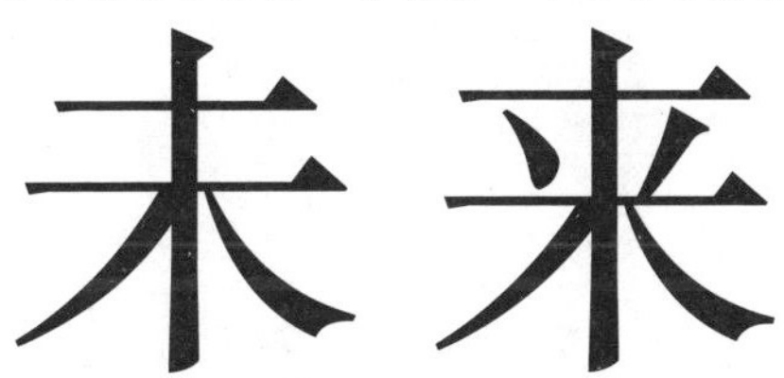

邵宇▪著

机械工业出版社
China Machine Press

图书在版编目（CIP）数据

预见未来：双循环与新动能 / 邵宇著 . -- 北京：机械工业出版社，2021.4（2022.3 重印）
（投资者必读系列）
ISBN 978-7-111-67961-5

Ⅰ. ①预…　Ⅱ. ①邵…　Ⅲ. ①中国经济 - 经济发展 - 研究　Ⅳ. ① F124

中国版本图书馆 CIP 数据核字（2021）第 060724 号

预见未来：双循环与新动能

出版发行：机械工业出版社（北京市西城区百万庄大街 22 号　邮政编码：100037）
责任编辑：沈　悦
责任校对：殷　虹
印　　刷：涿州市京南印刷厂
版　　次：2022 年 3 月第 1 版第 6 次印刷
开　　本：147mm × 210mm　1/32
印　　张：12
书　　号：ISBN 978-7-111-67961-5
定　　价：69.00 元

客服电话：（010）88361066　88379833　68326294　　投稿热线：（010）88379007
读者信箱：hzjg@hzbook.com

献给悦瞳

作者简介

邵宇，金融学博士、中国社科院博士后。牛津大学SWIRE学者，国家金融与发展实验室特聘高级研究员，复旦大学金融研究院研究员，复旦大学管理学院、泛海金融学院、南京大学工程管理学院、厦门大学经济学院兼职教授。中国首席经济学家论坛理事、上海国际金融与经济研究院理事、新供给经济学50人论坛成员、央行货币政策委员会专家成员。

曾挂职上海市宝山区发改委副主任，任职复旦大学国际金融系副主任、西南证券研发中心总经理、宏源证券研究所首席分析师。2011年加入中国东方证券，目前任集团公司总裁助理、集团公司首席经济学家。

研究领域覆盖全球宏观、中国宏观、权益债券投资策略和金融工程。美国《华尔街日报》、英国《金融时报》、中国财新网专栏作者。代表作品包括《全球化4.0：中国如何重回世界之巅》《新政机遇：改革锦标赛与市场新动力》《穿越镀金时代》《危机三部曲：全球宏观经济、金融、地缘政治大图景》《微观金融学及其数学基础》等。

2014年度中国青年经济学人、上海十大青年经济人物，2019年度、2020年度影响力首席经济学家。2021年参加李克强总理座谈会，建言政府工作报告、“十四五”规划纲要，被业界誉为新一代海派经济学领军人物。

推荐序

写此序，我琢磨了很长时间，原因有二。一是于邵老师而言，此书作为他 20 年研究成果的精华合集，有着特殊的含义。二是于我而言，要负责任地把我理解的邵老师和他的理论，选取一个最合适的角度，描绘给读者。要把邵老师复杂的理论系统用几页纸讲清楚，并不是件容易之事，我试试看，就当是抛砖引玉了。我不试图去概括，就写几点对他和他的研究的认知。

他是一个有善根的人。我私下常这样评价他。读者可能会想：一个好的经济学家，与善不善有什么关系？其实有很大关系，并且是本质的关系。“不失其所者久。”善是尊重事实，不扭曲捏造为己用；尊重学科理论，玩君子游戏；不功利地传播自己的观点。据说天才和常人较大的差别之一是，天才每一步都严格尊重事实，不欺骗自己也不欺骗别人，从而可以登峰造极。邵老师幽默且有线有谱地讲着实话，是值得人尊重的。这是因为他尊重一门学科的学术理论、尊重事实。客观的分析加上他丰富的经验，才造就了今天的他。这种品质决定了这位经济学家的理论及观点的可信度。

开着玩笑告诉你一个不是玩笑的严肃事实——邵老师擅长以一种诙谐的方式把他想要表达的观点讲出来。无论方式如何逗趣，传达的信息都是不失真的。有趣是为了能让对方听懂，且有兴趣、不排斥。顺应时代，因材施教，邵老师可谓是抓住了听者、读者的心理，巧妙地用大家可以接受的方式，和大家分享经济学知识。我做过多次他演讲台下的观众，虽知他诙谐，仍好几次惊讶于他表达的前卫。用最新的流行语言，把复杂的经济问题给你说明白，这种技能，当下的首席经济学家少有。与邵老师讨论经济学问题的次数多了，便就会有此感触，即听到的是货真价实的经济学家的评论。或许邵老师可以给我们讲一讲与一个经济学家的基本修养有关的课题。我们也希望他出一本相关题材的书，当然这是题外话了。

学武者知，一日不练百日空，经济学亦如此。人们开玩笑说，现在的成功人士都是5:57起床。据说邵老师在那个时间已经开始练功了——晨思、写文章。“致虚极，守静笃。”他曾经谈到过多年的写作习惯，天亮后、上班前这一段难得清静的时间，是他思绪迸发的时间，常年不变。这是他另一难能可贵之处，多年守着这一片清净，坚持着一个经济学家基本功的稳固。勤奋执着，并由此不断精进。从高校里的教授到今天的首席经济学家，邵老师坚持着一个经济学人的基本修养。这对于读者意味着什么？意味着，你不用担心他的文章是拍脑门写出来的。他每日都在“练功”，因此其观点精确且具有前瞻性是水到渠成的事。

既有学术精神，观点又具有可实践性。用通俗一点的话来讲，邵老师是“接地气”的经济学家。我特别想强调这一特质。他不是一位故意去“博出位”的意见领袖，这在当今环境下特别不容易做到。学术和市场有距离。学术上造诣非凡的研究，并不一定会被市场认可，而追随着市场的风向，脱离学术精神，则一定会被学术界鄙夷。如何才能将学术和现实紧密联系起来？不说空话大话、学术观点落地有声、不盲从市场热点，这是一个经济学家敬业和专业精神之结合；这是对客观事实的不断追求，努力不被市场噪声蒙蔽，不只活在学术的象牙塔里；不拿着一堆模型来让人觉得高深莫测，“不失其所”也不随意扭曲自己的真实观点。

邵老师能把复杂的经济、政治、民生及企业、国家、世界等复杂的互相交织的问题放在一个框架里讲清楚，具有系统性、全面性和实用性。无论读者是否有经济学基础，邵老师的文字都能帮其把复杂的经济现象、金融现象、投资现象好好消化，为己所用。他有所言，有所不言，造就了他观点的精确性和前瞻性。从《危机三部曲：全球宏观经济、金融、地缘政治大图景》《穿越镀金时代》《全球化 4.0：中国如何重回世界之巅》到网上的“复旦名师的经济学课”“如何战胜印钞机”课程等，都带有他教书育人的影子。本书的读者是幸运的。在学校里，老师手把手教你理论知识，进入社会后，你总是惆怅资本市场的血腥，没有人能够教你看清前路。现在，你就来读读邵老师的书吧。

老子说：“俗人昭昭，我独昏昏；俗人察察，我独闷闷。”我想用此句描述邵老师的独立思考、抱诚守真、超脱于流行观点的局限，恰合适！

悦闻

目 录

第二篇　新供给：六新供给火力全开

第三篇　新制度：全面深化改革

第四篇　新调控：重塑国家资产负债表

第五篇　新分配：共同富裕与精准扶贫

第六篇　新投资：在黑天鹅湖中和鲨鱼游泳

序章　病毒启示录：新时代与双循环

大趋势和新希望

2020年新型冠状病毒疫情突如其来，相当于黑天鹅事件和灰犀牛事件的叠加。最微小不过的病毒，却考验着最宏观的经济、市场、政府和人民。这是一场人类与病毒的世界大战。新型冠状病毒以高传染性饱和攻击区域民众，挑战政府的决策反应和应急执行能力，以挤兑形式考验着混合市场化的医疗卫生体系甚至市场本身。新型冠状病毒的狡诈之处在于它潜伏不定，有时无症状，可躲避侦测，也可能复发，多重多次检测才能锁定，且其高感染性会导致医疗资源瞬间被人们挤占，并诱发人体的基础疾病，造成大量连带伤害。新型冠状病毒切割了全球化供应链，在短期内便导致经济“大停摆”，致使全球经济瘫痪。之后，它可能会不断地产生新的变异，阻断世界各个国家和地区的跨国经济交往和贸易联系，令世界经济体脱钩，破坏世界的全球化结构和人们的全球共识，并引发全球经济持续性衰退。市场一度最为担心的是——此次疫情复杂情况是否会类似1918年的西班牙大流感，经济压力是否会形成类似1929年的经济大萧条，市场冲击是否会类似2008年金融危机。

人类构造了四道防线：口罩和社交疏离，这是大部分人采取的方式，以降低 R0（基本传染数，即在没有外力介入，同时所有人都没有免疫力的情况下，一个感染到某种传染病的人会把疾病传染给其他多少个人的平均数）；检测试剂，甄别传染源；方舱医院轻重分离，集中隔离（进一步降低 R0 到收敛）；呼吸机和重症加强护理病房（intensive care unit，ICU），最后一道防线，被突破会造成巨大伤亡。目前全球还处在战略防御阶段，各国正在争取时间、减少挤兑、平缓高峰。世界各国应加速全球联合研发投入，直到出现有效药物和疫苗，以对新型冠状病毒发起反攻，但目前疫苗的研发时间及有效性仍然是未知的。不少研究者认为，疫情最终可能会在社会意义上结束，即人们付出巨大代价后产生群体免疫，使病毒对人们的致死率逐渐下降，此后病毒长期与人类共存，如同每年冬季都会到来的流感。至此，人类社会寻找到经济活动与身心健康之间的新平衡。

怎样看待疫情后的世界？乐观的人认为疫情迟早会过去。例如，1918 年的西班牙大流感当时感染了全球 1/3 ～ 2/3 的人口，造成 5000 万人死亡。但最终 3 年后便销声匿迹了。西班牙大流感并没有改变 20 世纪初世界的发展动能，人口继续增长，经济和市场迅速修复，城市化和新技术革命把全球经济推向新的增长高峰。还有的人认为，每次大型疫情或者病毒暴发都会带来世界历史的转折，并对未来趋势产生重大影响。例如，中世纪横扫欧洲的黑死病（鼠疫）虽然使欧洲人口减少了近 1/3，造成人口危机，却是欧洲向近代社会转型的契机，特别是推动了欧洲文艺复兴运动的发展，开启了欧洲思想解放的新时代。从某种意义上说，那次疫情通过减少人口的方式推动了一系列旨在提升效率、节省人工的重大发明，从而推动了世界上第一次工业革命的发生，使得欧洲资本主义崛起。足够的经济发展动能使得欧洲开始向美洲及全球挺进，改变了美洲及全球历史的进程，极大地推动了全球化 1.0 大航海时代的到来。疫情终究会过去，但会给世界带来巨变，我们正处于下一次重大变化的历史关口。我们把疫情给政治、社会思潮、经济社会、全球化带来的一系列影响总结成 14 种趋势（见图 0-1）。这 14 种趋势将是未来决策的背景或基准。

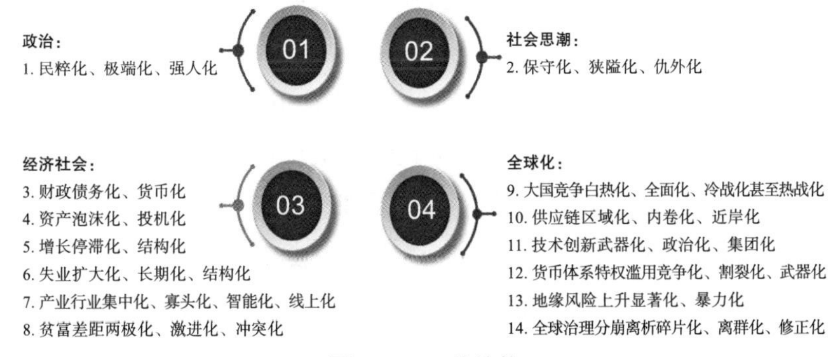

图 0-1　14 种趋势

14 种趋势

疫情带来的首当其冲的影响是政治的民粹化、极端化和强人化。欧美两极政治、否定政治分化日益明显，政治光谱（也称政治坐标，是量度个人政治立场倾向的工具）不论是向左翼势力偏移还是向右翼势力偏移，最终都会造成两方势力极端化，形成极端势力闭环，不利于人们寻求和解，进而达成共识。同时，社会思潮会变得保守化、狭隘化和仇外化。人们更多地指责他人，而不是检讨自身，社会内部矛盾外部化。这虽然使社会思潮变得相对简单，政治倾向更加明确，但是必然会对全球化形成产生巨大的反作用力。英国脱欧（指英国退出欧盟）、特朗普主义崛起，以及美国的一些移民政策，已经对全球化产生了负面影响，疫情的扩散使得这种负面影响不断加强，特别是不同国家不同方式的抗疫叙事一度被意识形态民粹化。在这次抗疫中，东亚文明强调以人为本、个人服从大局，采用强有力的方式进行社交疏离和隔离收治，应收尽收，应治尽治，消灭新增（控制病例新增加），严控疫情，以付出较大的短期经济成本为代价保护人民身体健康，实现中长期经济恢复。这种抗疫行动的本质逻辑可以用一句话概括：人如果没有了，要钱还有什么用。反观西方的抗疫行动，多少还具有社会达尔文主义色彩，力图最终实现所谓的群体免疫。政府不愿意叫停经济，人们甚至拒绝佩戴口罩和社交疏离，这种进化论观点可以概括为：没钱了，要那么多人干什么。在西方，人们“既不听话也不怕死”，疫情还在一波波地肆虐，死亡人数也在不断增加，最终的高度政治化和民粹化的叙事可能相当丑陋，且毒害无穷。

在经济和社会方面，疫情带来的影响是财政的债务化和货币化。大量抗疫财政支出形成赤字，使得大部分国家的债务水平不断上升，全球主要经济体的债务率都创下历史新高。2020 年第一季度，全球整体债务与 GDP 之比达到 245%，超过 2008 年全球金融危机时全球整体债务与 GDP 之比 215%。这种情况只有通过发行货币进行弥补，才有可能维持国家财政正常运转。美国、日本、英国等发达经济体的债务货币化——央行通过印刷（发行）货币方式为政府债务提供融资，已经变得非常普遍。从某种意义上说，中国版现代货币理论开始指导实践，即通过政策性机构购买特定资产，再由央行对这部分资产提供相应的流动性支持。在全球经济增长乏力、修复缓慢的情况下，各国迟早都会使用债务化及债务货币化的方法，而由此产生的资产巨大的流动性释放必然会助推资产的泡沫化和投机化，使得金融市场波动更为剧烈，房地产和股权的金融周期将越发明显。全球最坚挺的“泡沫”之一——美国科技股，已经持续繁荣了20年甚至更久，虽然有过短暂回调，但是都被资产的流动性冲刷了过去。2020年疫情本来会导致一次全球市场的局部出清，对泡沫产生消胀作用，但美国联邦储备系统（美联储）和全球央行的联合行动使得全球市场经济的泡沫化趋势不但没有停止，反而得到了加强。2020年第二季度至第三季度，全球资产流动性供应甚至超过了过去10年资产流动量的总和，美国M2（货币供应量）增速达到创纪录的高点25%，风险资产价格在经济极度低迷的情况下被推向历史高位。音乐不停，狂欢不止，这种状况以什么方式结束，在什么时点结束，几乎是完全不可控的。

此外，全球经济增长将停滞化和结构化。疫情发生后，中国是唯一正增长的大型经济体，其他经济体基本上都是负增长。如果疫情持续下去，这种经济增长的结构化格局及全球经济增长速度放慢甚至停止增长的趋势将会延续，届时失业就会扩大化、长期化和结构化。以服务业为重心的发达经济体，包括一些超大型城市，因经济停摆导致的失业群体扩大效应会更为明显。技术对人的替代作用，会让疫情中的人们试图寻找出更多取代人工就业的方法，如线上化、智能化或自动化等。因此，失业人口持续存在和增加恐怕也是后疫情时代的长期现象。相应地，产业和行业方面的趋势会是集中化、寡头化、智能化和线上化。实际上，在这次疫情中受益的大部分是线上寡头，我们可以明确地感受到，在疫情冲击下，很多中小企业受到更大的负面冲击。它们可能会消失，也可能会被并购，进入超大型企业、寡头企业的供应链中，行业集中度会随之提高。头部企业正更多地尝试产品经营智能化、线上化升级，替代部分线下和传统的经营模式。这些趋势在大型企业中已经全面体现出来了，可能会引发整个行业新一轮的洗牌。中小企业除非附着在头部企业的产业链条上，否则发展空间可能会显得更为逼仄。在本次疫情中，全球科技巨头的市值创下了历史新高，是典型的戴维斯双击，即市场份额上升（部分替代了线下经营模式和中小企业）带来的盈利上升和流动性充沛带来的估值提升的双重利好。与此同时，社会阶层的贫富分化将会加剧，导致两极化、激进化和冲突化。2020 年，美国种族骚乱背后的根源是不同阶层生存条件的巨大反差。如果美国不能迅速扭转这种局面，冲突就会变得更加酷烈和频繁。疫情后巨大的流动性投放，会进一步加剧整个社会的贫富分化。采用左翼进步主义的全民收入保障（universal basic in come，UBI）和具有较高累进度的财产税制，形势可能得到改善，但这会遭到既得利益团体的强力反击。如果形势改进在未来不可期，人群、种群、阶层的两极化、激进化、冲突化就无法避免，可能会动摇政体、分裂社会，在未来持续冲击全球社会治理结构的稳定。

在全球化方面，毫无疑问，本次疫情使全球化出现了停滞甚至逆转。未来的全球化可能会以一副完全不同的面貌出现。大国之间的竞争会变得日益白热化、全面化、冷战化（不排除热战化），未来世界跟过去 40 年全球化的“甜蜜时光”会有很大不同。大国之间的竞争和争夺将变得更加激烈，在各个领域，如资本、技术、金融、地缘和国家治理等全面展开。类似新“冷战”

的趋势正在形成，人类需要智力和勇气缓和目前的困境。在未来很长一段时间里，这种竞争会是所有国家决策的重大背景，我们必须学会与它共存。

基于上述全球化变化趋势，跨国公司的供应链可能会区域化、内卷化和近岸化。以前，世界资源在全球进行优化配置，中国因得到跨国资本的青睐而成为世界工厂，但疫情暴发后，中国的地位被削弱，全球供应链变得脆弱易折，出现内卷化现象。因此，疫情后世界跨国公司部署在中国的产业链可能有一部分会分散到不同地区，特别是离产品的终端销售市场比较近的区域（即把产业链放在离自己主要消费市场比较近的地方，不进行更远的部署），最终形成三个大的供应链中心——北美、亚洲、欧洲。这就是跨国公司供应链会出现的区域化、近岸化。

我们担心的是C+1的产业链部署（C代表中国），也就是说可能会有一部分产能在中国以外的其他区域布置一个近岸化的备份（备胎），特别是一些敏感商品，如医疗物资，为欧洲市场生产就在东欧布置一个产能，为美国市场生产就在墨西哥布置一个产能。这会对中国的就业和产业完整形成挤压。理想的全球产业状态是1-A的产业链部署，即除了美国以外，全球部署统一的产业链。如果终端市场在美国，就在北美搞产业链，搞上下游产业链条（具体情况取决于美国优先的特朗普主义遗产的强度和残留度），其他地方则和原来一样，在全球布局一体化的供应链。这是在当前情况下的一条比较现实的路径。如果中国在开放方面力度更大，通过《区域全面经济伙伴关系协定》（RCEP）、中日韩自由贸易区、中欧自由贸易区、《全面与进步跨太平洋伙伴关系协定》（CPTPP）等加大开放力度，全球除美国以外的产能仍然可以进行最优化布置，即按照当前形势，布局在中国的产能不需要进行大规模的迁移，也能实现中国进一步开放的目标。《中欧双边投资协定》（BIT）应该很快会形成新的中欧投资雏形，RECP 这个亚太地区规模最大、最重要的贸易协定已经签署生效。同时，中国也表示很乐于参与 CPTPP 谈判。如果中国能在上述自贸协定中取得“三零”（关税、补贴、准入壁垒）的成果，多边化、全球化就可以再度实现。尤其是关于服务业的投资，如果海外优质的教育资源、医疗资源、服务业资源能够进入中国市场，将起到类似中国加入 WTO 后的中国制造业持续升级、由进口替代转向出口导向的良好效果。

大国竞争最核心的部分一定是技术创新，现在的创新（包括 5G、卫星导航等）已经具有很明显的政治化、集团化甚至武器化趋势，可能会形成不同的技术路线及相应的技术体系。为什么 5G 是兵家必争之地？虽然 5G 看起来不过是手机从 1G 到 5G 的传输速度的不断增长，让手机下载资源更快，通信更加流畅，但它更可能是未来连接全球数百亿个智能元器件（物联网 + 互联网）的中枢神经系统。谁能对这个中枢神经系统制定更多的标准，谁就在未来有更强的全球化控制力，在未来的竞争中自然就能获得更多的压倒性优势。这种竞争是难以调和的，可能会出现一个世界有两个或者多个系统的格局，一个再明确不过的案例就是全球卫星定位系统有四种解决方案。

在全球货币方面，部分有货币优势的国家滥用特权，未来货币竞争可能会出现竞争化、割裂化、武器化趋势。一方面，在这次抗疫过程中，美元享受了至高无上的霸权。美国向全球输出过多的货币，使世界货币流动性过剩，美元指数贬值下行，对全球资源进行掠夺式收割。美元的特权在未来是否能继续得到全球认可是存疑的，如果美元失去特权地位，必然会引发全球更为剧烈的风险释放。另一方面，美国动用包括 SWIFT 系统（环球同业银行金融电信协会）在内的一系列美元体系基础设施和工具，对某些经济实体和个人进行定向制裁，切断其与全球美元经济的交流，引起了市场参与者的深度不安与不适。欧洲正在尝试做非美元的清算系统，以抵抗美元霸权。还有一些国家在尝试用非美元定价各种大宗原材料，从而分散美元在石油和大宗商品方面享有的过度特权。不出意外，数字货币很快将会加入这场货币竞赛。

此外，疫情后的世界地缘风险不断上升，出现显著化和暴力化趋势。疫情导致的经济停滞、交往阻断和人员伤亡使得多数经济体治理结构恶化，把内部压力在外部释放成了一种"正确的"政治倾向。我们可以看到部分地区冲突的火花不断闪现，各方都在强化自身军事和力量投射的投资和储备。对整个世界而言，这可不是什么好兆头。

第二次世界大战后，以美国为核心建立起的 WTO、WHO、IMF、联合国等是当下全球治理的主要组织。尽管有种种缺陷，但是它们在本质上是为全球提供公共物品和服务的。随着美国不断退出这些组织或者进行更多的规则重塑以对抗某些经济体，全球治理日益变得分崩离析，正向着碎片化、离群化和修正化趋势发展。众多的全球性事件，如疫情防控、应对气候变化、打击恐怖主义、推动经济包容性增长等，不仅需要全球各个国家的共同参与和努力，更需要全球的主导者振臂高呼，完善和升级全球治理体系，而不是粗暴地推倒现有的治理体系重来。对于究竟是形成更紧密的命运共同体，还是听凭某些国家优先进行利益分割，国际社会正在寻求解决方式。

回想第二次世界大战，战火燃遍全球，只有美洲光荣“孤立”。美国就此成为民主世界的兵工厂，在最后的大反攻中获取胜利果实，并主导缔造了战后国际秩序和治理系统，领导全球化3.0推动世界经济增长和繁荣。我们可以把这次疫情视为“第三次世界大战”——人类V.S.病毒，战火也燃遍全球，其中东亚儒家文明经济圈相对安全，他们注重隔离，保持社会稳定，开动内循环发展，并输送物资资源给其他地区帮助抗疫。在这场全球抗疫行动中，东亚儒家文明经济圈的行动将决定此后10年国际政治的大趋势是冲突、竞争还是合作，以及全球化的未来。

7大挑战

在疫情背景下产生的14种趋势，会给疫情后的世界带来更多的不确定性，正所谓百年未遇之大变局。未来，我们将直面更重大的挑战，为此我们需要做好充分准备。正如中国最新的“十四五”规划所说——当前和今后一个时期，中国发展仍然处于重要战略机遇期，但机遇和挑战都有新的发展变化。新一轮科技革命和产业变革深入发展、国际力量对比深刻调整、和平与发展仍然是时代主题，人类命运共同体理念深入人心。同时，国际环境日趋复杂，不稳定性、不确定性明显增加，经济全球化遭遇逆流，世界进入动荡变革期，单边主义、保护主义、霸权主义对世界和平与发展构成威胁。中国已转向高质量发展阶段，制度优势显著，治理效能提升，经济长期向好，物质基础雄厚，人力资源丰富，市场空间广阔，发展韧性强劲，社会大局稳定，具有多方面优势和条件继续发展。但同时，中国发展不平衡、不充分问题较突出，重点领域关键环节改革任务艰巨，创新能力不适应高质量发展要求，农业基础不稳固，城乡区域发展和收入水平差距较大，生态环保任重道远，民生保障存在短板，社会治理还有弱项。

毫无疑问，下个 15 年无疑是我们整个职业生涯中最具挑战的时间段，中国只有跨越 7 大陷阱才能实现民族复兴、国家富强和民众之福祉。7 大挑战如图 0-2 所示。

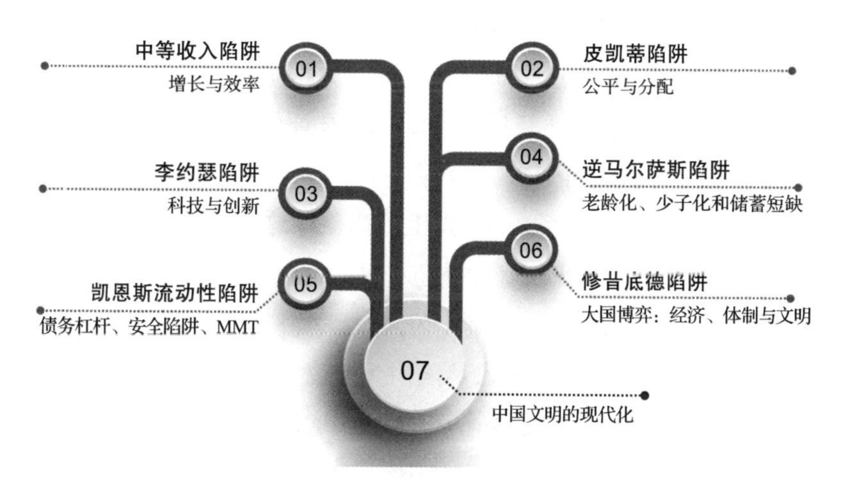

图 0-2　7 大挑战

第一，中国必须跨越中等收入陷阱，让经济持续稳定增长，即未来 10 多年内保持稳定的经济增长速度。例如，“十四五”期间，经济增长速度大致保持在 5.69%；“十五五”期间，经济增长速度保持在 4% ～ 5%。同时，中国的人均收入可突破 1.3 万美元，跨越中等收入陷阱和高收入之墙，达到中等发达国家收入水平。这可以为中国后续发展拓宽空间争取更多的机会。如果中国经济增长可以在未来 15 年保持年化 4.7% 的增速（不考虑汇率因素），到 2035 年，中国的人均 GDP 就可以突破 2 万美元，这将从根本上改变全世界的分配格局。

第二，中国必须跨越皮凯蒂陷阱，解决社会分配与公平问题。法国经济学家托马斯·皮凯蒂的《21 世纪资本论》指出了分化的趋势和必然性。当前，全球存在巨大贫富分化，在未来的一段时间里对其进行怎样的调整和修复至关重要。美国的贫富分化源于资本主义制度。美国宽松的资金流动环境使得泡沫经济产生，严重影响经济周期的运行规律。同时，资本市场财富效应、褒奖技术创新政策，产生了寡头垄断。数据垄断可能是一种终极垄断，技术进步加市场经济的涓滴效应被证伪。这些因素使得新一代美国人落入阶层固化的陷阱。中国的贫富分化程度日益增加，特别表现在财富基尼系数 0.8 以上。当然，这主要是因为资金流动性带来的价值重估效应。中国应该加大人们的再分配和促进共同富裕的力度，大幅度提高基本公共服务水平和均等化程度。

第三，中国应突破李约瑟陷阱（或钱学森之问），解决中国的科技创新问题。李约瑟是著名的英国历史学家，他曾提出这样的疑问：在近代以前的漫长岁月中，中国人在应用自然知识满足人的需要方面曾经胜过欧洲人，那么为什么近代科学和工业革命没有源于中国呢？李约瑟认为原因是中国近代前只有技术，没有科学，没有系统的思维或者科学的研究框架。引申到当下，问题的关键在于中国能不能发动一次属于自己的产业革命，以此来引领新一代的科技创新。因为每一次引领科技创新、产业革命的大国和强国，都是新一轮全球化的领导者。中华民族如何成为具备科技创新精神的民族？中国如何成为适合科技创新生根、发芽和茁壮生长的土壤？这不仅仅是资金投入问题，我们只有从教育理念、基础研究及科研激励体制甚至社会价值观等方面进行一场彻头彻尾的变革，才能回答著名的钱学森之问，即“为什么我们的学校总是培养不出杰出人才？”与此同时，很多处于前沿的科学技术都有着伦理、人性、价值观等方面的诸多争议。我们必须直面的难题是产业革命是解决危机的方案还是会引发更多的不平等，让一小部分人控制操纵大多数人的利益，给人类伦理观念带来冲击。

第四，中国必须跨越逆马尔萨斯陷阱，解决老龄化、少子化、储蓄率低等问题。马尔萨斯陷阱最初指人口增长是按照几何级数增长的，生存资源是按照算术级数增长的，人口不能超过相应的社会发展水平，所以人口成为社会发展的负担。现在的情况则完全相反，婴儿出生率低的国家最终会像经济发展停滞了数十年的日本，老龄化问题成为难题。中国的出生率在二胎政策全面放开的情况下，没有明显的上升。全球较发达的经济体都在面对一个老去的世界。可能在未来10年左右，中国会成为一个老龄社会，经济活力、创造力及分配结构和投资可行性都会发生变化。

第五，中国必须跨越凯恩斯流动性陷阱。全球经济体的负债杠杆越来越大，越来越多的货币刺激和债务货币化使得货币对全球实体经济的拉动效应逐渐递减。财政政策无法持续，货币政策日益失效，如同掉进了凯恩斯提出的流动性陷阱。发行再多的货币，接近零甚至为负的利率，更多造成的是经济泡沫，让人们产生财富幻觉并使人与人之间的贫富分化加大，无法激发更多的经济增长或启动新一代的产业革命。这看上去像一个无解的庞氏游戏。

第六，中国必须跨越修昔底德陷阱。即解决好大型经济体在利益、权力、体制、文明方面的冲突。从历史角度看，一个新崛起的大国会威胁到现有的大国的地位。大国博弈的权力游戏事关全球化的模式和未来。中国需要运用极大的政治智慧和外交技巧化解潜在竞争带来的压力，把风险控制在适当的范围内。

第七，中国必须跨越中国文明现代化陷阱。抛开近代冲击回应模式带来的各种名目的现代化主义标签，经历了各种西方主义的选择被穷尽和暴力试验后，中国回到了一贯相对稳定的发展路径上。东方文明大国自身的逻辑仍然在坚强地循环着，基于长期文明基因的儒家权威精英治国理念、国家统合市场经济体制一直在延续和升级中。它汲取了新的技术和现代化意识形态的养分，并不断更新。我们追寻现代化的本质，力图保持社会文化、政治的现代化进程，把传统文明和现代制度结合起来，找到“中西”结合，求同存异、各美其美，同为命运共同体共同应对更大挑战的有效方法，提升国家的治理效能，健全民主法治，彰显公平正义，让政府的作用得到更好发挥，行政效率和公信力得以显著提升，避免塔西佗陷阱，让社会治理水平特别是基层治理水平得以明显提高。

双循环和新规划

在认识到以上疫情背景下的重大趋势变化和存在的挑战后，中国明确提出需要做好较长时间应对外部环境变化的思想准备和工作准备，并逐步形成以国内大循环为主体，国内国际双循环相互促进的新发展格局。

双循环涉及需求、供给、分配、创新、投资、金融、开放、改革等各个方面，原来的外循环指全球化 3.0，即世界呈现消费国—生产国—资源国夹心结构，内循环指城市化 1.0，即城市发展是新区新城模式，工业化 2.0 是原来内外循环的供给基础，也是内外循环产业链部署的依据。但当世界进入全球化 3.5 时代时，世界摩擦不断，民粹主义兴起，城市化发展停滞不前，大量人口聚集在大城市中心，房价高企，公共服务稀缺，原来有效的 40 年双循环发展遇到了瓶颈。

面对外部环境变化带来的新矛盾、新挑战，中国必须顺势而为，调整经济发展路径，在努力打通国际循环的同时，进一步畅通国内大循环，提升经济发展的自主性、可持续性，增强经济发展的韧性，保持经济平稳、健康发展。中国的国内大循环发展格局绝不是自我封闭、自给自足，放弃国际分工与合作，而是以中国超大市场、超强供应链和优质供给能力为基础，形成以中国为核心的新循环系统，发挥优势，为世界各国提供更多的市场机会，依托国内大循环吸引全球商品和资源要素，创造新的国际合作和竞争优势。中国坚持开放合作的双循环发展路径，通过强化开放合作，更加紧密地同世界经济联系互动，提升了国内大循环发展的效率和水平。可以说，中国若要推动形成双循环新发展格局，必须坚持更大范围、更宽领域、更深层次的对外开放。

为什么美国特别厉害？因为美国市场足够大，在世界上有更多的发言权。中国经过改革开放以来 40 多年的发展，经济快速成长，国内大循环发展的条件和基础日益完善。从需求潜力看，我国已经形成拥有 14 亿人口、4 亿多中等收入群体的全球最大、最有潜力的市场，随着我国向高收入国家行列迈进，规模巨大的国内市场将不断扩张。从供给能力看，我国人民的储蓄率仍然较高，同时我国拥有全球最完整、规模最大的工业体系和促进工业发展的完善的配套能力，拥有 1.3 亿户市场主体和 1.7 亿多名受过高等教育或拥有各种专业技能的人才，国家的研发能力正在不断提升。可见，我国的供求两侧都具备实现内部大循环、促进内外双循环发展的诸多条件，我们必须利用好大国经济纵深广阔的优势，使经济发展的规模效应和集聚效应得以充分发挥。坚持形成双循环相互促进的新发展格局，是因为两者包含着相互渗透的供给侧和需求侧，包含着深度耦合的供应链、产业链、价值链和创新链，能够构建起更加完善的要素市场化配置体制机制，让我国的资本、土地、劳动力、技术、数据等要素更加自由通畅地流动。我国要形成国内大循环的新发展格局，必须超越简单的市场供求层面，要从制度层面、创新层面、市场经济再生产和扩大再生产等方面为其发展寻找持续、安全、高效、稳定的动力源和支撑面。简单地说，我们要利用要素改革（如土地、户籍要素等）推动城市化保持平稳发展，利用分配（存量税）、金融（注册制）改革刺激新一轮技术创新，引领新的产业革命，坚持合纵连横、自由贸易、深度开放的策略破解美元霸权带来的困境。

经济发展虽是螺旋式上升的过程，但也是分阶段的。不同阶段对应不同的需求结构、产业结构、技术体系和关联方式，我们要坚持经济发展方式的与时俱进。党的十八大以来，基于中国经济发展进入新常态的判断，中国提出了推进供给侧结构性改革的重大战略性思路，按照“三去一降一补”和“巩固、增强、提升、畅通”八字方针推进和深化我国的供给侧结构性改革，有效改善了供求关系。面对全球政治经济环境出现的重大变化，双循环战略的提出既是供给侧结构性改革的递进深化，也是以往发展战略的整合提升，具有重大现实意义和深远历史意义。

基于上述逻辑，未来中国发展的轮廓清晰可见。2020 年 10

月 29 日，中国共产党第十九届中央委员会第五次全体会议通过《中共中央关于制定国民经济和社会发展第十四个五年规划和二〇三五年远景目标的建议》。从投资术语上说，这是我们所有人的母公司未来 5 ～ 15 年发展的商业计划书，大家需要认真学习和理解。如果我们连自己母公司的商业计划书都没有弄明白，又怎么能确保自己的一亩三分地的耕耘收获呢？

从总体上看，“十四五”时期经济社会的发展以推动高质量发展为主题，以深化供给侧结构性改革为主线，以改革创新为根本动力，加快构建新发展格局。构建新发展格局关键在于实现经济循环流转和产业关联畅通，根本要求是提升供给体系的创新力和关联性，解决各类“卡脖子”问题和瓶颈问题，保证国民经济循环发展畅通。方法是深化改革、扩大开放、推动科技创新和产业结构升级。我们要以构建高水平、完整性的国民经济体系为目标，突出重点，抓住主要矛盾，着力打通堵点，贯通生产、分配、流通、消费各环节，实现供求动态均衡。

“十四五”规划的重点是引导各方面把工作重点放在提高经济发展的质量和效益上。相较而言，“十三五”规划对经济增速提出了明确要求，即 GDP 年均增速在 6.5% 以上。“十四五”规划则表述为“在质量效益明显提升的基础上，实现经济持续健康发展”。我们可以看出，“十四五”规划在经济增长目标的要求上更具弹性，经济发展的中长期规划目标更加注重经济结构优化，同时新增了关于“安全发展”的主题，对统筹发展和安全、加快国防和军队现代化等做出了战略部署，强调要坚持总体国家安全观，加强国家安全体系和能力建设，筑牢国家安全屏障。“十四五”规划 12 大重点任务总览如图 0-3 所示。

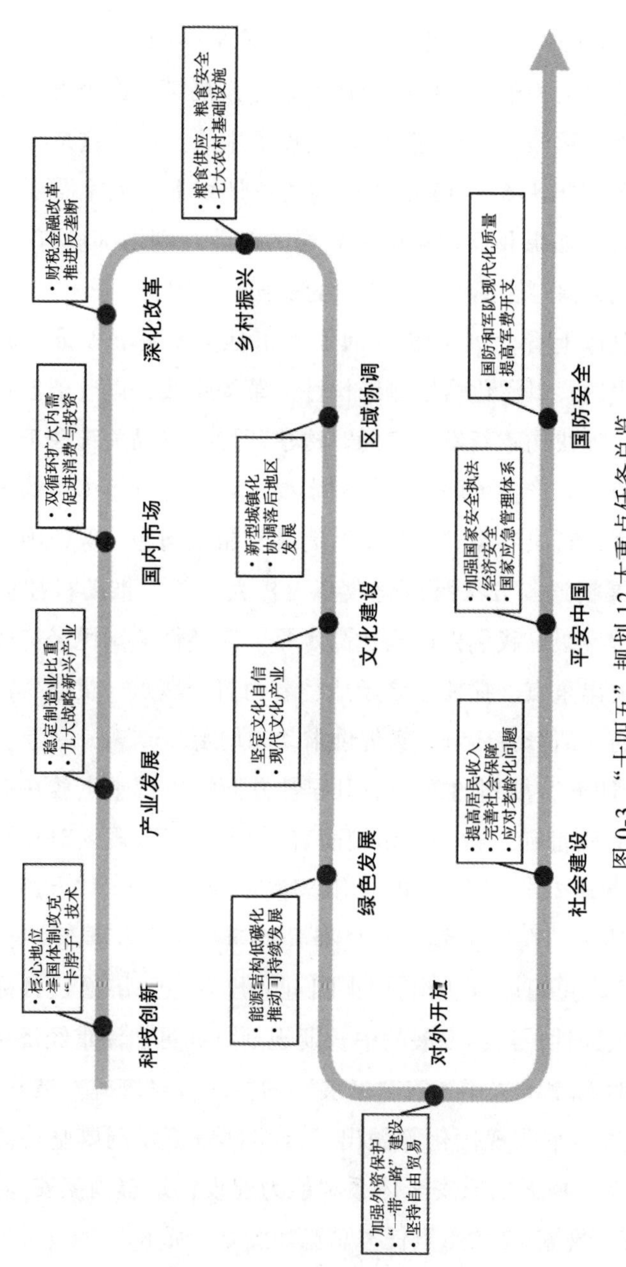

图 0-3 “十四五”规划 12 大重点任务总览

再者就是我国发展的两个重中之重了。一是加强科技创新。“十四五”规划用了很大篇幅来讨论这方面的问题——专门用了一个篇章（“十三五”规划中仅有一小节篇幅）来讲述科技创新战略，并将其放在12大重点任务中的第一部分。同时，关于科技创新具体实践也做了具体部署，如明确提出了包括信息技术在内的九大战略新兴产业，包括5G网络在内的三大新型基础设施，包括人工智能在内的八大前沿领域，以及北京、上海、粤港澳大湾区构成的三大国际科技创新中心等。

从国家层面来看，我们需要坚持创新在我国现代化建设全局中的核心地位，把科技自立自强作为国家发展的战略支撑，面向世界科技前沿、经济发展主战场、国家重大需求、人民生命健康，深入实施科教兴国战略、人才强国战略、创新驱动发展战略，不断完善国家创新体系，加快把我国建设成科技强国；强化国家战略科技力量，制定科技强国行动纲要，健全社会主义市场经济条件下的新型举国体制，打好关键核心技术攻坚战，提高创新链整体效能；加强基础研究，注重原始创新，优化学科布局和研发布局，推进学科交叉融合，完善共性基础技术供给体系；瞄准人工智能、量子信息、集成电路、生命健康、脑科学、生物育种、空天科技、深地深海等前沿领域，实施一批具有前瞻性、战略性的国家重大科技项目；制定实施战略性科学计划和科学工程，推进科研院所、高校、企业科研力量优化配置和资源共享；推进国家实验室建设，重组国家重点实验室体系。

从企业层面来看，我们需要提升企业技术创新能力，强化企业创新主体地位，促进各类创新要素向企业集聚；推进产学研深度融合，支持企业牵头组建创新联合体，承担国家重大科技项目；发挥企业在技术创新中的重要作用，鼓励企业加大研发投入，对企业投入基础研究实行税收优惠；发挥大企业的引领支撑作用，支持创新型中小微企业成长为创新重要发源地，加强共性技术平台建设，推动产业链上中下游、大中小企业融通创新。产业革命 4.0 的大方向如图 0-4 所示。

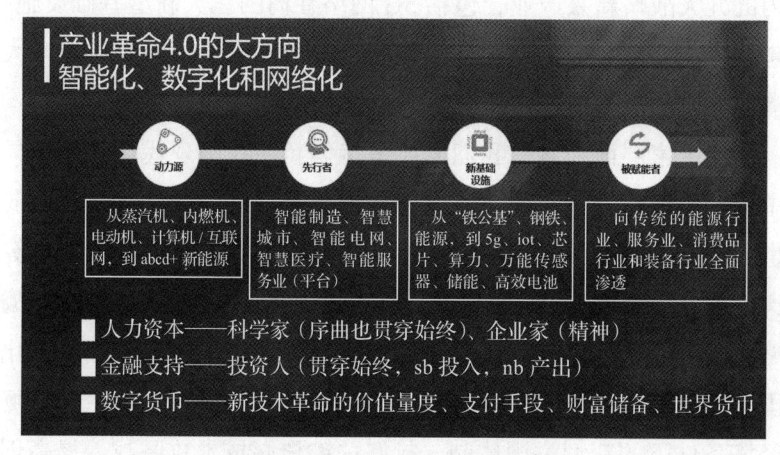

图 0-4　产业革命 4.0 的大方向

从个人层面来看，我们需要激发人才创新活力，贯彻尊重劳动、尊重知识、尊重人才、尊重创造的方针，深化人才发展体制机制改革，全方位培养、引进、用好人才，造就更多国际一流的科技领军人才和创新团队，培养具有国际竞争力的青年科技人才后备军；健全以创新能力、质量、实效、贡献为导向的科技人才评价体系；加强学风建设，坚守学术诚信；深化院士制度改革；健全创新激励和保障机制，构建充分体现知识、技术等创新要素价值的收益分配机制，完善科研人员职务发明成果权益分享机制；加强创新型、应用型、技能型人才培养，实施知识更新工程、技能提升行动，壮大高水平工程师和高技能人才队伍；支持发展高水平研究型大学，加强基础研究人才培养；实行更加开放的人才政策，构筑集聚国内外优秀人才的科研创新高地。

从制度层面来看，我们需要完善科技创新体制机制。深入推进科技体制改革，完善国家科技治理体系，优化国家科技规划体系和运行机制，推动重点领域项目、基地、人才、资金一体化配置；改进科技项目组织管理方式，实行“揭榜挂帅”等制度；完善科技评价机制，优化科技奖励项目；加快科研院所改革，扩大科研自主权；加强知识产权保护，大幅提高科技成果转移转化成效；加大科学研发投入，健全政府投入为主、社会多渠道投入机制，加大对基础前沿科学研究的支持；完善金融支持创新体系，促进新技术产业化、规模化应用；弘扬科学精神和工匠精神，加强科普工作，营造崇尚创新的社会氛围；健全科技伦理体系，促进科技开放合作，研究设立面向全球的科学研究基金。

二是实现人民群众的共同富裕。“十四五”规划在到2035年基本实现社会主义现代化远景目标中提出：“全体人民共同富裕取得更为明显的实质性进展。”“十四五”在改善人民生活品质部分突出强调“扎实推动共同富裕”，并提出了一些重要要求和重大举措。这样的表述在党的全会文件中还是第一次出现，既指明了前进方向和奋斗目标，又是实事求是、符合发展规律的，兼顾了人民群众的需要和共同富裕实现的可能，有利于人们在工作中积极稳妥地把握共同富裕的时代主题，在促进全体人民共同富裕的道路上不断向前迈进。

“十四五”规划还指出，共同富裕是社会主义的本质要求，是人民群众的共同期盼。推动经济社会发展，归根结底是要实现全体人民共同富裕。新中国成立以来，特别是改革开放以来，中国共产党团结、带领人民向着实现共同富裕的目标不懈努力，人民的生活水平不断提高。党的十八大以来，党中央把脱贫攻坚作为重中之重，使现行标准下的农村贫困人口全部脱贫，就是促进全体人民实现共同富裕的一项重大举措。当前，我国发展不平衡、不充分问题仍然突出，城乡区域发展和收入分配差距较大，促进全体人民共同富裕仍是一项长期任务。随着我国全面建成小康社会，开启全面建设社会主义现代化国家新征程，我们必须把促进全体人民共同富裕摆在更加重要的位置，脚踏实地，久久为功，向着这个目标更加积极有为地进行努力。

新时代、新常态与新征程

追上未来，抓住它的本质，把未来转变为现在。

——车尔尼雪夫斯基

新时代

每次重大的集会，都是强化、优化和更新主流叙事的最佳时间窗口。无疑，2017 年 10 月 18 日召开的中国共产党第十九次全国代表大会把这一叙事推向了新的高度——它宣告一个新时代的到来。

近百年来，中国共产党带领中国人民从建立共和国、确立社会主义基本制度，到推进社会主义建设，进行改革开放，开辟了中国特色社会主义道路，经历了从站起来、富起来到强起来的过程。

在改革开放之后，中国共产党对中国社会主义现代化建设做出战略安排，曾先后提出“三步走”的战略目标和“两个一百年”的奋斗目标。目前解决人民温饱问题、人民生活总体上达到小康水平，这两个目标已提前实现。在这个基础上，十九大又提出了双百战略，即到建党 100 年时（2021 年）建成小康社会，然后再奋斗 30 年，到新中国成立 100 年时（2049 年）建成社会主义现代化国家。

从十九大到二十大的 5 年，是“两个一百年”奋斗目标的历史交汇期。中国既要全面建成小康社会、实现第一个百年奋斗目标，又要乘势而上开启全面建设社会主义现代化国家的新征程，向第二个百年奋斗目标进军。十九大设想第二个百年奋斗目标可以分两个阶段来实施：第一个阶段，从 2020 年到 2035 年，在全面建成小康社会的基础上，再奋斗 15 年，基本实现社会主义现代化；第二个阶段，从 2035 年到 21 世纪中叶，在基本实现社会主义现代化的基础上，再奋斗 15 年，把中国建成富强民主文明和谐美丽的社会主义现代化强国。

由此，我国进入了中国特色社会主义发展的新时代。这个新时代的总任务是实现社会主义现代化和中华民族伟大复兴。它是决胜全面建成小康社会、逐步实现全体人民共同富裕的时代，是复兴中国梦并不断为人类做出更大贡献的时代。

这个时期中国社会的主要矛盾已经从前一阶段的需求旺盛和供给不足，转化为人民日益增长的美好生活需要和不平衡、不充分的发展之间的矛盾。与以前相比，人民对所谓美好生活的需要口径更加宽泛，不仅是物质文化，还更多表现在民主、法治、公平、正义、安全、环境等方面。发展的不平衡、不充分制约了人民需要的满足和中国发展品质的提升。

因此在这个新阶段，速度不再是唯一关键的指标，高速增长转向高质量发展是必然的，转变发展方式、优化经济结构、转换增长动力是眼下更为迫切的任务。

新常态

定义中国新常态，首先就目前国内的经济形势来看，一般我们关注的现象包括产能过剩、经济增速下滑、金融机构坏账的积累等，由此判断，中国经济可能处于下滑周期。那么对于新常态的进一步讨论就是，当前的下滑是一个过程还是已经达到某种平衡的状态。如果是在下滑过程中，那么应该还是处于一个“变（化状）态”而非“常态”。只有当稳定到某个平台状态时，才可称之为常态。基于这个判断标准，在我国经济整体增速中枢从10%降至5%～6%时，市场判断为增速下降的底线，因而会形成一定的稳定状态。在这个状态下，我们需要调节投资、消费、内外需比例关系等。这个状态可称为中国经济的新常态。

与国际上的提法相比，国际上“新常态”这一概念主要指慢速增长、通货膨胀相对较低的经济增长模式，与我国的情况有一定对应性。总体来看，当前中国和全球经济是紧密联系的，全球情况是中国情况的外因。过去40多年中国经济高速增长的部分原因是搭了全球化的便车。后金融危机时期中国经济面临外需下降——由于外需提供原始资本来源，且目前我国的产能设计等都是根据全球化生产模式设计的，因此全球化停滞会造成内需也相对衰弱。外因和内因相互呼应，从外因来看，世界经济进入新常态，相应地，中国经济也进入新常态。

新征程

西谚有云：“只要教会猴子需求与供给，猴子也能成为经济学家。”经济增长的基本原理就是“供给=需求”，如果这两者不等就要做些宏观调控，因此我个人对新常态下中国经济未来发展趋势的理解分为三个方面，分别是新的需求、新的供给和新的宏观调控，即新常态 = 新需求 + 新供给 + 新宏观调控。这也是中国经济未来的新征程。

新需求——需求其实就是告诉我们市场在哪里。老的需求即传统意义上的三驾马车，分别是投资、消费和净出口。新需求就是所谓“新三驾马车”。老投资是房地产、基础设施和制造业产能这三块投资。老消费主要是房子、车子、家电。出口原来主要是为欧美消费国进行生产，包括进口替代和出口导向。由于传统的三大投资领域全面减速，产能过剩和债务约束问题严重。传统的“衣食住行”消费也在一定程度上趋于饱和，“模仿型排浪式消费阶段基本结束，个性化、多样化消费渐成主流”。同时，全球总需求增长放缓及国内劳动力成本优势消退，也使出口对经济增长的拉动力减弱。我国的经济增长逐渐从靠老的三驾马车拉动，转向新三驾马车。新三驾马车是投资（深度城市化）、消费（消费升级）和净出口（全球化 4.0）。

（1）深度城市化。老投资主要是房地产、基础设施（“铁公基”）和制造业产能。我们把新的投资方向称为深度城市化。投资的目的主要是提升未来 3 亿农民工及现在既有的 6 亿城市人口的综合生活质量。这需要新一代公共基础设施，如城际铁路、地铁、地下管线，新一代互联网、教育、医疗、文化设施等。

新投资是智慧的投资和有效的投资。它体现在新一代基础设施和公共服务的均等化。新型城镇化即我们定义的深度城市化，它在实现可持续增长的前提下，也提供了足够大的投资与需求层面的想象空间，其主要内容包括科、教、文、卫、体、新的公共服务设施和海外互联互通的基础设施，关键在于提升投资的有效性和针对性。通过深度城市化的梯次结构激发内需潜能，形成内部的自我循环。

具体而言，首先是通过国家战略层面的产业布局与区域协调发展，有效发挥政府在战略规划、政策引导和公共产品提供方面的重大作用，破解发展断裂带下增长动力的缺失。在增长动力方面，以及主体功能区规划清晰的前提下，将3000多个县级行政单位参与的全员GDP锦标赛，升级为20个左右超级城市群之间的比赛。重塑扁平且有效的中央地方关系，既保障地方的活力释放，也强化中央的有效指导。通过京津冀、长江经济带、大湾区等区域实践，建立起未来深度城市化的梯次范本。

其次，可以在基础设施建设范本中大力推进公私合营伙伴关系，在城市建设中同步进行政府适度去杠杆和投融资体制机制改革。地方政府融资渠道单一、民资参与不足是目前地方政府深度城市化支出和财力紧张的两个重要原因，解决途径也应主要从这两方面入手。一方面，可以通过财税体制改革、完善转移支付制度、培育地方主体税种（包括房地产税的完善）等来平衡地方政府资金来源；另一方面，鼓励民间资本采取独资、控股、参股，以及BT[一]、BOT[二]、真正意义上的PPP[三]等市场化模式参与投资、建

[一] BT是build（建设）和transfer（移交）的缩写，意即“建设－移交”，是政府利用非政府资金进行基础非经营性设施建设项目的一种融资模式。

[二] BOT（build-operate-transfer）即建设－经营－移交，是指政府通过契约授予私营企业（包括外国企业）以一定期限的特许专营权，许可其融资建设和经营特定的公用基础设施，并准许其通过向用户收取费用或出售产品以清偿贷款、回收投资并赚取利润；特许权期限届满时，该基础设施无偿移交给政府。

[三] PPP是指政府与民营机构签订长期合作协议，授权民营机构代替政府建设、运营或管理基础设施或者其他公共服务设施，并向公众提供公共服务。

设和运营。这也是未来值得关注的亮点。

中国的人均资本存量相比发达经济体而言较低，所以短期来看投资是拉动需求的关键动力；从中长期来看，投资产生的资本形成是生产函数的主要贡献来源，所以关键问题在于这个投资的有效性。

中国经济地理存在着三纵两横的自然布局，这是中国未来城市群同核心城市的增长格局，在这些城市（群）里及它们之间的投资一定是有效的。现在能做的就是尽可能让原来计划在“十三五”开工的一些重大工程，提前开工或者加速推进，通过基础设施建设，特别是有效的投资和智慧的投资，维持经济增长的基本温度。市场也会很自然地把热点放在经济一体化发展的重点区域，如长江经济带、京津冀、四大自贸区，以及“一带一路”的中国内部接口，包括新疆、西藏（环喜马拉雅经济带）、海西、广西等这些关键的地缘、能源敏感地带。

（2）消费升级。应提高消费的品质，扩大内涵，同时发展新消费增长点。可支配收入的提高、人口结构的边际消费倾向提升，为居民的需求充分释放提供了前提条件。人民追求更高品质的生活，新兴的消费理念和消费形态将推动消费不断升级。更重要的是公共服务普及化，在当前中国经济的发展阶段下，大量流动人口进入城市后，包括医疗、卫生、教育、养老等在内的需求快速增长都是新消费的来源。未来的 3 亿农民工及已经在城市的 6 亿人口，总体来说可以定位成一个正在崛起的消费群体，要求更高的品质，从而过有品质的生活。因此传统消费的升级就是品牌化、体验化，品牌的溢价包括体验式消费变得非常有空间。同样，健康服务包括一些公共服务的均等化、日常化成为未来消费的主动力，二孩经济、银发产业、养老医疗这些在未来都有重大增长的机会。最后，信息消费科技化、互联网化，以及休闲化、娱乐化也是潮流，包括O2O、移动支付、文化旅游及娱乐休闲，还有体育产业都会有较好的发展机会。

谁说中国人不消费，看看国人从日本买回的马桶盖和各种奢侈品，还有风靡美国的月子会所，就可见一斑。唯一的问题是如何进行有效的进口替代和出口导向布局，以及如何通过扩大开放来提升我们自己服务业的发展水平，使之与人民群众日益高涨的服务要求相匹配。

（3）全球化4.0。以前中国出口最多的是廉价的鞋子、袜子，因此中国被称为“世界代工厂”。金融危机之后全球化出现逆转和停滞，这个过程中出现很多断裂，大型经济体需求内卷，原来的几个传统市场都已经熄火了，而且由于中美贸易摩擦升级及众多制造国货币贬值，出口竞争也更加激烈。

新的出口主要体现在新的市场。新的出口是以高铁、核电为核心的高附加值产品，以及从加工贸易到一般贸易的升级。在巨额外汇储备的保驾护航下，中国向亚太和其他新兴市场地区输入工程、服务、商品、资本和货币——分散贸易对手风险，更有效地进行外汇投资，积极参与全球货币竞争，最终实现人民币国际化。在升级了的全球化版本中，中国必然会有全新的对外利益交换格局和策略。一方面，“以开放促改革”，即通过对外开放为内部改革引入压力；另一方面，通过新一轮开放，在日益多极化和治理规则重构后的全球经济政治格局中发挥更主动的作用。通过“一带一路”倡议、多层次的自贸协定及国内自贸区的建设，以贸易加深跨国经济联系，以投资输出产能和资本，并在这两个过程中嫁接人民币国际化战略，最终中国经济的影响力会伴随着人民币的国际化提升，进而打破以中国制造、美国消费为主的循环圈，从输出廉价的“中国制造”，升级到输出工程、服务、产能、投资和资本，直至最终的货币——人民币国际化，参与全球货币竞争。

所以，现在我们希望能通过“一带一路”、亚洲基础设施投资银行（简称亚投行），让我们在整个欧亚大陆上的投资、出口能够提升一个量级。以前简单出口的那些产品，会逐渐被核电、高铁、通信、电子、家电等配套基础设施输出替代。现在中国在组建企业“特混舰队”，开往欧亚大陆的不发达地区。预计巴基斯坦、哈萨克斯坦、印度、印尼等区域会有更多的投资机会涌现。

“一带一路”的推进将逐渐打开一个接一个新的市场和新的需求，同时也要解决中国海外资产保护的问题，这会延伸出很多在安全、信息等领域新的需求和市场空间。

新供给——供给就是产能和产品，供给的核心是一个生产函数，是技术、资本、劳动力在特定制度环境下的结合。生产函数决定生产可能性边界，以前中国的高速增长主要靠要素投入，特别是廉价要素投入，包括劳动力、土地、资本、资源等。中国正在准备从密集要素投入过渡为要素效率的提升，再到创新驱动的新发展模式。现在的问题是怎样实现产业和产能的升级。如果要提高质量、提升效益、推动全要素生产率进步，就必须以供给侧结构性改革为主线，加快建设实体经济、科技创新、现代金融、人力资源协同发展的产业体系，着力构建市场机制有效、微观主体有活力、宏观调控有度的经济体制。广义的技术进步包括技术创新、产业结构演进、管理水平提升，还包括制度创新。技术进步将表现为生产函数曲线的整体移动，即六新供给——新技术、新产品、新业态、新组织、新模式、新制度必须火力全开。这些必然是未来产能供给的增长前沿，其中的新制度则是创新发生和效率提高的重要环境保障。

（1）新技术和新产品，这两个“新”更多代表的是原创，特别是所谓的硬科技，重点是在制造业中对新技术和新产品的一些突破和创造。突破性科技或者说技术革命的出现，从某种意义上说是小概率事件，有很高的不确定性，因此需要加强基础研究，强化原始创新，同时推进集成创新和引进消化吸收再创新。可以通过实施一批国家重大科技项目，在重大创新领域组建一批国家实验室，集中支持事关发展全局的基础研究和共性关键技术研究，加快突破新一代信息通信技术、高档数控机床和机器人、航空航天装备、海洋工程装备及高技术船舶、先进轨道交通装备、节能与新能源汽车、电力装备、农机装备、新材料、生物医药及高性能医疗器械等领域的核心技术，在此基础上强化企业的创新主体地位和主导作用，形成一批有国际竞争力的创新型领军企业。最终，依托企业、高校、科研院所建设一批国家技术创新中心，形成若干具有强大带动力的创新型城市和区域创新中心。[1]

（2）新业态、新组织、新模式。这主要是指服务业的创新，主要围绕“互联网＋”领域展开，即用互联网改造传统的制造业和全面提升现代服务业。通过发展物联网技术和应用，可以发展分享经济，促进互联网和经济社会融合发展，同时推进“工业

[1] 美国的创新多、技术强、创新能力突出，关键原因不是美国人有多聪明，而是它有强大的资本市场、金融体系及人才吸引体制，能通过砸钱吸引全球的优秀人才。

4.0”的实施，重点实施国家大数据战略，推进数据资源开放共享，推进基于互联网的产业组织、商业模式、供应链、物流链创新。“互联网 +”将有效地对传统行业进行改造，提升要素利用效率。

互联网的出现为人们的生活带来了更多的便利。随着信息技术的不断变革，互联网催生出了很多新兴行业，这些行业不仅为投资者和创业者带来了很多新机遇，同时也为传统行业带来了不小的冲击与挑战。以众所周知的零售业为例，互联网的出现使消费者在购买商品的时候可以更加便捷，也能拥有更多选择。但电商企业在成本、资源等方面的优势，对传统零售商造成了不小的打击。一些传统零售企业也在渐渐地建立自有的电商平台。再比如，传统的制造业都封闭式生产，由生产商决定生产何种商品，生产者与消费者的角色是割裂的，但是在未来，互联网会瓦解这种状态，消费者将会参与到生产环节当中，共同决策来制造他们想要的产品。也就是说，未来消费者与生产者的界限会变得模糊，催生 C2B、C2M 等全新模式。同时，对于创业者来说，渐渐饱和的传统市场、低廉的创业成本等因素，也让他们将眼光投向了很多新兴的行业。互联网金融、智能电视、OTT 等这些时下最流行、最新兴的行业，正在对传统行业进行冲击。互联网最有价值之处不在于生产很多新东西，而是对已有行业的潜力再次挖掘，用互联网的思维去重新提升传统行业。

“互联网 +”对传统行业的改造确实有效，效率有明显提升，消费者能够得到很多实惠。我想强调的是，“互联网 +”的关键是新供给创造出了额外的需求，这种供给创新是真正有价值的。

（3）新制度。这是全面深化改革的内容，尤其是政府服务方面的创新，包括简政放权、财税改革、土地改革、户籍制度改革、国企改革等内容。

新制度代表政府全面深化改革的方向，“十三五”期间将按照完善和发展中国特色社会主义制度、推进国家治理体系和治理能力现代化的总目标，健全市场在资源配置中起决定性作用和更好发挥政府作用的制度体系，以经济体制改革为重点，加快完善各方面体制机制，破除一切不利于科学发展的体制机制障碍，为发展提供持续动力。

接下来阐述新一轮经济改革的主体框架。

行政体制改革：行政体制改革是其他改革展开的基础，通过建立有法律效力的“权力清单”“负面清单”“责任清单”确定政府和市场的合理边界，消除不作为和乱作为，为市场拓展打开足够的空间。新一届政府将职能转变作为深化行政体制改革的核心，将深化行政审批制度改革作为转变政府职能的突破口，将激发经济与社会活力作为深化行政审批制度改革的最终落脚点。取消、下放行政审批事项既是起点，又是重点和难点。从这一点入手，可谓切中时弊，有的放矢。《中共中央关于全面深化改革若干重大问题的决定》（简称《决定》）指出，进一步简政放权，深化行政审批制度改革，最大限度减少中央政府对微观事务的管理，对于市场机制能有效调节的经济活动，一律取消审批，对保留的行政审批事项要规范管理、提高效率；直接面向基层、量大面广、由地方管理更方便有效的经济社会事项，一律下放地方和基层管理。转变政府职能必须深化机构改革。优化政府机构设置、职能配置、工作流程，完善决策权、执行权、监督权既相互制约又相互协调的行政运行机制。严格绩效管理，突出责任落实，确保权责一致。

财税、金融和要素价格改革是最小一揽子改革的核心。广义的生产要素包括劳动力、资本、土地、资源、环境等。我国的要素价格存在不同程度的制度性和政策性扭曲，其结果必然是各种低效率的资源配置。生产过程的高资源消耗强度及相应的浪费和污染，造成经济结构、产业结构与分配结构扭曲，成为经济持续健康发展的障碍。

要素价格改革的核心是减少政府对价格形成的干预，全面放开竞争性领域商品和服务的价格，放开电力、石油、天然气、交通运输、电信等领域竞争性环节的价格，从而打破地域分割和行业垄断，加快形成统一开放、竞争有序的市场体系。资源性产品的价格改革目标是“建立健全能够灵活反映市场供求关系、资源稀缺程度和环境损害成本的资源性产品价格形成机制”。

财税改革将建立全面规范、公开透明的预算制度，让政府财力运行于阳光之下；同时匹配合理的事权和支出，既适度加强中央事权和支出责任，又能调动地方的积极性来扬弃和升级传统的GDP锦标赛。财政是国家治理的基础和重要支柱。这意味着一个现代化的公共财政法案有望出现。财政的基础地位和支柱作用体现在对其他重大改革领域的辐射性。本轮财税体制改革着重于以下三个方面：第一，改革预算管理制度，硬化预算约束。建立权责发生制的政府综合财务报告制度，建立规范合理的中央和地方政府债务管理及风险预警机制；第二，适度加强中央事权和支出责任，明确政府间职责分工；第三，完善税制，规范非税收收入，进一步理顺政府间收入划分，改进转移支付制度。

金融是经济的重要组成部门。金融改革行至今日，已摸索涉入“深水区”，可谓拔寨前进，步步为营。《关于2015年深化经济体制改革重点工作的意见》指出，围绕服务实体经济推进金融体制改革，进一步扩大金融业对内对外开放，健全多层次资本市场，促进资源优化配置，推动解决融资难、融资贵问题。金融改革的四个重点已经圈定：一是制订完善的金融市场体系实施方案；二是取得包括利率市场化改革、资本项目可兑换在内的金融对内对外开放方面的新突破；三是进一步完善多层次资本市场体系；四是充分发挥保险市场的保障作用。

金融改革的终极目的是提高金融服务实体经济的效率。通过商业性金融、开发性金融、政策性金融、合作性金融分工合理、相互补充的机构门类来优化现有的主银行金融体系；同时积极培育公开透明、健康发展的资本市场，推进股票和债券发行、交易制度改革，提高直接融资比重，为创新创业提供充分的支持。

土地和户籍制度改革是进一步释放关键生产要素动力和活力的重中之重：户籍制度改革将促进有能力在城镇稳定就业和生活的农业转移人口举家进城落户，并与城镇居民享有同等权利和义务。通过实施居住证制度，可以努力实现基本公共服务常住人口全覆盖。这将确保中国的人口结构和质量红利有效释放。土地改革一方面稳固农村土地承包关系，完善土地所有权、承包权、经营权分置办法，推进土地经营权有序流转；另一方面维护进城落户农民的土地承包权、宅基地使用权、集体收益分配权，支持、引导其依法自愿有偿转让上述权益。土地改革配合财政转移支付同农业转移人口城市化挂钩机制、城镇建设用地增加规模同吸纳农业转移人口落户数量挂钩机制，有效进行了城乡一体化建设，利用了资源。让土地成为资本市场上可交易的生产要素，是此轮土地改革的大方向。因此本轮土地改革的核心应该是释放农村土地的资本属性和流转属性，最终目的是给广大农民带来财富增值，有利于根本改变城乡收入差距不断扩大的趋势，而且将成为中国经济长期稳定发展的新增长点。

国企改革事关公平市场环境建立，进而决定全社会资源市场化配置的最终实现。预期“十三五”期间将分类推进国企改革，以管资本为主加强国有资产监管，健全国有资本合理流动机制，推进国有资本布局战略性调整，同时鼓励民营企业依法进入更多领域，引入非国有资本参与国企改革，更好地激发非公有制经济的活力和创造力，提升中国资本的总体产出效率。

从世界经济改革发展规律看，在多领域改革同时推进之际，难免出现所谓改革效果期限错配的问题。就是说，在旧有增长点受到抑制的同时，新的增长点没有及时形成，导致“青黄不接”的现象。这说明改革不是无痛的，改革与增长不是简单的正相关。改革会牺牲短期增长，调整增长模式会造成不同行业冷热不均、分野加剧，导致相关经济指标增速放缓。这不是坏事，反而说明调结构有决心、有实效。总体而言，改革是发展的强大动力，上述这些改革都会使生产要素，如劳动力、土地和资本的成本明显下降，不仅使生产函数中的有效要素供给总量和质量上升，全要素生产力也会因此变得更高，整个经济的结构和内涵也会变得更具弹性和可持续性。

新宏观调控——所谓宏观调控，就是供给少的时候加点供给，需求少的时候加点需求，使两者达到平衡。市场喜欢用“放水”“刺激”这些词语去描述当下的财政政策、货币政策的动向，这其实是典型的旧常态的思维和语境。新常态意味着我们对经济增速有比较大的容忍度，所以整个宏观操作的目的可能只是托住经济的底部，更重要的目的是修复中国的宏观资产负债表。

宏观经济大致可以分成六个部门，分别是政府（包括地方政府和中央政府）、企业（包括国企和民企）、居民部门、金融部门（中央银行和商业银行）、政策性银行（如国家开发银行、投资银行和影子银行）、整个对外部门。现在的问题在于局部资产负债表确实出现了问题，特别是现在的地方政府，还有加了高杠杆的国企部门，以及有过剩产能的企业，包括部分民企部门，可能将会面临衰退风险。

如果不对这些部门进行清理的话，很有可能形成僵尸平台、僵尸企业，以及连带的僵尸金融机构。这实际上就像是日本失去的 20 年[一]，必须主动做一些调整。我用了一个比较戏剧性的表述方式，叫作中国宏观部门杠杆的“乾坤大挪移”，来形容整个资产负债表的修复和重新构造过程，具体内容可以简单地叫作九大移：地方移中央、平台移开行、财政移货币、国企移民企、传统移新兴、政府移居民、商行移投行、非标移标准、国内移国外。

我们可以看出，移杠杆的过程也就是改革的过程，中共十八届三中全会提供了 336 项改革方案，四中全会提供了 180 项依法治国方案，总共是 516 项方案。如果能够在 2020 年之前都实现，在移杠杆的过程中寓改革于调整，那么新一轮高质量的经济增长

[一] 日本在 20 世纪 90 年代初经济发展达到顶点，1990 年，日本甚至已经掌控了洛克菲勒等美国的几个大集团的大部分股权。但到了 1995 年前后，日元大幅升值，逐步导致日本经济崩溃。崩溃的原因如下：因《广场协议》，美国对日本掠夺收割；中国工业崛起；虚拟炒作泡沫的破裂。日本的泡沫破裂酿成了日本经济长达 20 年的大衰退，被日本国内称为日本第二次战败，即日本失去的 20 年。

就在眼前。我简单总结一下上面的内容，给出下面的公式以方便读者记忆：

新常态＝新需求＋新供给＋新宏观调控

新需求＝新三驾马车＝投资（深度城市化）＋消费（消费升级）＋净出口（全球化4.0）

新供给＝六新供给＝〈新技术＋新产品〉（中国制造2025）＋〈新模式＋新组织＋新业态〉（“互联网＋”）＋新制度（政府、金融、财税、要素、土地、户籍、国企、自贸区，8项关键改革）

新宏观调控＝九大移＝地方移中央（特别国债）＋平台移开行（注资）＋财政移货币（PSL[㊀]，指抵押补充贷款）＋政府移居民（PPP）＋国企移民企（混改）＋传统移新兴（并购）＋非标移标准（证券化）＋商行移投行（脱媒）＋国内移国外（人民币国际化）

在杠杆再平衡、宏观资产负债表整固的过程中，在升级了的投资、消费、净出口三驾马车的基础上，在六新供给和制度优化的支持下，可以热重启系统。这些升级措施将使中国的生产可能性边界再次有力扩张，这会是一个中长期可持续的向上趋势，其中包含大量的可供布局的投资机会。展望未来，尽管接下来10年中国的增长速度会逐渐慢下来，但是中国人会生活得更好，发展也会更人性化，具有经济和环境可持续性。4%～6%其实已经是一个不错的发展速度，它将保障未来中国成功跃出中等收入

㊀ PSL为pledged supplementary lending的缩写。PSL作为一种新的储备政策工具，有两层含义：量的层面，是基础货币投放的新渠道；价的层面，通过商业银行抵押资产从央行获得融资的利率，引导中期利率。PSL这一工具和再贷款非常类似，再贷款是一种无抵押的信用贷款，不过市场往往给再贷款赋予某种金融稳定含义，即一家机构出了问题才会被投放再贷款。出于各种原因，央行可能将再贷款升级为了PSL，未来PSL有可能在很大程度上取代再贷款，但再贷款依然在央行的政策工具篮子当中。

陷阱。战略性地投资布局在上述这些新的方面，必然会成为中国经济新时代的大赢家！

大转型与再平衡：双循环新发展格局

2020 年 7 月 30 日，中央政治局会议提出“加快形成以国内大循环为主体、国内国际双循环相互促进的新发展格局”，引发广泛关注和讨论。当今世界，大多数经济体都已经嵌入全球产业链，存在内循环和外循环，只是重心、方向和结构有所不同。中国转向以内循环为主体的新发展格局，符合自身经济发展的演化规律，也将有助于缓解全球失衡。新格局供给侧的关键词是科技创新，需求侧的关键词是消费。

双循环格局的一般均衡分析

从国家来看，内外循环互为因果。国民收入账户和斯旺模型是分析内循环和外循环，或者内部均衡和外部均衡关系的常用工具。国民收入账户的恒等式关系要求净借款——四部门（家庭、企业、政府和世界其他地区）的收入减去支出之和必须为零，这是一般均衡理论中的瓦尔拉斯定律的应用。由此可以得出，国民净储蓄（居民储蓄－居民投资）等于资本净流出（对外净投资），后者又与经常账户顺差对应。资本流出等价进口需求，导致内需不足。

净储蓄、净资本流出和经常账户顺差是等价的，这就是内外循环的嵌套和镜像关系。人们习惯纠结其背后的因果关系，然而，恒等关系是比因果关系更强的约束。任何影响国内储蓄与投资关系的政策都会映射到国际收支账户上，任何扩大投资和储蓄剪刀差的政策都会加剧经常账户和资本账户的失衡。从这个意义上讲，几乎所有经济政策甚至包括不健全的《劳动法》和宽松的《环境法》(宽松的环保标准)，都会影响一国的经常账户收支状况，因为这相当于对可贸易品部门的隐形补贴，降低了其生产成本，增加了投资和产出，同时又增加了居民的储蓄，降低了消费。

从中美双边贸易来看，2009年以来，美国对中国的贸易逆差的占比一直维持在50%以上。这就是美国将中国作为扭转贸易逆差主要目标国的原因。实际上，由于中国处于价值链的中下游，中国对美国的顺差并不等于中国从美国赚得收入（增加值)，在中国对美国出现顺差的同时，中国大陆对日本、韩国和中国台湾出现了逆差。而且，任何美国扭转失衡的政策都有可能被对冲，既可能是美国其他政策，也可能是其他国家的政策。例如，当前的美元贬值和刺激内需的政策会部分对冲，即使美国国内政策的净效应有助于收窄国际收支赤字，美国也并不一定会出现贸易顺差，收窄国际收支赤字还需要对美盈余国家的协同。

从一般均衡和内外均衡的联动性上来说，只要美国不改变国民储蓄、投资和消费的结构性失衡状况，其国际收支逆差状况就不会改变，对中国的政策只会改变其逆差的对象，即将对中国的逆差转变为对越南、墨西哥等国的逆差。就像1980年代签署《广场协议》之后一样，美国的国际收支逆差在美元汇率贬值和日元升值后确实有所收窄，但20世纪90年代初又开始继续扩大，美国只是将对日本的贸易逆差逐渐转移到了中国，日本也并未因此转向顺差，只是将对美国的顺差逐步转移到了中国和其他亚洲国家。

特朗普政府认为中国对美国的每一美元贸易盈余，都是中国不公平的贸易政策引致的。在主流经济学家圈中，如美联储前主席伯南克提出，以中国为代表的新型与发展中国家的贸易盈余积累了大量的外汇储备，导致全球储蓄过剩，这些储备大部分回流美国，压低了美国的利率，提高了风险资产价格，加剧了金融不稳定。人们较少关注的是，回流美国的储备并没有被用于投资，而是被用于消费。这是全球化大循环破裂的另一个结构原因。如果这些储蓄被用于投资，形成产能，而不是被消费掉，那全球化的可持续性或许会更强。

双循环格局的变迁：从内循环到双循环 2.0

新中国建立以来，双循环格局可被划分为三个阶段，1978 年和 2008 年是两个重要节点。每个新阶段都建立在对旧阶段的反思的基础之上，同时也是对前一阶段中积累的问题的矫正。

1949 ～ 1978 年我国基本上只有内循环。内循环的特点是分权、分散和孤立。毛泽东观察到了社会主义改造时期（1952 ～ 1956 年）集权政治和经济制度的弊端，对中央集权化的经济极不信任。1956 年 4 月，毛泽东在《论十大关系》报告中强调，中央和地方的平衡至关重要。1957 年，中共八届三中全会通过了一项改革议案，核心在于加强地方政府的权力。地方政府在经济规划、资源分配、财政、税收和人事管理上获得了更多自主权，约 88% 原属于中央政府各部委的国有企业被地方政府接管。但问题在于，权力过于分散了。生产活动由公社统一管理，在每个公社内部，权力又过于集中，连生产工具也要统一管理。此外，不同公社之间基本处于隔绝状态。所以，这种完全分割的状态致使内循环实际上处于一种空缺状态，难以发挥规模经济的优势。

在外循环方面，中国与国外当时只有有限的交往，主要是前期苏联对中国的单边援助，后期中国完成了“脱苏入美”的转变。从 1971 年基辛格秘密访华和 1972 年尼克松总统访华开始，到 1978 年中美建立外交关系，中国开始与西方资本主义阵营接触，打开外循环新格局。十一届三中全会确定了改革开放基本方针，推动了双循环良性互动新格局的形成。

1978 ～ 2008 年美国爆发金融危机可被视为双循环 1.0。这是一个以投资为导向的内循环和以出口为导向的外循环相互促进的发展格局，其中内循环逐步确立了以公有制为主体、公有制经济和私有制经济共同发展的基本经济制度和中国特色的社会主义市场经济体制，中央统筹和分权竞争相结合形成的“县域竞争”模式被认为是本阶段内循环的一个特点。外循环我国逐步确立全球产业链的中心位置，但是仍处于价值链的中下游，附加值较低。

如何打开外循环新格局，反哺国内工业化是改革开放初期的重大课题。在 1978 年底召开的十一届三中全会之前，时任国家主席华国锋就向国外学习，制定了 10 年规划，包括 120 个工业项目，如 30 个大电站、8 个煤炭基地、10 个油气田等，所有项目都要求最大化利用从国外引进的先进科学技术。但是，该计划明显高估了中国原材料出口收入的潜力，尤其是石油，同时也低估了从国际市场融资的难度，导致整个计划陷入资金困境。1978 年启动的 22 个项目中只有几个完成。虽然计划终止，但是它让决策层意识到了问题所在，即资本的不足不仅仅是对内的，也是对外的，要进口，必须先出口，赚取外汇。除了出口之外，外商直接投资也能缓解外汇短缺的困境。1978 年 6 月，时任国务院副总理谷牧决定选择性利用外资振兴中国经济，并获得了华国锋和邓小平的认可。

美国是中国在外交上打开外循环新格局的支点。香港和台湾地区是我国开放的第一站，香港被认为是“中国对外开放的中间人”。1978 年 8 月 31 日，香港商人曾光彪与珠海签订了第一笔投资合同。1980 年设立的 4 个经济特区（深圳、珠海、汕头和厦门）为外商直接投资提供了更多便利，特区也成为中国在经济上打开外循环新格局的基点。

与对外开放同步进行的是对内的改革，如农村、国企、物价、金融和财税等。家庭联产承包责任制调动了农民的积极性，提高了农业的劳动生产率，从中释放的劳动力成为工业生产的后备军；乡镇企业的发展在农村掀起了工业化浪潮，也成为吸收农业劳动力的主力军，是改革开放初期非公有制部门的活跃因子，是民营经济的初始形态。1980 年，经营承包责任制被引入工业企业，国有企业自主权不断扩大，有助于逐步建立公平竞争的市场环境。虽然国有企业在原材料、能源和银行信用等多方面仍然享受政策优待，但是不论在生产效率，还是增长上，乡镇企业的表现都更加出色。这是因为一个有能力改变游戏规则的企业，没有提高效率的压力和动力。这被认为是国有企业改革失败和发展滞后的根本原因，也成为双循环 2.0 的历史遗留问题。

1994 年前后启动的一篮子金融、财税、物价和汇率等改革措施为理顺市场配置资源的信号机制奠定了基础，之后我国逐渐形成真正的国内大循环。2001 年中国加入 WTO 之后，内外循环被彻底被打通，中国经济进入高光时刻。不过，这一切随着 2007 年次贷危机的爆发戛然而止。这一年也是第二次世界大战后全球化黄金时代的转折点，商品和服务贸易总额占我国 GDP 的比重已经从峰值的 61.5% 下降到 50% 以下，资本流动规模腰斩。始于 2018 年的贸易摩擦和中美“脱钩”仍在发酵，新冠疫情进一步加剧了外部环境的不确定性，或加速全球产业链调整。2007 年的次贷危机可被视为双循环 2.0 形成的起点，劳动力市场和外部环境都出现了转折，双循环 1.0 中的扭曲在应对危机，防止经济硬着陆的逆周期政策中达到了临界值。

整体而言，在双循环 2.0 中，供给侧要从要素数量投入为主转变为全要素生产率提升为主，基础研究和自主创新是产业升级的关键；内需将从投资驱动转变为消费驱动，外需则依托于产业升级和品牌建设，巩固中国在全球价值链中的核心位置，并逐渐向价值链的上游迁移，提升附加值占比。

历史的巧合之处在于，当前中国面临的外部环境和双循环 2.0 中内循环的目标结构与建国初期有一定相似之处。在外部环境上，1950 年 12 月 3 日，美国宣布对中国实行全面禁运，不久又宣布禁止一切在美注册的船只驶入中国港口。在美国的拉拢和压力下，1953 年春对中国实行禁运的国家达到数十个。美国还支持和配合对上海、青岛、天津等沿海港口和岛屿进行封锁，阻挠所有国家的商船进入中国港口。在内循环的结构上，20 世纪 50 年代初期，中国的消费率高达 80%，投资率低于 20%。

显然，双循环 2.0 不是退回闭关锁国式的自力更生状态。内循环不可能脱离外循环存在，两者是统一的。面对复杂多变的外部环境，反其道而行之，对内深化改革，矫正体制机制性扭曲，对外扩大开放，充分利用国内外两个市场方可突围。

双循环 1.0：大转移和大失衡

中国的“双顺差”（经常账户和非储备金融账户）格局始于

1999 年，结束于 2012 年，持续 14 年。随着经常账户顺差的扩大，我国国民储蓄与投资的剪刀差也在扩大。我们认为，储蓄、投资和消费的关系是考察内循环 2.0 的一个很好的切入点。关键问题是：中国的储蓄率为什么这么高，或者消费为什么如此低迷？由于外循环与内循环互为镜像，该问题的答案同样能够解释为什么中国能够长期保持贸易顺差。进一步的问题就是，未来（中国的）储蓄率还能保持这么高吗？双循环 2.0 新发展格局中，储蓄、消费和投资的关系会怎么变化？

基于储蓄、消费和投资的关系，可以将双循环 1.0 划分为两个阶段。1978 ～ 2000 年，消费率水平波动，1978 年为 61.9%，2000 年为 63.9%，低点出现在 1993 年（58.5%）。与之相对应，储蓄率和投资率呈水平波动态势，而且走势一致。储蓄率的波动性略低，均值 37.2%。储蓄率并未持续地高于或低于投资率，所以经常账户也并未出现连续的顺差或逆差。所以，2000 年以前我国并未出现消费需求不足和滑坡的现象。

2001 中国加入 WTO 之后，消费滑坡，投资加速，经常账户盈余同步增加，至 2008 年出现拐点。消费率的低点和投资率（资本形成率）的高点都出现在 2010 年，前者为 49.3%（2008 年为 50%），后者为 47%。2019 年底，我国消费率已经上升到 55.4%，投资率下降到 43%，储蓄率下降到 44.6%。

高储蓄率、低消费率被认为是“亚洲模式”的一个特点。与其他亚洲国家和地区相比，中国与新加坡的储蓄率偏高，峰值超过 50%。韩国的峰值为 41%（1988 年），中国台湾 40%（1986 年），印度 38%（2008 年），日本 34%（1991 年）。儒家文化被认为是这种现象的一个重要原因。但是，文化因素既不能解释亚洲国家与西方国家储蓄率差异的主体部分，也不能解释亚洲国家内部的差异。就中国的情况而言，与其说是文化，不如说是一系列强制储蓄、压抑消费和“劫贫济富”的分配政策和体制导致了高储蓄率。

就中国而言，次贷危机后的10年可被看作双循环1.0的结构调整期。目前，外循环已基本平衡——经常账户收支占GDP的比重3%以内，但贸易结构需要调整，内需中的消费和投资的结构需要进一步调整。结合消费的趋势和亚洲其他经济体的经验看，最终消费占GDP的比重每年还将以0.5到1个百分点的比重提升。

双循环1.0中的结构性扭曲和失衡在2008年达到了临界点。2001年中国入世是重要节点，但若忽略内因就不能抓住主要矛盾。从投资驱动的角度看，我国消费始终处于被压抑的状态，储蓄也带有强制性色彩。在双循环1.0阶段，内循环的结构和分配特征是收入从非贸易部门和农业部门转移到贸易部门和工业部门，社会总产出大大多于国内消费，剪刀差对应高储蓄率，为高投资增速提供了支撑。金融抑制政策降低了资本成本，连同高储蓄率形成了投资为主的内需结构。所以，这是一个非贸易部门补贴贸易部门、劳动补贴资本和内需补贴外需的结构。

消费不足的直接原因是居民收入增速较慢和贫富分化加剧，与之相关的解释如下。第一，劳动力市场结构。2004年刘易斯拐点出现之前，中国农村劳动力都是过剩的，劳动年龄人口（15～64岁）占总人口的比重也在不断上升。在供过于求的劳动力市场结构中，工资涨幅低于GDP增速和劳动生产率增速，导致劳动报酬份额不断下行。第二，虽然1982年家庭联产承包责任制的全面推广和1985年强制征购农产品计划的废除，使得农民获得一定的经济自主权，但是仍存在大量制度性壁垒加剧城乡分化。直到1992年，国家补贴城市居民消费的政策才逐步取消，但始于1958年的户籍制度仍然限制劳动力的自由流动和城乡劳动力报酬的收敛。第三，金融抑制的本质是将工业化和出口的成本转移给居民部门。第四，所有形式的贸易干预措施都有财富转移效应，所有鼓励出口、增加进口成本的政策都相当于加征消费税，压抑消费需求。第五，2005年“721汇改”之前，人民币汇率被显著低估，相当于对进口征税，对出口补贴，对内征收消费税。人民币低估的财富转移效应是将财富从消费者转移到制造商，以及在海外拥有净资产的富裕阶层。无论从税收效应还是从财富转移效应来看，人民币汇率低估都会压抑消费。直到2015年，IMF的评估报告才称人民币不再被低估。

除此之外，双循环1.0中压抑消费的制度安排还可以列一个很长的清单，如社会保障制度的缺失、宽松的环境保护环境、增强劳动者谈判权力的工会制度的缺失、不合理的农村土地征收价格等，它们都在不同程度上压抑了居民消费。所有出口导向的政策都有压抑居民消费的效应，也等价于强制储蓄，增加可贷资金，从而降低投资成本。中国的比较优势除了廉价的劳动力，还有廉价的资本。劳动力是很便宜，但资本像是免费的甚至是负的。

加入WTO拓宽了中国市场的边界，加速了国内的工业化进程，扭转了GDP增速下行的态势，但同时也加剧了内循环结构的失衡。2008年之后我国的调整是外生冲击引起的，虽然目前外部失衡状况有所缓解，但国内的政策应对放缓了内需结构调整的速度，最终消费占比仍然偏低。政策之所以强调要“加快”形成双循环新发展格局，与其说是在用时间换空间，不如说是时间抢空间，因为美国和欧元区也都在建立以内循环为主体的新格局。

双循环 2.0：大转型与再平衡

双循环 2.0 是由经济发展的目标函数和约束条件决定的，前者是无通胀条件下的充分就业，后者既包含经济中的一些趋势性力量，也包括大国关系等。约束条件决定目标函数的可行集，政策即在可行集内部进行权衡，确定方向和基点。影响中国经济发展的几个重要约束条件在 2008 年前后均出现了结构性转变，形成了新的趋势性力量，在中长期内仍将影响中国和世界经济发展的空间。

第一，就供给侧而言，人口红利渐渐消失，资本回报率趋势性下降，资本压抑劳动的模式难以为继。从要素数量投入（资本深化和人均劳动时间的提高）转向全要素生产率（total factor productivity，TFP）和人力资本的提升是唯一正确的道路，也几乎是唯一可选的道路。这需要加强国家的创新能力和体系建设，这是一个系统性工程，包括基础科研、教育、资本市场、私募股权基金等方方面面，关键在于理顺政府和市场的关系和分工，在于解放思想、实事求是，在于认识自身不足，包容多样性和不确定性。

辜朝明将经济发展划分为三个阶段：第一个阶段是快速城市化（和工业化）阶段。这是一个典型的二元经济发展阶段，刘易斯拐点尚未出现，劳动力供给弹性接近无穷。在该阶段，劳动力市场是典型的买方市场，资本所有者获得绝大部分剩余价值，工资增长慢于 GDP 增长。由于资本所有者的边际消费倾向较低，收入更多地用于储蓄和投资，所以这个阶段的一个特征就是资本有机构成提高——资本深化。对于一个资本短缺的经济体，资本深化是推动经济增长的重要供给侧力量。与之相对应，由于工资较低且贫富差距不断扩大，我国消费占 GDP 的比重不断下行。与此同时，在资本积累和农村劳动力向城市转移的过程中，城市化和工业化快速推进。

一旦越过刘易斯拐点，经济发展就进入第二阶段，即成熟经济（或新古典发展阶段、黄金时代）。农村劳动力由过剩转为短缺，劳动力市场开始出现供不应求的状况，工资涨幅或将超过 GDP 增幅，非熟练劳动力的涨幅更大，不利于劳动所有者的分配方式得到扭转，贫富差距收窄或不再进一步扩大。随着居民收入的增加，工资和消费占 GDP 的比重也会随之上涨。整体产能出现过剩，但劳动替代性、消费导向性和推动产业升级的投资继续扩张。贸易结构与第一阶段显著不同，出口产品复杂度和处于全球价值链的地位逐步提升。城市化和工业化仍在推进，但速度明显放缓。经济增速下台阶，从高速转为中高速。

第三阶段为被追赶阶段。刘易斯拐点叠加老龄化，劳动力短缺状况更加严峻，但是工资上升遇到瓶颈，因为劳动密集型产业要么外迁，要么用资本投入替代劳动投入。随着城市化和工业化的完成，可投资的机会变得稀缺，资本回报率不断下降。在该阶段，供给侧而不是需求侧是经济增长的主要约束，并且只能靠新产业革命才能扭转经济增长停滞的状况。如果仅仅从速度和质量这两个维度来划分，前两个阶段的共同特点是高速发展，第三阶段更加注重发展的质量，其中第二阶段也可以被理解为从高速向高质量发展的过渡阶段。

人口因素是不同阶段的划分依据，既包括劳动力市场的二元结构，也包括人口的年龄结构，它们都对劳动力市场的供求关系有直接的影响，从而决定工资水平和劳动和资本在国民收入中的分配，对制造业的全球竞争力和进出口也有直接影响。对于任何国家，人口结构的转变及其决定的城市化和工业化进程都是不可扭转的力量。实证研究也证明，无论是西方国家还是亚洲经济体，都符合三阶段演化范式。以劳动力工资和城市化率的变化为依据，美国、英国和德国等主要西方国家在两次世界大战期间从第一阶段进入第二阶段，并在20世纪七八十年代跨入第三阶段。在亚洲部分经济体中，日本在20世纪60年代中期和90年代末分别进入第二和第三阶段，韩国的阶段性拐点为21世纪初。

中国劳动力市场的两大结构拐点都已经出现。蔡昉认为，中国的刘易斯拐点在2004年已经出现，2018年亚洲生产力组织（APO）测算得到的时间区间为2005～2010年，从劳动与资本要素的相对成本来看，2008年是重要转折点。当然，这不仅仅是由刘易斯拐点带来的，还由于人口老龄化。2010年，我国劳动力占比的峰值和人口抚养比的底部都已经出现，工资开始上涨，说明中国已经进入第二阶段。相比其他亚洲经济体，人口因素对中国经济的挑战更大。日本和韩国从出现刘易斯拐点到出现老龄化拐点都有一定的时间间隔，这也是日本在20世纪60年代出现刘易斯拐点后仍能保持20～30年中速（或中高速）增长的原因。但中国这两个拐点几乎同时出现，正因为如此，中国的黄金增长窗口期会明显收缩。

人口结构的转变不仅改变了劳动与资本要素的分配格局，还限制了资本深化对经济增长的边际贡献，因为经济最优状态总是与最优资本有机构成相对应，而劳动力相对短缺状况的加剧自然会降低资本的边际报酬。将总产出从供给侧分解为资本深化、人均劳动力投入、人力资本积累和 TFP，人力资本积累和 TFP 是仅存的两个选项。

第二，需求侧。从总量上来说，净出口和投资对 GDP 增长的贡献趋势性下行是确定的，结构优化是避免其拖累 GDP 增长和集聚金融风险的必然选择。反之，提升消费是顺势而为，但消费潜力的释放取决于制度性壁垒能否消除，以及政策在二次分配中的作用。2008 年金融危机之后，以贸易和资本流动规模代表的全球化进程已经逆转。20 世纪七八十年代以来的全球化是建立在失衡和不均基础上的，以日本、亚洲四小龙和中国为代表的亚洲经济体和德国等都是盈余方，美国和欧洲边缘国家是赤字方，前者同时也是债权国，后者是债务国，任何债务型增长都有边界，即使是美国也不例外。如果说 2008 年金融危机是全球失衡的结果，那么欧债危机就是区域失衡的结果，目前仍处在再平衡的过程中。2008 年开始，全球失衡的状况开始调整，美国经常账户逆差和净资本流入规模都在缩小，中国“双顺差”时代也早在 2012 年结束，经常账户顺差（占 GDP 的比值）已经从 2008 年的约 10% 降至 2019 年底的 0.36%。

中美竞争引发的不确定性和产业链的断层将导致产业链重构，新冠疫情加速了这个过程。美国银行全球研究的一份报告表明，产业链正在迁出中国，北美地区所有全球性行业中有一半行业中的企业正在建立回流试行方案。新冠疫情使得全球性行业中 80% 的企业遭遇了供应链中断危机，企业的管理者正在重新审视他们的供应链。该报告预计未来将出现一种“中国 +”的结构——“在中国为中国”，以及“利益相关者资本主义”。世界工厂将会分散在世界各地，以更加贴近消费市场。

按照美国的数据，2019 年美国对中国的贸易赤字占比高达 60%，相比 2018 年已经下降了 12 个百分点。这个缺口必须得到弥补，美国才能避免逆差。在华外国企业的出口大约相当于中国 GDP 的 7%，产业链的外迁影响的不仅是出口，还有工作岗位的流失。类似的故事在美国也发生过。即使产业链不迁出，生产规模也会收缩。产能、市场和就业的流失必须靠重建双循环格局来弥补。

在投资需求方面，中国当然还有投资需求的潜力和需要，如深度城市化和新基建，但无可否认的是，与改革开放初期或者与 2008 年金融危机之前相比，空间都小了许多。2009 ～ 2010 年的四万亿计划与 2012 ～ 2013 年和 2015 ～ 2017 年的房地产投资，使中国的宏观杠杆率（M2/GDP）和实体部门杠杆率陡升。中国非金融企业杠杆率位于世界前列，居民部门杠杆率已连续 11 年快速上涨，从 2008 年的 17.9% 升至 2019 年的 55.5%，房地产企业的杠杆也位于行业前列。债务已经成为投资的紧约束，而且传统制造业产能过剩，房地产投资和基建投资需求的峰值也已经分别在 2013 年和 2016 年出现。深度城市化和新基建不足以弥补缺口。

投资需求的下降既符合中国经济的现实，也是经济发展的一般性规律。在不爆发毁灭性战争的前提下，任何经济体大概率只会经历一次工业化历程，也只会经历一次与工业化配套的投资热潮。中国的改革开放 40 年浓缩了人类自工业革命以来 200 多年三次工业革命的成果。工业革命以来的经验显示，任何国家有且仅有一次维持超长时间、超高增长的机会，也只有超高速的增长能够维持超高速的投资。即使正在发生的工业革命 4.0 会催生新的投资机会，但能否超过工业革命 2.0 的影响范围还是未知数，不过至少工业革命 3.0——信息与通信技术革命的影响力远弱于工业革命 2.0，即使在美国，也仅仅在 1996 ～ 2004 年出现了生产率增速的显著提升，年均增速大致与第一次相当，但显著弱于第二次。

所以，释放消费需求的潜力是唯一选择。虽然消费不能转变为长期产能，但是与投资对应的是债务。所有投资驱动型增长模式都会有两个约束：一是债务；二是国际收支平衡。任何一个约束的收紧都会限制该模式的可持续性。显然，2008 年金融危机以来，这两个约束条件都在收紧。债务方面，除了宏观杠杆偏高之外，杠杆结构的不平衡隐忧更大。国际收支平衡方面，中国能够保持贸易盈余的前提条件是其他国家有能力、有意愿吸收中国的出口商品。显然，无论是能力还是意愿，都有消退。当然，增强国家金融能力，推动人民币国际化可以释放一定的空间，但这都非一朝一夕之功，至少目前我国还没有打开这个空间。

双循环 2.0 新发展格局的内涵就是：供给侧从要素数量的投入转变为全要素生产率和人力资本的提升；需求侧以提振最终消费为主体，同时降低对进口中间品和外部市场的依赖，优化贸易结构增加附加值，推动城市群建设形成规模报酬，提升投资效率。能否实现双循环格局的转换，取决于能否将各项改革政策落到实处，取决于能否打赢“卡脖子”技术攻坚战，取决于能否纠正双循环 1.0 中压抑劳动和强制储蓄的制度障碍。

第一篇

新需求

新 三 驾 马 车

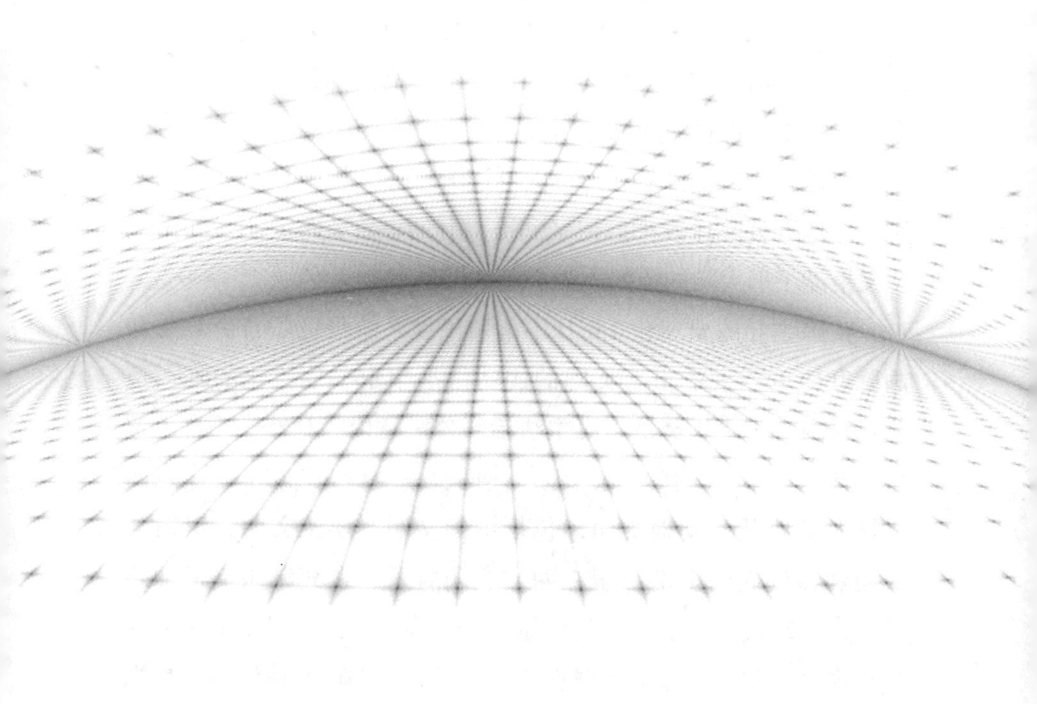

第1章　全球化4.0：大变局

前全球化时代，人类的交往主要发生在欧亚大陆这个世界岛上，类似局域网。在古代，陆上丝绸之路时断时续，海上丝绸之路作为补充沿大陆海岸延伸。人们交换着高附加值的奢侈品，分享着一千零一夜般的异域奇闻。

全球化1.0大航海时代，世界连为一体。枪炮、钢铁、病菌所到之地到处充斥着火的记忆和被割开的血管，重商主义和殖民主义推动了旧大陆的原始积累和新大陆的种族灭绝。

英国主导的全球化2.0日不落殖民地系统见证了自由贸易和国际联盟的巨大能量。英国的成功似乎预示着现代化的唯一道路：对内——市场经济、民主法治、公民意识；对外——自由贸易、条约体系、均势平衡。但总体而言，全球化2.0是一个东西方博弈的时代，其他文明，包括中国文明、埃及文明、伊斯兰文明和印度文明全部臣服在西方文明脚下，在其碾压下匍匐生存。这个时代产生了两个变异品种——日本，唯一成功的东方现代化国家，并开始谋求区域霸权；美国，全部由移民组成，从光荣孤立的美洲人的美洲，到未来全球化3.0“天命”的领导候选人。还有后来居上的生存空间掠夺者德国。最终形成危险的两极化的战争同盟，等待全球化 2.0 末日大战的到来，最为文明和发达的各大欧洲威斯特伐利亚体系下的民族国家最终全面厮杀在一起。

两次世界大战以后的全球化 3.0，由美国和美元主导的全球价值链和货币体系独霸天下。这个体系貌似更包容、更符合正义原则，最贫穷的人口也可以从中分享收益，条件是你要加入全球食物链结构并使用美元结算。但天文量级的过剩流动性潮流不断制造危机循环和洗劫外围国家，金融经济货币危机连连，地缘断裂带纷争不断。

同时，气候环境、网络空间、恐怖主义、大规模杀伤性武器、传染病毒等全球性挑战此起彼伏。值得注意的是，这类产生共识的所谓全球性议题，大都涉及广义的安全，尤其是非传统安全，即人类共同活动引发的全球级后果，甚至包括技术创新引发的不稳定性和不确定性。这既是全球化、信息化在极大解放和发展社会生产力的同时带来的副产品，也是各国政治、经济、宗教、文化等矛盾交织激化、文明冲突日益扩大的结果，更是国际合作规则体制机制缺失，各个国家各有算计，不能形成合力，无法有效应对面临的困境。这些全球化挑战的凸显促使世人从人类发展方式转变、国家治理模式改革、全球治理体制机制创新等方面寻找解决方案。

G2（中国和美国）新四年

2020 年由于新冠疫情，全球冲突演绎到了极致——瘟疫、暴力、叛乱、疯王、民粹、朋党、宫斗、对峙、巷战、倒戈、窥位、闪崩、外衅、泡沫、印钞、狂欢。2020 如果可以戏剧化，那绝对是部精彩好剧，高潮部分肯定是美国总统选举。

2020 年美国总统选举实际上提出了深刻的拷问——究竟什么是国家的灵魂？是宗教信仰、政治制度，还是肤色种族？

从美国的利益和信仰来看，特朗普何尝不是一位爱国者、理想主义者、改革者、斗士、美式原教旨主义者？为了记录 2020 年 11 月 4 日至 12 月 4 日的美国总统选举，我赋诗一首，诗名《灯塔之选》。

何须再望摇摆州，漂白亲尝皆等闲；
病毒不与懂王便，只把红州翻蓝州。
左右贫富黄白黑，高知少女红脖男；
媒体阁僚苦川久，街头法庭斗困兽。
百年巨变新罗马，变法再强梦一场；
一朝撕裂理想国，何处再觅五月花。
建国一去成绝唱，振华重修全球化；
抗疫有待新叙事，中或最赢双循环。

下一个四年的美国

2020 年美国总统选举的不确定性随着宾夕法尼亚州计票结果的出炉而消退，民主党候选人乔·拜登成为美国历史上第 46 任总统。

民主党拜登与共和党特朗普的行事风格不同，两党执政理念和政策立场也有较大差异。如同特朗普政府上台伊始就宣布退出《跨太平洋伙伴关系协定》（TPP）、终止奥巴马医疗法案一样，拜登政府也可能来一场“拨乱反正”式的改革。

整体而言，共和党崇尚的是古典自由主义（即保守主义或右派），其思想传承于约翰·斯图尔特·穆勒、约翰·洛克、亚当·斯密和大卫·休谟等自由主义的代表人物。共和党代表人物是 1981 ～ 1989 年任美国总统的罗纳德·威尔逊·里根，他也是特朗普的“偶像”之一，但他本人更加偏右派。里根在职时主张缩小政府规模、减税、放松监管、实行有限福利和保护主义。民主党属于自由派（即左派），其思想是对古典自由主义的改进，认为实现自由的方式并不是自由放任，而是对自由加以限制，尤其是经济自由。其基本主张是加强监管，推行有利于缩小贫富差距的税收制度、照顾弱势群体的福利制度以及多边框架下的全球化。

拜登政府的当务之急和优先事项是扭转特朗普政府的抗疫政策，这也是他赢得选举的重要加分项。拜登对挽救生命、保护亲人的重要性的认识为其获胜赢得了足够的权重。在竞选期间，拜登就成立了抗击疫情的工作小组，这个小组由专家和可能在政府中发挥领导作用的人员组成。他们主张美国在保障国家安全的前提下，重新向世界呈现开放之态，不主张让美国回到封锁状态，其主要举措包括扩大病毒检测和追踪范围、强制佩戴口罩、免费发放疫苗等，而这些行动都需要美国国会批准物资供应。从参议院多数党（共和党）领袖米奇·麦康奈尔的发言来看，他希望美国国会能通过新的新冠疫情救助措施，该措施涉及支持小企业、学校和医院的资金，以及州和地方政府的资金（这是民主党的一个主要优先事项）。这些资金可能更多地用于病毒测试、新冠治疗及新冠疫苗的研发和分发。可见，对于新冠疫情，两党（民主党和共和党）有着共识，并且都认为如果不完全消灭病毒，美国经济不可能真正复苏。

针对美国新冠疫情扩散和人口死亡率的一项研究发现，相较于一个州的老年居民比例、拥有大学学历的人口比例、经济的健康状况或医院重症监护病床的供应等指标，造成疫情扩散差异化的最有解释力的指标是政治因素——州长是共和党人还是民主党人。在医学上，人们已有共识：佩戴口罩是最有效的防止病毒扩散的途径。美国有17个州没有要求居民在出门时戴口罩，除了夏威夷州，其他州的州长都是共和党人。在33个要求戴口罩的州中，州长为共和党人的州比州长为民主党人的州平均晚30天实施这类规定。该研究结果反映出，美国疫情防控政策带有浓厚的政治色彩，与特朗普释放出的“混淆信号”有密切关系。在拜登上台后，随着抗疫政策的转变，美国新冠疫情第三波扩散进程可能会受到抑制。在这个过程中，拜登政府有很大的可能会重返WHO，与包括中国在内的成员国协调共同抗疫工作。为此，全球在共同抗疫领域（如疫苗、药物、医疗物资供应链等）的合作，应当比“特朗普时代”更具有建设性。

特朗普和拜登的竞选纲领基本上延续着两党的传统路线。在财政政策方面，财政扩张是两党少有的共识，区别在于具体额度和投资方向。总体而言，民主党人的刺激包裹会更大，但可能会遭到参议院和众议院的狙击。在货币政策方面，与特朗普不同的是，拜登比较注重美联储的独立性，至少不会在公开场合反复表达自己的货币政策立场，因此，我们可以预估，美联储在短中期内不太可能撤销宽松的货币政策。在税收政策方面，拜登计划对富人和企业加税，将美国境内企业的所得税率从21%提高至28%，将海外分支机构的所得税率从10.5%提高至21%，将年收入达 40 万美元以上的人群的所得税率提升近 3 个百分点，将年收入达 100 万美元以上的人群的资本利得税率翻倍（从 20% 提高至 39.6%）。这种税收政策的改变符合民主党的进步理念，但可能会给美国经济和大企业主带来压力。在金融监管方面，两党立场截然相反。拜登对美国经济过度金融化的情况很是担忧，主张加强金融监管，因此可能会使华尔街的金融主体忧心忡忡。在科技政策方面，特朗普在执政期间大幅削减了研发投入，并在应对新冠疫情时表现出对科学的怀疑态度，引起了美国乃至全球科学界的广泛抗议。《自然》和《新英格兰医学杂志》均发表文章表明了立场。与之相反的是，拜登更加尊重科学和科学家，主张增加对基础研发的投入。从 20 世纪 80 年代初开始，美国企业部门的研发投入就一直高于联邦政府的研发投入，而且差距还在不断拉大。2018 年底，美国联邦政府研发投入占 GDP 的比重已经降至 0.62%，相比 1964 年的峰值（1.86%）下降了 1.2 个百分点。美国联邦政府在基础研发总投入上的绝对投入在 400 亿美元规模停滞不前，占比从峰值时的 72% 降到了 40%。美国国会在 2020 年 9 月底发布的报告中称，科技政策的四大支柱之一便是基础科学研究。可以预见，拜登政府将显著增加对科学技术的投入，这也对中国科技发展产生了启示。不过，美国的民主党议会表示出了对头部巨型互联网科技寡头的监管意愿。反垄断和隐私保护要求会显著增加美国科技股和纳斯达克指数（反映纳斯达克证券市场行情变化的股票价格平均指数，基本指数为 100）的压力。

在贸易和外交政策方面，两党立场有着比较鲜明的对比。无论是对外还是对内，特朗普政府都存在着明显的“分裂主义”和

“民族主义”倾向，是国际国内的双重分裂主义者。特朗普在美国制造了很多矛盾，削弱了美国在第二次世界大战后构建的国际秩序中的地位，破坏了美国内战后确立的多种族平等的政治原则。拜登是一个弥合主义者，希望美国能在全球发挥“黏合剂”的作用，认为联邦政府是所有美国人的政府，不应有党派和种族歧视。

虽然民主党政府对美墨加三国协议（USMCA）持支持态度，但是仍期望在多边框架下推动贸易自由化，并把降低关税、推动WTO改革和重新加入《全面与进步跨太平洋伙伴关系协定》作为计划中的事项。在此背景下，可能出现两个方面的变化。一是中美两国在贸易领域的摩擦有望缓和，主要体现在关税层面。拜登认为，加征关税损害了美国消费者的利益和整体福利。二是美国将改善与欧盟的关系。拜登表示，美国将全力修复被特朗普破坏的盟友关系，并加强美日韩联盟，团结北约盟友。拜登与奥巴马一样反对贸易战，不过对非盟友的态度更强硬。拜登多次表示，将引导全球供应链回流美国，并通过联合盟友、征收反倾销税等措施持续对部分非盟友施压。此外，在地缘政治方面，拜登可能会与伊朗和朝鲜进行核武器谈判，放弃单边主义，同盟友再度进行协调合作。

在社会和民生政策方面，除抗疫政策以外，两党在环保与能源、移民、种族、医保、就业和枪支管制等方面的政策均有较大差别。特朗普注重美国能源的独立地位，以及能源行业在创造新增就业方面的贡献，而拜登更注重节能环保，对发展化石能源持消极态度，主张发展清洁能源，重新加入《巴黎协定》（2016年签署的全球气候变化协定）。特朗普注重增加就业岗位的数量，拜登在支持创造就业岗位的同时强调提升低收入者的工资，主张将最低小时工资从 7.25 美元提升至 15 美元。

在移民政策方面，拜登上台后美国的移民政策可能会出现“大反转”，有望实现边际放松，同时种族歧视性政策也有望被取消。在医疗保健政策上，拜登明确表示计划在任职后立即恢复被特朗普撤销的奥巴马政府实施的 100 项公共卫生和环境法规，重建白宫的“道德准则”，并承诺在上任第一天就签署一项行政命令，规定他的政府成员不得影响司法部的任何调查。从总体上看，拜登的中左路线（包含扩大民众福利和推动美国基建）需要高储蓄率（几乎无可能）、强汲取内部能力（加税再分配和破除寡头垄断）及全球资源配置能力（美国全球资源配置能力不断下降，通过猛印美元加强对世界货币的控制）的共同驱动，如果没有形成深蓝的政治格局（即民主党同时拿下参议院、众议院两院），那么几乎可以确定拜登将失去未来四年对美国的掌控权。

下一个四年的中美关系

拜登明确提出对外实施“中产的外交政策”，其对华关系的基本主张可以概括为以下三条。第一，美国将与其他西方国家联合起来，凭借占据全球 GDP 一半以上的地位，塑造从环境到劳动力、贸易、技术及透明度的规则。第二，美国将对华采取强硬措施，不让中国主导未来的技术和产业发展。第三，美国打算在气候变化、防核扩散和全球卫生安全等“中美利益交汇的问题”上与中国合作。

拜登在竞选时明确宣称俄罗斯是敌人，中国是竞争对手。我们不妨对比 2019 年欧洲对中国的战略定位来考虑下一个四年的中美关系。2019 年的欧洲认为，在不同政策领域，中国既是与欧洲有相似目标（如在气候、安全、地缘方面）的合作伙伴，又是欧洲需要找到利益平衡点（如在世界经济贸易、自由贸易区、“一带一路”中存在利益关系，可以通过双方谈判找到合作共赢的机会）的谈判伙伴。同时，欧洲与中国是同样追求技术领导地位（如在人工智能、5G 等技术领域）的经济竞争者，也是扩展不同治理模式（如意识形态、全球治理方面的扩张）的体系型对手。从整体来看，接触、合作和公平竞争是中美关系的主基调。因此，即便中美关系在短期内会有所缓和，中长期的博弈也会复杂化，美国两党对中国的长期竞争政策已经达成共识。我们必须妥善应对和管控来自全球的风险，以极大的智慧跳出大国之间关于权力（利益）、体制和文化的多重冲突。

整体而言，拜登与特朗普在对华政策立场上可谓共识最多。他们均主张对华采取强硬态度，但拜登对于在中美有共同利益的领域的合作持明确的欢迎态度，如控制核武器的扩散和应对全球环境恶化等。拜登上台后，中美关系的可预见性显著提高，双方在贸易、金融和人员往来方面的摩擦有望缓和。在短期内，美国会考虑取消关税，重新判断贸易协议。同时，从中长期角度讲，拜登政府主张通过新建规则来制约中国，中美博弈将进入长期的、基于规则的和较为可控的状态。此外，拜登政府还力主形成一个针对性更强的西方统一战线联盟，在中长期的时间里制约中国的技术升级和构想中的新一代全球化进程。因此，在未来一段时间里，中美双方在意识形态、人权和地缘政治领域的摩擦可能会升级。

表 1-1　特朗普与拜登的对华政策对比

	唐纳德·特朗普（共和党）	乔·拜登（民主党）
对华政策总体基调	对华强硬 对华政策缺少系统性和战略性 对华政策难以预测，打破传统的外交方式 将中国视为敌人，不仅是竞争对手 单边主义 战略遏制 威胁盟友对华遏制 对华脱钩	对华强硬，但方式上与特朗普不同，更加强调意识形态和人权主题 构建全面的、系统的对华政策 对华政策更加可预期，更具理性，遵守国际规范 将中国视为竞争对手 多变主义 战略制衡 联合盟友对华围堵，但在环保等部分领域保持合作
对华防疫合作政策	指责中国传播新冠病毒 将防疫失败渲染成中国责任 在疫情防控上缺少合作	在新冠病毒称谓上以 COVID-19 取代特朗普的“中国病毒” 认为中国需要为隐瞒疫情、疫情防控不力负责 加强中美及全球抗疫和卫生安全合作
对华贸易政策	继续对华贸易战，坚持贸易保护主义 维持第一阶段协议，要求中国承担更多购买义务 将贸易制裁与其他问题相结合	缓和贸易战，可能取消对华关税 认为贸易战损害了美国消费者的利益 要求中国提高对外开放程度等 在未来的贸易谈判中加入工人、人权、环境问题等 构建拜登版的 TPP，或者重新加入 CPTPP，联合盟友将中国排挤出国际市场
对华科技政策	对华科技制裁，打压中国科技企业 强调对华技术封锁，继续对华为等个别公司进行制裁 向其他国家施压，排除中国高科技技术	认为中国侵犯美国的知识产权并盗取商业机密，但没有给出应对这些问题的具体措施 或将不会立刻推翻对华科技制裁措施，但强度可能放缓 实施更加灵活的制裁措施，如批准部分企业对华高科技产品出口
对华金融政策	要求联邦退休基金停止投资中国股票 减少对华投资 要求阻止中国企业赴美上市	反对对华金融制裁，使用金融制裁容易威胁到美国金融体系的重要性和美元世界储备货币的地位

（续）

	唐纳德·特朗普（共和党）	乔·拜登（民主党）
对华环保政策	环保问题不是特朗普关心的重点	在气候变化和清洁能源上希望与中国进行合作 同时想向中国施压，让中国在“一带一路”建设中减少碳排放，或对中国提高环保要求
对华军事政策	加强美国在南海、东海地区的军事活动，威慑中国 限制军民融合交流	中国的挑战主要不是军事挑战 将中国纳入军备控制协定中 继续加强在亚太地区的军事部署
对赴美留学生政策	反对中国留学生赴美，尤其是理工科类敏感专业学生	接受中国留学生 采取行动为国际学生和高等教育部门恢复信任和确定性
对台湾、香港政策	用台湾、香港问题来制衡中国 增加对台湾军售	用台湾、香港问题来制衡中国 更加侧重利用人权问题发难，借助非政府组织

资料来源：根据两党施政纲领及公开发言整理。

综合而言，相对于内政，拜登与特朗普在对华政策方面，共识大于分歧，区别仅在于方式，中国面对的来自美国的压力并未下降。不过结合中国改革方向来看，拜登上台后，中美双方在维护多边框架，促进全球化和对外开放的大方向上并无二致。中美博弈的长期性不仅不会因为拜登的上台而改变，反而会更加明朗。中国转向以内循环为主体，内外循环相互促进发展的必要性不仅不会下降，反而会有所提升，毕竟美国很可能会联合欧盟和亚太地区周边国家一起对中国施压。中美未来的竞合格局取决于各自内循环的效率和外循环的张力。中国面对压力的最佳策略应该是在拜登“路线”和特朗普“遗产”之间寻找优化空间，利用中国智慧进行“反脱钩”斗争，在全球竞争中找准位置。其实还是挺怀念过去数年，那激情燃烧的岁月——“一顿分析猛如虎，涨跌全看特朗普”。

2020 年 11 月中国签订 RCEP 及对加入 CPTPP 持积极态度，正是突围当下僵局，重启多边主义，推进全球化的关键之举。BIT 达成之际，可以看出合纵连横哪家强。当时美国用 TPP、《跨大西洋贸易与投资伙伴协议》（TTIP）包抄中国，现在中国用 BIT、RCEP、CPTPP 反包围，更开放、更高规格，重振全球化，进入新的大循环。

中美贸易摩擦

2018 年，中美双方经贸磋商已经举行三轮。第一轮美方来华，3 位鹰派美方代表来势汹汹，双方针锋相对，互探底牌，并无实质成果，从双方提出的清单来看，分歧不小。第二轮中国访美，双方仍在关键问题上僵持不下，对达成的“共识”也各执一词，各说各话。从内容上来看，这是双方达成的“妥协式共识”。第一，中方承诺将增加购买美国的商品和服务。这有助于缩减美对华双边贸易逆差，但没有明确具体金额，也没有给出具体的时间表。第二，双方还同意在知识产权方面加强合作与沟通，中方同意对《中华人民共和国专利法》进行修订，但也将主动权留在了自己手里。第三，双方在投资领域也达成了共识，鼓励拓展双向投资，将进一步营造公平竞争的营商环境，但具体投资领域还需要后续磋商，而且这更多的是一种企业行为。除了书面上的共识之外，双方也有实质性行动，如中国商务部终止了对美进口高粱的“双反”调查，美国也同意暂停贸易战。可见，中美贸易进入了一个相对缓和的时期。

从第二轮的联合声明来看，对于达成共识的问题，双方制定了一个基本的执行框架，后续需要按照这个框架逐步向前推进，并且会有一些实质性举措。所以，第三轮磋商更多专注于执行环节。2018 年 5 月 31 日，继降低汽车进口关税之后，国务院关税税则委员会再发公告，决定从 2018 年 7 月 1 日起，降低部分日用消费品的最惠国税率，更好地满足群众的多样化消费需求。此次降税商品涵盖食品、服装鞋帽、家居用品、日杂百货、文体娱乐、家用电子、日化用品、医药健康 8 类日用消费品，共涉及 1449 个税目，占到《进出口税则》中消费品税目的七成，而且税率大幅降低。同时，中美就中兴通讯问题达成协议。

目前看来，特朗普的政策组合对中国也并不是毫无益处，它能促使中国降低税负（关税、增值税）、促进自主创新（芯片等）和压制泡沫（美元走强），也算是以开放倒逼改革的一种表现形式。但是，仅就贸易问题而言，中美仍有许多议题存在较大的分歧。总之，即使中美在关税问题上达成了某种共识，从而使全球贸易摩擦出现缓和，很可能也只是暂时的。从历史上美日和美德的贸易摩擦来看，这是一个长期的过程。美国对中国态度的转变，也并不是从特朗普上台才开始的，但特朗普上台确实是一个拐点，他貌似出招混乱，但背后逻辑相当缜密，减税压制中国吸收外商直接投资（资本含技术），CFIUS（外资投资审查FIRMMA）压制中国 ODI（对外直接投资 / 购买技术），配合 301 阻断技术扩散（目标是中国制造 2025），威胁制裁中兴通讯直接打断中国制造产业链，移民政策降低他人的学习能力（缩短理工签证有效时间）。

第二轮谈判之后，中美的情绪反差比较大。中国相对乐观，美国则相对悲观。为什么美国的态度从强硬变为缓和？这就是商人兼政治家的特朗普所谓的交易艺术——漫天要价、就地还钱、出尔反尔、使命必达。这是一个极其难对付的对手。

中美关系要放在全球视野下来理解。一方面，美国贸易制裁的对象并不仅限于中国，欧盟、加拿大和日本等也在其列。特朗普由于并未延长进口自欧盟的钢和铝的关税豁免期，遭到欧盟的报复。2018 年 5 月 18 日，欧盟发布消息称，准备自 6 月 20 日开始，对进口自美国的大米、玉米、花生酱和钢材等商品征收 25% 的关税。另外，欧盟还考虑自 2021 年 3 月开始，对不同的美国产品征收 10% ～ 50% 的关税，共涉及价值 40 亿欧元的产品。继欧盟之后，日本、韩国、加拿大和墨西哥也表示对美征收关税。所以，可以说美国是发动了对全球主要经济体的贸易战。在这个关键时点，其他经济体对美国的态度为中国赢得了一定的外交话语权。另外，还要关注朝鲜的动态。2018 年 6 月 12 日在新加坡举行的美朝会晤意义不凡，中朝大连会晤及朝鲜对美国的表态，均有助于缓和美国对中国施加的压力。

看中美博弈的冲突与缓和也需要有全球化的眼光。其实，贸易的纳什均衡[⊖]有两个——双赢或双输。贸易战没有赢家，从冲突到缓和符合两国利益。但是，必须认识到，在谈判中达成的共识并不意味着贸易战结束。对特朗普来说，发一条 Twitter 就能推翻所有协议。同时，还要关注特朗普的幕僚。有意思的是，中美第二轮谈判之后，特朗普内阁起了内讧。白宫首席战略师班农

⊖ 纳什均衡：假设有 *n* 个局中人参与博弈，如果某种情况下没有参与者可以独自行动而增加收益（即为了自身利益的最大化，没有任何单独的一方愿意改变其策略），则此策略组合被称为纳什均衡。所有局中人的策略构成一个策略组合。纳什均衡从实质上说，是一种非合作博弈状态。

指责美国财政部长姆努钦葬送了对中国强硬的优势，经济顾问内瓦罗更是对姆努钦破口大骂，认为他又放了中国一马。这说明建制派和鹰派有很大裂缝，特朗普的内阁远非铁板一块，这一点可以善加利用。特朗普在两边摇摆，商人特性再度占优，问题是这会持续多久？经济利益之后必然还有更多的政治诉求。所以说，中美博弈是一场涉及多个维度的持久战。

从特朗普的首份《国家安全战略报告》和第一轮谈判的清单可知，美国在贸易上的诉求是建立“自由、公平和互惠（或译成对等）”的经贸关系。第二份联合声明并未提到关税问题。由于声明中没有提到，它的重要性往往容易被忽视，但它是对等或者互惠的核心内容之一，也是重塑中美利益的关键变量。2018 年 5 月 14 日，也就是谈判即将开始的时候，美国商务部部长罗斯解析了中美贸易摩擦对美国经济的影响。他认为关税的不平等，是中美非对等贸易的一个主要体现。这也说明，关税一定是双方本轮磋商的一个重要内容。

从 WTO 2016 年中美双方最惠国平均关税的数据来看，中国的进口平均关税税率在 13% 左右，而美国为 5.5%（加权平均值更加接近一些）。这意味着磋商的空间为两者之差——7.5%。要想在第二轮谈判的几天时间里敲定一个税率，非常困难。虽然中国决定自 2018 年 7 月 1 日起开始大幅度降低进口消费品的关税，覆盖面达七成，但是对美国来说，工业制成品的关税才是重头戏。从中美贸易结构来看，除了农产品，主要就是机械制造、化工产品和汽车配件等，只有降低这一部分关税才可能较大程度地缩小中美贸易的逆差，满足美国的胃口。同时，具体的关税税率如何定？从我们基于全球动态可计算一般均衡模型的模拟结果来看，对等关税将会重塑中美利益格局。关键变量是关税税率的设定，它决定着蛋糕的切法。简单起见，我们在模型中设定 5%，略高于美国当前的平均水平。整体结果是中方受损，但要好于双方贸易摩擦的情况。

除工业制成品的关税问题，另一个核心议题是人民币汇率和金融开放。中国人民银行行长易纲在 2018 年 4 月召开的博鳌亚洲论坛上宣布了 11 条加大金融改革开放的举措，承诺加大金融对外开放的力度，涵盖业务放开、机构放开、市场放开三个方面，可谓火力全开。人民币汇率问题至今尚未涉及。自 2016 年 12 月以来，虽然美元贬值和人民币升值可以起到一定的缓和作用，但是美国仍然认为中国的汇率形成机制本质上是固定汇率制，且主要是钉住美元的。美国认为中国政府有意低估人民币汇率，促进出口，并称这种模式是“重商主义”和“国家资本主义”，是一种“以邻为壑”的政策，是不对等的。我认为，扩大金融经济的开放，增强人民币在国际贸易中的计价和结算地位，提高人民币国际储备货币的地位，都需要人民币币值保持相对稳定。随着人民币地位的提高，其需求也会增加，人民币可能处在一个缓慢升值的通道，但能否按照中国自己的节奏来推动人民币国际化，才是关键问题。因为国内的利率市场化尚未实质性完成，资本项目可兑换自由度不高，汇率形成机制尚有待完善，在这样的情况下，过快地推进人民币国际化和人民币升值，有可能会导致货币危机，对贸易的负面影响也不可忽视。

所以，中美贸易摩擦和谈判必定是个长期过程，不应指望一两次谈判就解决所有问题。从当前形势来看，中美贸易纠缠并非死结。但如果看到贸易摩擦的本质是技术战，可以预见深度的冲突可能会再度出现，那将是决战的前奏。因此必须放弃幻想，准备战斗，但决战可能还是在金融方面，包括汇率、利率、股指、房价。对外，应以战止战（贸易、服务、投资、跨国企业）、精准打击（区别建制派和鹰派）、合纵连横（拉拢G6）、扩大开放（贸易和直投）、贬值汇率（战略威慑）、重配外汇储备（驱动美国波动利率预期），但务必关闭资本账户（肉烂锅中）；对内，应保持定力、适当补水、壮士断腕（清理平台机构、僵尸企业）、刮骨疗毒（杀死影子银行）、釜底抽薪（不动产登记全国联网和房地产税）、平准市场（必要时稳定股市）、降低税负（应对全球竞争）、推动要素改革（特别是土地、户籍、国资）、修复宏观资产负债表。我们必须清醒地认识到，目前国际形势的复杂程度远超以往，必须用极大的智慧、勇气、技巧和努力，才能突围中美之间可能存在的权力、体制和文明三重修昔底德的陷阱。

从中美贸易摩擦的发展来看，目前全球陷于胶着的全球化3.5，但未来向4.0升级的趋势是势不可挡的。全球化随历史洪流不断向前推进升级，在这个时候，我们有必要先回到它的过去，深入了解全球化从1.0发展到4.0的全过程。

全球化1.0到3.0

自从美洲地理大发现后，全球主要经济活动区域逐渐联系在一起且程度不断加强，全球化1.0由此开始。就像我们日常使用的电脑，全球化的平稳运行依赖于硬件与软件两个维度的协调。全球化的表象是贸易、投资、货币、信息、技术、人员等“要素”的跨境流动，以及由此带来的各经济体对外依存度与受外制约度的不断提升。从经济的角度理解，全球化的实质是生产要素的全球优化配置与市场开放的不断发展——这是硬件。我们划分的全球化 1.0 ～ 4.0 依据的是全球化发展过程中的制度与规则，既包括官方的与非官方的，也包括权威的与约定俗成的——这是软件，解决的是在全球化过程中如何做大蛋糕及怎么切蛋糕的问题。优秀的软件可以更好地发掘硬件的潜力，硬件的升级也意味着软件必须调整。这听起来很像是老生常谈的生产力与生产关系故事的全球化版本，但实际内容更复杂，也更精彩。

从大航海时代的全球化 1.0 到英国主导的全球化 2.0，再到美国主导的全球化 3.0，全球化规则的主导者可以获得更多的全球化红利，但维持这些规则需要相应的实力。全球化规则本身就是世界各国相对综合实力的镜像，其中最重要的就是经济实力，其次是军事实力。因此，全球化体系的更迭可以看作强国相对实力变化导致的历时较长的制度周期变迁的结果。

在全球化 1.0 之前，人类文明的系统很多，威斯特伐利亚、伊斯兰、印度和印第安等都自成一家。但到了英国主导的全球化 2.0 时，就一股独大了，威斯特伐利亚民族国家和条约体系一统天下。其他系统要么被彻底删除，如南美洲；要么被殖民、被格式化，即西方式现代化；剩下的系统都在被迫寻找现代性，越不成功者（按西方标准）可能就越动荡不安。

其实就算是风靡世界的威斯特伐利亚老系统也是满身漏洞，全球危机和世界战争的不断到来就是证明。《马斯特里赫特条约》以后的欧盟似乎提供了一种新的升级思路，通过让渡部分国家主权进行经济、货币和外交一体化试验，但成员日益貌合神离，困难重重，特别是在英国脱欧和欧洲民粹力量全面崛起的当下。当老软件不能适应硬件发展的总量或结构性需求变化时，主导者首先会对软件进行“打补丁”，并全力维护旧规则，但由于各类过渡版本的内核并无实质变化，经历或长或短的时间后，这些软件必然会经历全面的升级。升级的过程往往是痛苦的，但趋势无法逆转。

例如，全球化1.5体系中虽然同时存在东方体系与西方体系（还有伊斯兰、印度和印加等体系），但工业革命的爆发最终使历史的天平倒向后者，随后进入全球化2.0，即英国主导的海洋帝国殖民时代。再如第一次世界大战以后的全球化2.5，虽然全球化2.0的基础——金本位被“复辟”了，但是其导致的货币战争和贸易保护对全球经济造成了较大的负面冲击，并最终导致世界市场体系崩溃，民族主义国家再度抱团厮杀，第二次世界大战过后全球化3.0徐徐展开。再如2008年金融危机，虽然只是全球化体系在金融和经济两个切片领域演变的特殊样本，但是有着重要的意义。美国和美元主导的全球化3.0具有内在缺陷，单极货币和需求驱动容易诱发全球贸易与投资不平衡，具有先天的危机基因。未来全球化3.0向4.0升级的过程虽然复杂，但是趋势难以逆转。这就是目前全球陷于胶着的全球化3.5的原因。

真实的历史远比任何小说精彩。

对全球经济这个大蛋糕而言，增长是加法，危机是减法，技术进步是乘法，战争冲突则是除法，每段时期的主导因素各不相同。通过工业革命获取的先发优势是英国得以主导全球化2.0的重要原因之一；两次世界大战对欧洲的打击，加上“冷战”的铁幕，使美式全球化得以火力全开。我们定义的全球“三次重大失衡”——中英失衡、欧美失衡、亚美失衡，都是全球化各阶段突变或转折的重要事件，中英失衡与鸦片战争代表东西方主导权的交接，欧美失衡的背后是全球化从 2.0 向 3.0 升级的洪流，第三次失衡则是亚美失衡导致的全球危机，标志着传统的美式全球化的终结。这正是我们亲身见证的历史时刻。

当前上一轮全球化红利大体已经分配完毕，新一轮全球化动力机制与制度框架尚未确立。虽然各方在官样文章的表述中宣示了对完善 WTO 规则和推进新一轮多边谈判的坚持，但是私下都已经通过各种双边和多边协议另谋出路，由此形成新一轮争夺定规立制主导权的或明或暗的角力与竞合，其结果的不确定性助长了相关各方在此转型阶段中的焦虑和世界经济复苏形势的晦暗不明。

这个世界正经历“冷战”结束以来最重大的调整变革：多极化趋势全面深入推进，大国关系重构空前复杂，国际矛盾斗争暗流涌动，国际秩序重构时不我待。全球化版图与规则重构的过程十分复杂，新旧势力的此消彼长经常带来冲突，任何一个在位者都会不遗余力地延长其统治的时间，所以我们目睹了在各个领域上演的惊心动魄的“帝国反击战”——贸易保护、货币操控、军力投射等接踵而来。旧秩序的破坏与停滞往往导致系统运行碎片化，区域主义、民粹主义、极端主义抬头甚至出现反全球化的倾向，两次世界大战就是最好的负面样本之一。让人羞于启齿的是，战争实际上也是全球化的一种形式，而且是最为激烈的一种——不同国家、种族、肤色的几千万人在海洋、陆地和荒漠中用各种武器和技术厮杀。现在全球化的三个断裂带——中东、欧俄边界和西太平洋正充满了地缘风险和不确定性。

改革开放40多年来，中国经济的快速发展主要得益于工业化、市场化和全球化。工业化带动人口转移和城市化，城市化使要素集聚，在新产业中进行更具规模效应与效率的生产。市场化的价格机制使要素配置效率得到提升。更重要的是，全球化拓展了中国经济的供需边界，在打通技术、资源与资本的获取途径的同时，也使中国对接了外部的巨大市场，得以全面参与并受益于全球分工的价值链。

以2008年金融危机为标志，我们已经送别了那个超凡增长的黄金时代。眼下全球化体系正处于裂变的关键期。例如，在经济方面，美国的制造业回流与能源独立使其需求逐渐“内卷化”；全球贸易失衡虽有缓解但增长长期萎靡，进入所谓“新平庸”状态；世界贸易组织多哈回合[⊖]事实上已经死亡，形形色色的区域合作在分割式地蓬勃发展。在金融方面，美日欧不约而同地选择了量化宽松（QE），但随着发展可能会分化严重。中国在争取IMF更多话语权的同时，开始打造平行的“小三驾马车”（金砖银行等）。在地缘政治方面，中东局势越发混乱，欧洲与俄罗斯的边界也存在冲突，东北亚和西太平洋更是暗流涌动，全球化停滞甚至逆转的巨大危险如同灰犀牛一样正在迫近。当下的世界仍然局限在多样文化冲突的权力角逐和对各种异质文明的差异性与优劣的争辩中，偶然中存在必然，全球化的高潮和低谷也是人类文明的起起落落。

⊖ 多哈回合：多哈回合指世界贸易组织成员之间的新一轮多边贸易谈判。2001年11月，在卡塔尔首都多哈举行的世界贸易组织第四次部长级会议启动了新一轮多边贸易谈判，又称多哈发展议程，简称多哈回合。

对中国这一代表性的新兴大国而言，这无疑是重要的机遇窗口。中国作为新兴大国如何与守成大国博弈，无疑是十分具有吸引力的研究挑战。框架和逻辑的重要性更胜于观点本身，如何以更广阔的视角、更扎实的框架分析当下的宏观经济形势并预判可行的策略，成为当务之急。依赖很多拿来主义的理论和经验搞不好会陷入“欲练神功，必先自宫，即便自宫，未必成功”的尴尬境地。其实目前大众习惯的美元或者说美国次序感，在最近的历史过程中，尤其是金本位破产以来，是最具生产率和迷惑性的一种世界经济次序安排。它并不完全适合一个古老的、追赶中的、竞争性的、转型过程中的超大型经济体。

我曾以三次全球重大贸易失衡、三种不同本位的国际货币体系演进为主线，以资源国、消费国、生产国三元分工为框架，将主要国别与区域的研究拼图整合在一起，进而从开放宏观经济分析框架的顶层设计高度，识别出存在着三个最重要的宏观金融经济周期：全球化周期（包含国际收支周期和国际投资及货币周期）、国家资产负债表周期和总需求周期。三者既有不同的时间跨度和分析对象，又密切联系，叠加往往会形成最为强大的驱动力和影响因子。

全球化周期是指各经济体之间的商品流和资金流联系，基本是流量分析，跨多个经济体，并可能是全球金融市场以及大类资产最重要的定价基准。国家资产负债表周期是分析经济体及不同经济部门之间的资产配置与杠杆率变化及其可持续性的存量框架，与债务资产的相对估值和利率的长期趋势关系密切。总需求周期可能是最短的周期，是与财政政策、货币政策最为密切相关的宏观变量。毫无疑问，几个排行前列的超大型经济体的国家资产负债表周期和总需求周期存在着巨大的外溢效应，这种外溢效应正是通过全球化周期发生连锁反应的。例如，全球化周期国际收支中的经常项目盈余，对应着国家资产负债表的外部净收入的周期性改善和超额储蓄的上升。总需求短周期处于上升阶段，这可能源于积极的财政货币政策，但如果国际收支中经常项目盈余开始下降，那么需求形成的资金来源必然是负债或者杠杆的上升，杠杆上升会导致国家资产负债表的不可持续性和全球化周期中资金流向的多变性，一旦逼近临界点，金融危机可能就在眼前——这些不过是全球化这个宏大图景中的一个断章。

准确地说，它是美国主导的全球化 3.0 的高度发展及其主要矛盾爆发的一段历史记录。它始于国际经济和金融中心，终于每个民众的家庭生活和财富涨落。这就需要我们以更广阔的视角、更具系统性和历史感的框架，对全球化大趋势进行深入的系统化理解。正所谓“不谋万世者，不足谋一时；不谋全局者，不足谋一域”。

“一带一路”与全球化 4.0

近两个多甲子可谓沧桑巨变，攻守易势。这 170 年（1840 ～ 2010 年），从全球化 1.0 大航海时代中国的退却到英国主导的全球化 2.0 和美国主导的全球化 3.0，再到现在进军全球化 4.0，中国正在一步一步回到世界之巅。

中国从全球化 1.0 的黯然退场，到全球化 2.0 的“量中华之物力，结与国之欢心”的大分流和被边缘化，再到全球化 3.0 全力加入世界工厂，以极大的投入和代价进行着和平的原始积累。中国于 1978 年通过改革开放开始了重归世界之旅，取得的非凡成就很多人归功于改革，其实我觉得开放可能更加重要一些。当然两者在精神上是共通的，改革是市场化导向，开放则是更大范围和更高层次的市场化，即全球化——最高层次的市场化。从某种意义上，改革就是对外开放和对内放开，这无疑是中国获取成功的必要条件。

中国正式提出“一带一路”，标志着中国对外战略的基本态度由韬光养晦向奋发有为的积极转变。中国反复强调“一带一路”的开放性和包容性，实际上不难发现，它同联合国迄今为止最具雄心壮志的《2030年可持续发展议程》有着相似的愿景和基本原则，特别是“一带一路”确定的五个优先领域，即政策沟通、设施连通、贸易畅通、资金融通和民心相通，几乎完全对应地支撑了《2030年可持续发展议程》的17个可持续发展目标（SDGS）与169个具体目标。因此在某种程度上，“一带一路”甚至可以直接视为《2030年可持续发展议程》的一个有效子集和鼓舞人心的具体行动方案。

这正是中国吸取旧秩序的经验和教训的结果——全球化4.0不是要塑造一个平行的霸权结构，正好相反，它只是想改进全球化3.0中因为个别国家一股独大、“有钱任性，有权任性”导致的全球治理结构难以优化和进化的缺陷。这也是“先边缘再中心，先增量再存量”的中国自身改革经验的延伸和灵感的闪现。中国需要在全球化4.0校正国家战略，以及定义对外利益交换的格局、可行的策略、适当的贡献，提供具有感召力的理念。

在升级了的全球化4.0中，中国有着全新的对外利益交换格局和攻略，最终中国经济的影响力会伴随着人民币的国际化程度提升。中国可以在维持原来大循环（即传统的三个世界——资源国、消费国、生产国的格局）在一段时间内不变的情况下，全力布局小循环，即形成核心国—周边国—资源国—外包国—科技国—品牌国的新价值链和新动力格局，进而突破原来的三个世界和G2僵化格局，打破以中国制造、美国消费为主的循环圈，从输出廉价的中国制造，升级到输出工程、服务、产能、投资和资本及货币，直到最终人民币国际化，参与全球货币竞争。

古丝绸之路的兴衰对当今中国和周边的形势有一定参考作用。在农业经济时代，古丝绸之路的兴盛依托于统一大国稳定的政治环境对贸易安全的保障。在当今工业经济时代和互联网经济时代，要想重塑古丝绸之路，扩大全球经贸合作范围，必须通过合作版图内共同经济发展，实现政治稳定。政治稳定和经济增长互为依托，政治稳定是经济增长的基础，经济增长是政治稳定的根本诉求和有力保障。这要求中国加强合作版图内的多边制度建设，为合作国提供必要的经济支持以实现互惠互利，从国际关系和共同发展两个角度同时促进政治稳定。

古代中国凭借开放的政策和兼收并蓄的文化为古丝绸之路的陆上贸易繁荣提供了良好的软环境，与沿途各国结下了深远的友谊，打下了良好的历史和文化基础。当今中国要重塑丝绸之路，也必须以古丝绸之路的历史和文化遗产为纽带，延续并深化与沿途各国的友谊，建立符合时代特征的沟通与合作机制，对各合作国实施更加广泛的开放，促进文化的进一步交流与融合，确保各国人才有效流动，减少不同国家、不同民族之间的合作障碍，形成兼收并蓄、求同存异的战略同盟，筹谋更为有效的国际多边合作框架和组织。

中国最新版本的“一带一路”由六大经济走廊框架组成，其最重要的意义在于从地缘上提升中国在欧亚区域甚至全球化中的地位。六大框架将打通欧亚大陆的海路二脉，将中国变成欧亚大陆的枢纽，并打造世界最长的经济带。“一带一路”不是要替代现有的地区合作机制和倡议，而是要在已有基础上推动沿线各国实现经济战略相互对接、优势互补。

从中长期来看，“一带一路”是中国最重要的地缘政治与对外策略，在经济方面是短期推动基建投资稳增长与中期区域产能合作的策略安排。“一带一路”不仅能够促进国内几大线路沿线地区的基建发展，也会带来不少参与周边国家基建的机会。根据亚洲开发银行的测算，2010 ～ 2020 年亚洲的基建平均每年需要 7300 亿美元投资，总需求大约是 8.22 万亿美元，其中 68% 是新增设施，32% 是旧设施的维护或替代开支。

“要想富先修路”——基础设施是贸易的物质基础，是货物流通、信息沟通、资金融通、资源共享、人才交流的必要条件。与古丝绸之路强调交通运输不同，如今要重塑丝绸之路，必须实现中国与合作国之间基础设施的全面互联互通。基础设施不只是交通运输设施，还包括电力、水利、通信、油气管道、港口等各个方面。中国应凭借改革开放后积累的大量基础设施建设经验，充分利用国内的产能优势、资金优势、人才优势，参与并帮助合作国进行基础设施建设，尽快实现基础设施的完善和联通，保证一切生产要素能够依托基础设施实现高效流动。

从地理上看，“一带一路”把两端——资源相对短缺的欧洲和东亚与其腹地资源丰富的区域联系在一起，不仅从贸易往来上有天然资源换制成品的供需，对中国来说还是重要的海外利益与资源输入安全策略。从地缘上来看，由于资源储量与产量的地区分布差异，以往资源换产能或资源换资本导向的对外直接投资多集中于中国地缘的“中环”及“外环”，在“内环”布局很少。然而，以目前的政治影响力，中国对于“外环”的掌控能力非常有限，很多时候无法保证国内企业在国外直接投资的利益。因此，当短期内无法辐射到“中环”和“外环”时，中国需要建立一个更完善的机制来激发“内环”的活力，从而拓宽国内企业海外投资的渠道和范围。另外，通过加强对“内环”的影响，也可以有效地提高资源输送的稳定性与安全性。从存量规模看，“一带一路”沿线国家正是中国海外投资分布比较密集的区域，也是中国进口外部资源的主要来源。“一带一路”会加强中国与这些经济体之间的合作，有效地串联这些投资，形成集聚效应，并更好地确保经济安全。

“一带一路”沿线国家，特别是中国周边国家有实际的基建需求缺口。中国有产能富余和供给能力，以及国家层面基建换资源、换安全的意愿。在“一带一路”构建的多边合作机制下，基建的互联互通将成为推进初期的重要看点。因此，现代版丝绸之路将是一个欧亚地区交通网络：由铁路、公路、航空、航海、油气管道、输电线路和通信网络组成的综合性立体互联互通网络。沿线将会逐渐形成为这些网络服务的和相关的产业集群，由此通过产业集聚和辐射效应形成建筑、冶金、能源、金融、通信、物流、旅游等综合发展的经济走廊。这个交通网络将把作为世界经济引擎的亚太地区与世界最大经济体欧盟联系起来，给欧亚大陆带来新的空间和机会，并形成东亚、西亚和南亚经济辐射区。对域内贸易和生产要素进行优化配置，促进区域经济一体化，实现区域经济和社会同步发展，推进贸易投资便利化，深化经济技术合作，建立自由贸易区，最终形成欧亚大市场，是“一带一路”的基本方向和目标。当然，这仅仅是开始，更为全面的政策沟通、贸易畅通、资金融通、民心相通将渐次展开。

在 2017 年的“一带一路”国际合作高峰论坛上，中国承诺后续会有更多的具体行动举措，包括深化中欧班列合作；同 30 多个国家签署经贸合作协议，同有关国家协商自由贸易协定；从 2018 年起举办中国国际进口博览会。在金融方面，中国向丝路基金新增资金 1000 亿元；国家开发银行、进出口银行分别提供 2500 亿元和 1300 亿元等值专项贷款；在未来 3 年向参与的发展中国家和国际组织提供 600 亿元援助；向“一带一路”沿线发展中国家提供 20 亿元紧急粮食援助，向南南合作援助基金增资 10 亿美元等。在人员交流和社会发展方面，未来 5 年内安排 2500 人次青年科学家来华从事短期科研工作，培训 5000 人次科学技术和管理人员，投入运行 50 家联合实验室；在沿线国家实施 100 个“幸福家园”、100 个“爱心助困”、100 个“康复助医”等项目。

毫无疑问，和平合作、开放包容、互学互鉴、互利共赢正是丝绸之路的灵魂，中国誓言要将“一带一路”建成和平之路、繁荣之路、开放之路、创新之路和文明之路。一个全新的全球化叙事正在展开，令世界无比期待。当然，我们必须看到“一带一路”是改写世界经济版图的重大倡议，需要长期持续不断地精心谋划、经营，其面临的风险与挑战必然是多重的。

首先是地缘风险。尽管“一带一路”执行和平与发展的使命，但是由于途经中东、中亚等大国的传统利益敏感区，因此管控风险、避免冲突并与周边大国建立信任关系是首要任务。

例如，美国的焦虑在于一方面中国以“亚洲新安全观”为风向，试图动摇美国的亚太联盟体系，另一方面在现有的国际治理体系外另起炉灶，如金砖银行、亚投行等。如果美国确信“一带一路”可能对其主导的全球化进程产生重大挑战，一定会怂恿其盟国和沿途国家进行反制，可能的动作包括强化美国的联盟体系阻碍“一带一路”建设；显示海上霸权，加强亚太、印度洋的军力，重点利用西太平洋领土争端，挑唆声索国制造事端；鼓动沿途国家搞颜色革命；与代理国一道狙击亚投行，争夺重大项目或者阻碍重大项目的进展。另外，俄罗斯希望欧亚经济联盟成为独联体地区的一个经济引擎，成为一个新的世界经济中心。因此，俄罗斯可能会以其主导的地区合作组织分化有关国家，使欧亚经济一体化进程停滞。

印度未表态支持“一带一路”，理由包括投资成本巨大，无法获益；所经地区充满争议、动荡；被中国包围，从海上、陆上恶化印度的安全环境。日本，作为美国的盟国和中国的战略竞争者，肯定不会坐视“一带一路”大动其奶酪，可能会成为美国离岸平衡的先锋队。日本在丝绸之路沿途国家经营多年，既可以利用其大量的亚洲直接优势搅局，也可以利用亚洲开发银行进行基建项目竞争，在中南半岛、孟加拉湾搞互联互通与中国唱反调。

其次是产业安全，即海外投资对国内产业的替代风险。“一带一路”上的南亚和东南亚国家人力资源尤其丰富。根据发展经济学的研究，制造业在经济增长中的作用是无条件趋同的。只要一个国家发展制造业，不论其政府形态、政治特征甚至经济发展处于什么阶段，它的经济增长水平都会向世界平均水平趋近。如果这些国家获得了足够的基础设施，是否可能会成为中国制造的掘墓人？当前在国际资本输出格局中已经普遍出现的问题，就是“走出去”对本国的经济、产业和就业是否造成负面影响，尤其是“走出去”是否会造成地方产业出现“空心化”。

从内部经验来看，香港目前深受这一问题的困扰。自 20 世纪 80 年代，香港的制造业开始北上，将劳动密集型的产品或生产工序向生产成本较低的中国内地转移，留在香港的企业总部更多扮演推广、统筹、融资和管理等角色。香港的制造业实际上已经“空心化”，竞争力大幅下降。从外部经验来看，作为世界第一大强国的美国，制造业一直都在支撑它的发展，但也受到了中国制造的竞争。“空心化”可能带来的更大问题是中低层就业职位大量流失。具备“走出去”实力的企业在向较为落后的“一带一路”沿线国家转移生产工序和劳动密集型的产品之后，中国中低层的就业岗位将逐步遭到沿线国家工人的蚕食，原本属于中国工人的就业岗位就会大量流失，带来失业问题。而且，“走出去”的企业如在“一带一路”沿线国家获得更低的生产成本，以及中国市场上不具备的竞争优势和更大的市场，无疑将越做越强，形成强者越强，弱者越弱的“马太效应”，将容易压缩没有“走出去”的企业，尤其是中小企业的生存空间。一旦中小企业遭受冲击，不但会影响解决就业问题的载体，也会削减整体社会的竞争力，导致实体经济基础流失，影响整体经济的竞争力。

因此，综合考虑各种因素，包括如何减轻产业、企业“走出去”对本地的产业结构、就业结构的冲击，才能少走弯路。长期来看，低附加值产业向成本更廉价的地区转移应该是一个不可阻挡的趋势，主要还应靠中国产业自身做强来应对。中国提出的以创新为导向的《中国制造 2025》规划及“互联网 +”等来升级中国制造，可能才是正解。

此外，跨国投资可能面临的风险有很多种：企业和企业经营者的安全，主要与恐怖主义活动有关；与相关国家内部治理有关的风险，主要包括政权稳定性、主要政治机构变更或更迭的可能性，是否有改革及改革强度、法治情况等；企业选择的投资和运营方式、企业文化、企业处理风险的方式和能力等。

第2章　城市化2.0：深度城市化

中国正经历着与任何一个国家都不一样的、前所未有的城镇化过程。城镇化本来就是中国特有的名词。如果使用通常定义的城市化率，从城镇常住人口比例的增长速度来看，中国的城镇化貌似与其他众多国家并无明显差异。按城镇人口占总人口的比例计算，中国的城镇化率从1980－2010年增长约30个百分点，年均增长1个百分点。尽管中国的城镇化速度相对于欧美等发达国家很快，但是与日本、韩国、拉美等快速城市化的国家相比显得较为普通。

然而，我们认为传统的按照城镇人口占比来衡量城镇化水平的方法未能反映真实的中国城镇化过程，有四个关键的因素共同决定了中国的城镇化过程与世界任何一个国家都不一样：总人口规模、等级化的城市管理体制、城乡二元分割体制和以地方政府为主体的GDP锦标赛。工业化使大量的“农民工”进入城市，然而中国人为设定的户籍制度使这些“农民工”成为“半城市化”的常住人口。这也是过去几十年国家获得剩余价值实现工业化积累的“人口红利”，如今到了必须再平衡的阶段了。

人口规模决定城镇化的广度。中国的人口基数决定了中国的城镇化过程面临的挑战和对世界的影响都远远大于其他国家。诺贝尔经济学奖得主斯蒂格利茨早期曾预言："中国的城镇化和以美国为首的新技术革命将成为影响人类21世纪的两件大事。"如今，其预言正逐渐成为现实，中国的城镇化过程因其牵涉的人口规模巨大而备受瞩目。

城市化1.0：路径依赖与人口挑战

根据世界银行2011年《世界城市化展望》报告的统计，在1950～2000年的50年中，中国城镇人口增长占全世界城镇人口增长的18.47%，排名第一，其中大部分都是城乡存量人口增长。世界银行预测，从2000年到2050年，中国新增加的城镇人口将占全世界的16.1%。由此可见，从2000年到2050年，中国新增的城镇人口规模将相当于现在的美国、墨西哥和日本三国加起来的总人口，且其中绝大部分都是城乡人口的存量转变。中国目前的加速城镇化过程无疑是世界有史以来最大规模的主权经济体内的人口转变过程，将不可避免地影响全球脉搏，也意味着中国在未来的城镇化道路上仍需要"摸着石头过河"。

等级化的城市管理体制限制城镇化的空间。中国的等级化城市管理体制决定了中国是城镇化，而非简单的城市化过程。中国的城市概念与国外差异很大。2011年，中国的城镇人口是6.9亿人，而城市只有657个（直辖市、地级市、县级市）。数目如此少的城市容纳了相当于两个欧元区国家总人口规模的城镇人口，这在西方看来是不可思议的。其中最大的不同在于，中国的城镇采用等级化的管理体系，省下面除了地级市、县级市，还有为数众多的县、镇、乡。国家发改委城市和小城镇改革发展中心原主任李铁曾指出，平均镇区人口为 1.1 万人，最多的人口可达近百万人，这在国外已经是大城市了。如果我们讨论城市化只关注 657 个城市，把至 2050 年新增的 5.46 亿人口全部安置在这 657 个城市，将是不可承受之重。

因此，在讨论中国的城市化时，强调的是城镇化，在讨论城市的同时，也必须关注小城镇，实现大中小城市和小城镇的协调发展。国家历年关于促进城镇化发展的政策文件中始终强调中小城市和小城镇的重要性。从城镇的行政级别角度看，未来城镇化的重点之一是布局与发展城市圈，带动周边卫星城镇的发展，以及发展县域经济中实力相对较强的中小城镇，如县城驻地镇等，即发展城市圈、带，提升城镇化质量，促进产业集群，协调推进工业化、城镇化发展。

城乡二元分割体制的裂解决定城镇化的深度。中国的城乡二元分割体制的改革决定了中国未来城镇化的空间仍然巨大。有人指出，若按照“城镇化 =1－农村化”计算，考虑到目前中国单纯务农的人口已经不多，中国实际的城镇化空间有限。这主要是从农民的非农就业角度分析。

这是否意味着中国未来的城镇化动力不足呢？我认为不是。中国与大部分国家的不同之处在于，中国农民除了就业的城镇化以外，还有一个重要的环节尚未实现，那就是消费的城镇化，即“农民工”的市民化。我们强调新型城镇化并非城市化率的提高，需要关注的是“半城市化”“农民工”的市民化及增量城市化，其中存量的深度城市化尤其是我们的关注重点。过去，中国的城镇化主要体现在投资的迅猛增长，但我们认为未来的城镇化将更多地体现在消费的增加上——城市发展水平的提升、公共服务的均等化、社会发展的再平衡。中国存在“城市土地国有、农村土地集体所有”的城乡二元土地制度，以及“农业户籍与非农户籍并存”的城乡二元户籍制度。这种特殊的城乡二元分割体制牵涉的城镇福利、社会保障和土地利益等，导致过去30多年进城务工的农民在生活习惯、消费模式上都未能真正市民化。目前，大部分进城务工农民的家庭总收入一半来自老家的务农收入，一半来自外出务工的工资性收入，因此他们既离不开土地，也离不开城市。土地负担了他们的一半收入和社会保障功能，城市收入则让他们摆脱了贫困，但他们总体仍处于相对稳定但不富裕的状况，相应的消费水平也被限制了。从另外一个角度来看，当前中国城市的发展水平也尚不足以支撑所有农民工享受均等的社会福利和公共服务，这也是深度城市化的核心要义之一。

GDP锦标赛决定城镇化的速度。中国特殊的GDP锦标赛通过推动工业化带动城镇化快速发展。地方政府间的锦标赛竞争并非中国特有，但以GDP增速作为竞赛标准具有中国特色。GDP对于地方政府有两层意义：一是政治意义上的晋升机会，二是经济意义上的财政收入。首先是政治动机。在西方国家，地方政府对选民负责，为争取更多的选民，往往以地方公共服务水平和个人税收等作为竞赛标的。在中国，对上级领导负责的政治体制促使易于观测的GDP增长成为考核的重要指标之一。在GDP锦标赛中，上级政府是竞赛的发起人和目标、规则的制定者，下级官员是运动员。跑在前面胜出的运动员不但能享受更多经济政策方面的偏向，更重要的是还将获得政治荣誉，得到晋升，落后者则可能失去机会。其次是经济动机。1994年实施分税制以来，中央与地方按税种、比例进行分成，实质上中央将财权再度集中，地方为了财政收入最大化，只能将税基做大（包括大规模、快速的土地出让），因而做大 GDP 成为它们的理性选择。

GDP 锦标赛使投资与政治周期高度相关。根据我们统计的过去 30 年每个五年计划的平均投资增速，往往在五年计划的第二年和第三年，固定资产投资增速会出现显著回升。这一特征刚好与中国的政治周期相吻合。财政支出也有相似的规律，各地政府为响应中央号召纷纷展开“为增长而投资”的竞争。

GDP 锦标赛加快了土地城镇化和农民非农就业的速度，却造成了资源的粗放利用和生态环境恶化。在西方，“用脚投票”的是选民。在中国，“用脚投票”的是企业。地方政府为了做大 GDP，为了长久增加税基，需要吸引企业在辖区内投资办厂，于是大规模的“招商引资”热潮在全国展开，“开发区”“工业园区”遍地开花。工业用地零地价出让、税收优惠、税收返还等成为招商引资的重要手段，基础设施建设成为吸引投资者的重要工具。地方政府通过扭曲资源（包括贷款、土地）价格大力促进工业制造业的发展，产生强大的拉力吸引农民非农就业。这是中国过去 20 多年的快速工业化、快速土地非农使用、快速人口非农就业的秘密所在！然而，在快速土地城镇化和农民非农就业过程中，土地资源由于价格被压低而被粗放利用甚至闲置，工业企业对空气、水资源等的污染缺乏有效的监管。同时，进城务工农民的福利也被忽视。这种在 GDP 锦标赛激励下的不惜代价的增长方式显然不可持续。

我们必须看到 GDP 锦标赛有红与黑、罪与罚各方面的表演，既有官员在分税制下的理性经济动机，亦有对上级政绩表现的主观政治动机，还有灰色收入和官员腐败等副产品。就其对这一狂飙突进时代中几代人的影响，我们的评价可能不能过于苛刻或者理想化。实际上，在全球城市化的过程中，非道德因素很多，都是某种形式的原始积累，无非海外叫“羊吃人”（英国）、土地兼并（美国），中国叫“剪刀差”“赶农民上楼”和“农民工”。中国GDP锦标赛犹如经济列车运行中安装的强力引擎，过快地损耗了有限的资源以换取速度，现在需要改变，但并非急刹车并将引擎拆下换装（将导致列车停滞乃至不可控），而是在运行中逐渐调整，以达到更可持续的常速。

未来对待GDP锦标赛的合适态度将是扬弃，而非抛弃。应通过适当的财税体制和政治体制调整，引导地方政府职能转变，从建设型政府转变为服务型政府，同时保有发展地方经济的激励。具体的改革方向是完善公共财政体系，包括财政预算公开、官员财产申报、土地出让收入纳入公共财政管理体系等。通过促进政府职能转变，改变过去不惜代价的土地城镇化模式，转向关注民生的、绿色集约的新型城镇化道路。

城市群战略：智慧城市与乡村振兴

最新的“十四五”规划提出，构建国土空间开发保护新格局。未来，我们需要立足资源环境承载能力，发挥各地比较优势，逐步形成城市化地区、农产品主产区、生态功能区三大空间格局，支持城市化地区高效集聚经济和人口、保护基本农田和生态空间；支持农产品主产区，增强农业生产能力；支持生态功能区，把发展重点放到保护生态环境、提供生态产品上；支持生态功能区人口逐步有序转移，形成主体功能明显、优势互补、高质量发展的国土空间开发保护新格局。

不同于传统意义上的东中西部划分，我们把中国的经济区域划分为四种类型——沿海发达经济带（3 个三角洲）、产业转移十字星区域（中原到湘中，武汉、皖江及成渝）、能源和地缘经济区（内蒙古、西北和西南沿边城市等）和次级经济区（东北老工业基地、海南岛等）。沿海发达经济带将进入城市管理升级和精细化运作阶段，并带来生产型服务业的蓬勃发展，是未来“中国创造”和“中国服务”的大本营。对于产业转移十字星区域而言，将加速集聚人口并就地吸收中西部农村的剩余劳动力，在全球第四次产业大转移过程中实现产业升级，成为未来中国制（智）造的基地。至于能源和地缘经济区，随着中国在亚太周边国家战略性布局的展开，相应的边境贸易、跨国交通和能源通道（包括能源深加工）的大发展会带来更大的城市化和产业化机遇。现代运输网络基础设施连接这几类经济区，包括高铁（含城际铁路、地铁）、重载货运铁路、干线和支线机场（含低空通航）、高速公路网、油气管网、主干电网、水利调配网、光纤数据网等，保障了人流、物流、资金流、信息流的高效畅通。一个由 20 ～ 30 个核心城市群构成的城市化核心地带即将有力地在亚洲中部崛起。目前三湾联动——粤港澳大湾、长三角大湾和环渤海湾，正在成为发展的超级热点。

以 2017 年 3 月 5 日粤港澳大湾区写入《政府工作报告》为标志，粤港澳合作进入世界级湾区经济共建时代。2017 年 7 月 1 日上午，在习近平主席的见证下，香港特别行政区行政长官林郑月娥、澳门特别行政区行政长官崔世安、国家发展和改革委员会主任何立峰、广东省省长马兴瑞共同签署了《深化粤港澳合作推进大湾区建设框架协议》，目的在于将粤港澳大湾区建设成更具活力的经济区、宜居宜业宜游的优质生活圈和内地与港澳深度合作的示范区，打造国际一流湾区和世界级城市群。粤港澳大湾区包括广州、深圳、珠海、东莞、惠州、中山、佛山、肇庆和江门共9个内地城市和香港、澳门两个特别行政区，形成了“一个国家、两种制度、三个关税区和四个核心城市”的跨区域、跨制度的战略格局。从经济规模上来讲，1.36万亿美元的体量已经超过美国旧金山湾区，仅次于东京湾区和纽约湾区，位居世界第三；从人口和面积角度来说，都是世界首位的，集装箱吞吐量和机场旅客吞吐量也是世界第一。同时，它拥有得天独厚的区位优势，还是我国创新能力最突出的区域，所有这些优势都为建成国际一流湾区和世界级城市群奠定了坚实的基础，将为“一带一路”助力。

继粤港澳大湾区建设规划提出之后，浙江与上海加快合作步伐，积极推进环杭州湾大湾区的建设。2017年7月，浙江党政代表团去上海考察，当晚举行了经济社会发展座谈会，各方表达了对加强长三角经济圈和环杭州湾大湾区建设的美好愿景。实际上，环杭州湾大湾区的概念早在2003年就已经提出，但局限于浙江省单方面的规划，十几年来虽然成果显著，但是优势尚未充分发挥。为此，更需要发挥上海建设世界级城市群的辐射效应，优势互补、协调发展。

无论是经济区建设还是城市群建设，优势互补、错位竞合才能协调发展。环杭州湾地处沿海开放带、长江经济带、长江三角洲城市群与“一带一路”等多重国家战略的交汇点。相比粤港澳大湾区，环杭州湾大湾区在人口密度、经济效益等方面处于劣势，为此更要积极融入以上海为中心的长三角经济区，以上海为龙头，以杭州为中心，充分发挥宁波舟山港和洋山深水港的优势，成为江海联运的枢纽点，提高核心竞争力。同时，北向的长江湾区，即启东、南通也在积极谋划，蓄势待发。我国需要对各城市的功能进行明确的划分，充分发挥各自的比较优势。长三角大湾区是双湾加一湖区，即杭州湾、通州湾和大太湖，将成为最具潜力、全球最大的超级大湾区。

环渤海大湾区实际上就是京津冀一体化的升级版，辐射面涵盖京津冀城镇群、山东半岛城镇群和辽中南城镇群，大大拓展了“首都经济圈”的辐射范围。自 20 世纪 80 年代“首都圈”概念提出以来，京津冀在产业、交通、生活等各方面加快了相互融合的步伐。为了推动京津冀协同发展，该战略在 2014 年 2 月被提高到国家战略的高度，区域融合的步伐进一步加快。根据“十三五”规划，京津冀将进一步在税收、海关、公共服务、交通、环保和产业一体化方面加强合作对话。环渤海湾的中心地带在河北唐山市辖区的曹妃甸，是连接东北的桥头堡，是唐山市打造国际航运中心、国际贸易中心、国际物流中心的核心组成部分，是河北省国家级沿海战略的核心，是京津冀协同发展的战略核心区。

在户籍改革方面，应放开二线城市、一线及特大城市周边卫星城镇的户籍，确认已经转移至城镇的“农民工”及其直系亲属的市民身份；初步实现全国范围内的公共服务均等化，特别是开放关键的“农民工”职业培训、子女教育和基本住房保障。数据显示，一般“农民工”在城市的时间平均为 8 ～ 9 年，一旦解决户籍瓶颈，就有非常大的提升空间，对他们自身的发展和城市进步都有很大帮助。当然，基于目前特大城市的资源分布状况，现阶段难以将户籍改革完美化。而且，户籍改革只是取消制度障碍，使外来人口可以均等地获得城市的基本公共资源，但要进一步长久定居并且成就事业，必须通过自身努力来实现，类似美国的投资移民、技术移民，需要证明自身的价值创造能力。积分入户应该是一种现实的手段。户籍改革是一种反哺，一开始肯定是个分蛋糕的过程，不大可能完全由市场自发地进行，需要高度的政府主动性强制实施才行。解决问题的关键在于中央政府转移支付的机制设计，转移支付（还有新增建设用地指标等）应当依据当地的常住人口而非户籍人口规模进行分配。这将在很大程度上缓解地方政府在纯公共财政支出方面的压力，也有利于缓解原驻民与新增居民之间的利益冲突。

在土地制度改革方面，应保障农民合法的土地财产收益权。土地改革的核心理念应是平等保护物权，把本应归属农民的权益归还给农民，关键在于集体土地市场化改革，集体建设用地的直接入市、自由流转将成为政府土地政策改革的大方向。数据显示，目前传统的“土地财政”模式正在被逐步打破。一方面，土地出让的成本正在不断攀升，地方政府土地出让的收益空间必然收窄；另一方面，土地出让的收益正在被其他开支分流。土地流转的交易税费逐年攀升，在地方财政收入中的占比不断提高，已经超过土地出让收益提供的城市建设资金量级。因此，集体建设用地的自由流转并不会给地方政府的土地收入带来明显的掣肘，相反，土地自由流转增多还能为地方政府税收增加新的来源。

因此，未来的土地制度改革应主要包括两方面：其一是征地制度的改革和建设用地增值收益分配方式的调整。我们将看到对集体建设用地直接入市的逐步有条件的确权和放行，以及对城乡接合部更大力度的改造，如广东“三旧改造”的经验有望在更大范围内推广。其二是农村承包土地使用权的合法流转，盘活农业用地和农村宅基地，推进农业向集约化发展。这是实现农业现代化和规模化经营的基础，亦是解决农业、农村长期发展的关键手段。无论是建设用地转让收益的分配重构，还是农用地经营性流转，都将充分体现农民的土地权益，最终会使农民和农民工的财产性收入有显著提高。

在财税体制改革方面，重点是建立“扁平化”的财政层级框架，合理划分中央、省、市县三级事权和支出责任；完善转移支付制度和财政预算制度。《预算法》需要升级为《公共财政法案》，强化人大对全口径预算的监督，包括预算内（如三公经费）、预算外、土地财政和国有资本资产。这也是借鉴英国百年“光荣革命”的重要成果。一旦公共收支开始在阳光下运行，地方政府就完全可以正大光明地进行加杠杆和举债操作，并受到市场机构的监督和市场纪律的制约。同时，应推进财权、事权合理划分，上收部分事权，特别是那些基础性的、外部性强的、跨区域的和地方政府有动力扭曲操作的事权，如食品安全、流域环境保护、基本社会福利等。为了扩大地方财源，还应同时强化地方政府的公共服务意识，推出累进式存量房产税、赠与和遗产税。当下中国更多需要针对财产存量而非收入流量进行税收调节。这反映出资本积累到一定程度后的两极分化的必然趋势，改变目前亲资本、仇劳动的税制性质，将有利于收入分配改革展开。

合理划分大城市群管理层次，创新城市管理模式，包括两个主要方面。一是城市群管理机制创新，都市圈内各城市的协调合作需要一个相对独立的组织进行统筹，长三角城市群市长联席会议可以是一种选择，也有很大的改良和升级空间；二是行政区划调整，中国的行政区划是与等级化城市管理体制相联系的。改革开放以来，快速转型的经济体制与相对缓慢的行政管理体制转变之间的矛盾日益突出，导致区域间非规范竞争和城镇化进程滞后。

为了强化中心城市的竞争力，促进区域的同步发展，行政区划调整也成了重要的手段。上海、北京、天津、重庆、长沙、芜湖、扬州、沈阳等城市都进行了不同程度的区划调整。通过区划合并、撤县（市）设区等调整，减少了管理层级和行政制度障碍，直接扩大了中心城市用地与功能重组的空间，提高了中心城市的竞争力，实现了更大区域范围内的协调发展。目前位于重点城市群区域内的60万人口以上的县、中心镇等升级为中小卫星城市的试点正如火如荼地进行中。

此外，一旦实现更高密度的人口聚集，就特别需要缓解特大城市中心城区的压力，强化中小城市的产业功能，增强卫星小城镇的公共服务和居住功能，推进通信、供电、供排水等基础设施的一体化建设和网络化发展。这要求城市建立起高度智能的城市信息管理系统，以及与之紧密相连的居民信息管理系统、城市交通系统、水电网络系统、楼宇安防系统等一系列智能系统。全面融合了新一代信息技术产业各关键领域的"智慧城市"将极有可能成为解决城市精细化管理问题的最关键切入点，必将大大提升城市的承载能力和自身运营管理能力。同时，为了营造更为集约和更具可持续性的城市生活方式，需要绿色技术的大力支持，"美丽中国"战略将环保的重要性推向空前的高度，可以设想，未来污染治理、资源再生、生态修复、环保高效材料等将成为城市新的产业热点和投资方向。

中国城镇化健康发展的重要前提是确保粮食安全，这关系到发展现代农业的问题。随着新型城镇化的稳妥推进，三农问题中的农民和农村问题会逐渐解决，现在最重要的就是农业问题——农户逐渐转变为市民家庭，务农人口下降和土地流转将为发展现代化农业提供机会和空间。

十八大报告提出“发展多种形式规模经营，构建集约化、专业化、组织化、社会化相结合的新型农业经营体系”，因此农业现代化指的就是农业经营模式实现要素投入的集约化、生产方式的专业化、生产管理的组织化和社会化。农业生产组织由一家一户单干向互助合作模式转型，发展集约化、专业化、社会化相结合并最终指向市场化和多种形式的农业规模经营，将成为未来的主攻方向。其基本精神是，在坚持农户作为农业生产经营主体的基础上，创新发展专业大户、家庭农场、专业合作社、农业产业化等生产经营形式。

统一经营形式包括农村集体经济组织、专业合作社、农业产业化龙头企业等。短期来看，由于中国目前的农业生产组织形式属于典型的小农经济，很难一步跨越到美国那样公司化且农业生产规模超大的形式。另外，从城镇化、农业现代化协调发展的角度看，目前中国的第三产业发展尚不足以支撑大量农民离开土地，分散的土地格局短期内无法改变。所以在未来相当长的一段时间，农户仍然是农业生产的经营主体，创新发展专业大户、家庭农场、专业合作社、农业产业化等生产经营形式将是未来一段时间“统一经营”的主导。

预期政府将大力增加农业的科技投入，促进农业生产集成化、劳动过程机械化和生产经营信息化，完善农田水利建设，促进农业产业化，建设高产农田，从而提高土地产出率、资源利用率和劳动生产率，确保粮食供应。

从资本市场来看，比较确定会受益的是农业资源型企业，农业机械农资产业链上的企业，为农业提供产前、产中、产后服务的企业等。前两类企业分别直接受益于规模化经营带来的生产效率提升和基础设施投入增长，第三类企业则容易被忽略，但其主业也符合短期政策的明确导向，未来机会可能很大。农业农村部部长在讲话中曾强调种养环节应该留给农民，为农业生产提供技术、加工、流通等环节，为农民提供社会化服务的企业将在未来得到扶持和鼓励。农户“统一经营”后对产品、服务、营销能力的要求都和分散状态下有很大的差异，相应的农业服务企业的资源整合优势凸显，有助于进一步推动相关领域的集中度提升，技术领先、服务意识强的企业将在未来获得高速成长。

抵御城市化中的风险

在明确新型城镇化的中国内涵及未来城镇化的总体发展思路的同时，我们必须认识到中国特色的新型城镇化道路将面临众多的挑战与障碍，其中核心是贫民窟的隐忧、老龄化的挑战和新型城镇化的资金来源问题。

贫民窟一般被认为是城市低收入人群集中居住的住房条件和公共卫生环境恶劣，犯罪和传染病多发的地区。贫民窟往往伴随着过度城市化产生，城市的就业和住房难以容纳农村快速转移出来的居民，其中以拉美等发展中国家表现尤为突出。城市化包括两种力量：推力和拉力。推力是农村的生活条件和收入水平推动农民的非农就业，中国 20 世纪 90 年代农业税负高昂，大量农田抛荒推动大规模农民进城是推力的一种表现。拉力是城市的工业和服务业发展创造大量就业机会，吸引农村居民进城务工，这便是一般认为的工业化带动城市化的过程。当推力远远大于拉力时，就容易产生贫民窟；当推力远远小于拉力时，则容易产生“民工荒”现象。一般发达国家的工业化与城市化同步发展即是推力与拉力基本均衡的结果。在中国，除了市场决定的推力与拉力之外，还存在人为施加的制度障碍——户籍和土地城乡二元分割体制。

参照巴西的城市化与贫民窟来看，未来中国的城镇化面临的风险包括以下两个：一是拉力不足，就业与住房容纳能力欠缺；二是推力受地方政府征地、新生代农民工偏好和农民增收影响，不确定性增加。

从拉力看，目前中国的特大城市拉力有余，而战略主体的中小城镇拉力不足。中小城镇的发展缺乏有效的产业支撑。中小城镇的国有企业效益较低，吸纳劳动力的能力有限，民营企业则活力受压制，吸纳能力减弱，出口贸易制造企业的竞争力也弱于沿海地区。这些因素共同促使中小城镇的农民不就近转移，而选择长途奔波，跨省、跨区域流动。随着工业化进入中后期，劳动力成本上升，外需持续低迷，产业升级又受到劳动力素质的制约，未来城镇化的拉力增长空间将受限。在住房条件上，大城市持续上涨的房价严重排斥了低收入群体，目前大部分“农民工”居住在城中村、城郊村和厂商集体宿舍，难以长期生活和向市民化转变。

从推力看，影响因素包括三种。其一，新生代农民偏好城市，因而推力增大；其二，新农村建设和农业补贴、农民收入快速上升，促使推力减小；其三，地方政府依然有极大的动力进行大规模的征地和推动农民“上楼”集中居住以腾出土地。此过程必然将农民推向城市，因而推力增大。当新生代农民的意愿和地方政府的意愿产生的推力远远大于农村居民收入上升的吸引力时，便会出现推力大于拉力，继而产生贫民窟的风险。如果中国实现相对平均的土地分配，配合“三纵两横”产业重新布局，以及合理的户籍制度、土地制度和财税体制改革，就完全有能力避免贫民窟出现的风险。

土地分配不均是众多发展中国家产生贫民窟的重要原因，在这方面中国的土地分配相对平均，对于稳定农业发展和农民生活起到了巨大的作用。在拉力的就业方面，通过我们强调的“三纵两横”产业重新布局和产能重新分布，发展中西部产业群以带动周边的中小城市和小城镇，形成对应的产业支撑，能够在很大程度上增强中小城市和小城镇的拉力。同时，通过户籍制度的户籍市民化和基本公共服务均等化，增强非农就业的吸引力，可以持续稳妥推进城镇化发展。

在拉力的居住方面，可以通过廉租房建设、城乡接合部改造、棚户区危旧房改造，增加低收入群体的房屋供给，以满足进城农民的市民化需求。至此，就业和居住问题都有相应的解决方案，可以极大降低贫民窟和收入差距恶化的风险。

在推力方面，通过土地制度改革，合理分配土地增值收益和探索土地流转模式，可以保障失地农民的利益，使其不至于变得一无所有，被推向贫民窟集中区。征地制度的改革也将规范地方政府的征地行为，抑制其征地的冲动。最后，配合财税体制改革，缓解基层政府的财政支出压力，可以从根本上改变其行为逻辑，使其更多地偏向为辖区常住人口服务，缩小收入分配差距。

老龄化是人口统计学两种潜在趋势的必然结果：日益下降的总和生育率和日益延长的平均预期寿命。总和生育率是按照当前的年龄组生育率估测的一名妇女一生中生育的子女数量。中国的总和生育率自计划生育以来持续下降。从 1950 年以来世界主要国家的总和生育率的变动趋势可以看出，随着经济增长，各国的总和生育率都是趋于下降的，但各国的下降速度差异很大。从 1950 年到 2012 年，全世界的总和生育率从 4.95 下降到 2.52。美国、德国等早期工业国家在这 60 多年间大概下降了 1 个单位。下降最快的是韩国，从 20 世纪 50 年代中后期的 6.33 下降到 2010 年的 1.29。印度、巴西等快速发展国家也下降了 4 个单位以上。中国与大部分国家不一样的是在 20 世纪 80 年代前后实行计划生育政策，因此 1970 ～ 1980 年总和生育率从 5.94 下降到 2.93，一直到 2012 年的 1.64（按第六次全国人口普查显示的结果，实际情况可能更低）。中国的妇女生育率水平总体上低于其他发展中国家，触及发达国家妇女生育率的低水平。

中国的人口预期寿命持续上升。人口预期寿命是按照当前年龄组的死亡率估测一个人预期的存活年数。随着经济增长，世界各主要国家的人口预期寿命都显著上升。从 1950 年到 2012 年的 60 多年中，世界人口的预期寿命从 47.66 年上升到 67.88 年。除了起点不一样外，各国的增长速度相似，每 5 年平均上升 1 ～ 2 年的预期寿命。中国在 20 世纪 70 年代前人口预期寿命处于较低的 45 年左右，而后快速上升至 60 年，在 2005 ～ 2010 年达到 72.71 年。中国目前的人口预期寿命高于世界水平，也高于一些发展中国家（如巴西、印度等）。

中国一方面妇女总和生育率下降，另一方面人口预期寿命上升，在发展趋势保持不变的条件下，很自然地，整体人口的年龄结构将趋于老龄化。老龄化引发的最为严重的问题是老年人口数量相对于青壮年人口快速上升。我们以 65 岁以上人口数除以 20 ～ 64 岁的人口数来计算老年抚养比，世界平均水平从 1950 年每百人抚养 10 个老年人上升到 2010 年的 13.4 个。近 10 多年上升最快的是日本和韩国，绝对值水平较高的是美国和德国。中国总体水平较低，1950 年为每百人抚养 8.7 个老人，2010 年上升为每百人抚养 12.7 个。从这个数据看，中国的情况并不是最严重的，但是考虑到人口基数的问题，中国实际上升的老年人数量是巨大的。与同是人口大国的印度比较，印度从 1950 年的 6.4 个上升到 2010 年的 9 个，增加了 2.6 个，同期中国增加了 4 个。因此，对于 13 多亿人口规模的中国而言，老年抚养比上升的速度是不容忽视的。

老龄化会影响经济增长，加大养老金支付压力，进而影响城镇化进程。城镇化发展的基本推动力是农村劳动人口的非农就业。然而在生育率持续下降和老龄人口比例持续上升的情况下，劳动年龄人口占比必然下降，这将给未来的城镇化发展带来两方面的挑战：劳动力供给不足和养老金支付压力增大。首先，劳动力供给下降会在一定程度上抑制经济的持续增长。当拉动城镇化的基本动力源熄火时，城镇化发展将面临停滞。其次，新型城镇化要求基本公共服务均等化，因而进城务工的农民也将逐步享受养老保险的基本保障，这对于目前“现收现付”的养老金支付系统而言无疑是巨大的难题。尤其在老龄化的环境下，不仅城镇居民老龄人口的增加要求更多的养老金支付，而且农村居民也存在老龄化现象。随着“农民工”将家庭一同迁至城镇，其老年家属的养老问题将加重养老金系统的负担。过去农村的老年人口依靠土地和亲属养老，未来城镇化需要解决失地农民大量老年人口的养老问题。

老龄化的挑战固然存在，但我们认为风险是可控的。“十二五”期间二孩政策放开和适当延长退休年龄（如每 5 年延长 1 年），使人口红利部分恢复。这也是国家资产负债表可持续性的要求。

新型城镇化的资金来源问题：地方政府融资渠道单一和民资参与不足。新型城镇化道路的资金需求是巨大的。一方面，地方政府要提高基本公共服务的财政支出满足新增居民的公共需求，包括基础设施建设、廉租房建设、养老金支付、义务教育支出、公共卫生和公共安全支出等；另一方面，土地制度改革和土地经营模式转变要求，地方政府将土地增值收益与被征地农民和进城务工农民按比例分享，这在很大程度上削减了地方政府的可用资金。户籍和土地制度改革的共同推进必然增大地方政府的资金压力，具体可以通过财税体制改革（如前文第二节发展思路中描述的）完善转移支付制度，培育地方主体税种（包括房产税的推广等），平衡地方政府资金来源。然而，就目前地方政府的财力来看，资金仍存在较大的缺口，而且上一轮刺激政策的影响尚未消退。资金不足和地方债务积累仍是未来城镇化的主要风险。

地方政府融资渠道单一和民资参与不足是目前地方政府城镇化支出财力紧张的两个重要原因，解决途径也应主要从这两方面入手。城投债、资产证券化、基建信托等方式或成为银行贷款之外地方政府融资的主要方向。相对于其他国家，中国仍然具有一定加杠杆的空间，当然前提是在《公共财政法案》的约束框架内。自2006年以来，直接融资成为社会融资的结构性变化亮点，企业债券融资和信托委托贷款总额都显著上升。地方政府可以通过拓展融资渠道为基础设施建设项目融资，摆脱对土地出让收入和土地抵押贷款的依赖。例如，长沙计划通过发行城投债和基础建设信托等方式为投资项目融资。基建信托也正成为重要渠道之一。根据2002年以来的信托融资统计，我们明显可以看出近年来信托融资规模大幅增加。当然，发债、信托等的可持续性需要考虑，不过在地方政府的资产负债表中，我们认为地方政府仍持有不少具有稳定现金流的优质资产，如供水、电力、高速公路、保障房，未来都有望成为资产证券化标的。

培育政府投资的接棒者，激发民间投资，使其在未来稳定经济增长中扮演重要角色，需要政府深化投融资体制改革。李克强总理在2012年12月19日的经济社会发展和改革调研工作座谈会上指出，要把制约民间投资的"弹簧门"卸掉，"玻璃门"打碎，对规划内投资项目也要减少审批、简化程序，降低交易成本。例如，2012年广东省已率先公布了44个面向民间资本公开招投标的重大项目。这批项目总投资2353亿元，其中7个为铁路项目，共计1025.9亿元，5个为城际铁路项目。这些项目实行竞争性配置，通过公开招标等方式面向市场，鼓励民间资本采取独资、控股、参股或者以BT、BOT、PPP等市场化模式参与投资建设运营。温州市域铁路S1线15亿元的社会融资计划被认为是向民间融资的"破冰之旅"，尽管其本质上类似政府债券，但仍是引进民资的一次有益尝试。总体而言，资金并非没有，关键在于如何通过投融资体制改革，打破阻碍资金自由流通的障碍。我认为，新型城镇化的投资项目将更多地触及民生，真正改善百姓的生活，因此具有重要投资价值，能够吸引资金。重点是如何通过市场化改革让资金流动起来。

对于房地产行业来说，这也是进入白银时代之后最后的机会。大型龙头地产企业早期是从一线城市近郊平价大盘起家的，因为这是当时最大的中产崛起刚需和城市扩张红利的释放点（相对中心区，池深水浑，做大不易），然后是二线城市的中心区和近郊大规模再复制，具有一定的品牌溢价，再之后是三四线城市全面开花，博的是居民加杠杆提升的购买力和居住需求的升级。现在问题和机会都在城市群间中小城镇及热点开发区域的刚需和后进城居民（流动务工群众和高校毕业生）之间的张力，走出来就是一片新天空。

总之，深度城市化必然会提高劳动生产率和城市集聚效益，扩大城镇公共服务和基础设施投资，增加居民收入和消费量级，从而持续释放出巨大的内需潜能（投资 + 消费）。这正是保障中国经济在未来一段时间长期平稳较快发展的动力源泉，如果这个城市化过程与高科技结合，斯蒂格利茨的著名判断可能就会成真。

这张饼有多大？特别是其中消费增长的空间有多大？2012 年中国非农户籍的比例为 35.29%，与 2012 年按常住人口统计的 52.57% 的城镇化水平相比，有约 17% 的差额。按照世界银行预测的 2020 年中国将拥有 13.88 亿人口计算，如果未来中国城镇常住人口中的农业户籍人口全部转化为非农户籍人口的消费模式，将释放出 2.4 亿人口的消费潜力。如果再把每年提升 1 个百分点共约 8 个百分点的新增城镇人口加进来，将在短短 8 年内释放出 3.5 亿人口的消费潜力。

千万不要低估深度城市化或者新型城镇化将给中国带来的深远影响和根本变化。深度城市化过程的要义不仅仅是加杠杆和搞建设。这个过程本身既是转型也是改革，即在增长中实现变革。未来的深度城市化将是一个“农民工”市民化、农民市民化和市民公民化的过程。深度城市化不仅仅要清偿历史亏欠农民和“农民工”的债务，还原经济发展的人本导向，还将生成一个更具有效率、更具有可持续性的资源利用格局和增长模式，在给予现代化生活方式的条件下，给更多人提供平等的发展机会，逐步消除贫困和两极分化，并培养出一个日益壮大的中产阶层——这一点至关重要。

如此巨量的人口先后来到城市，可以贡献的不仅仅是劳动力，还有智慧、创造力和公民能力。他们需要的也不只是面包、住房、汽车和家电，更需要的是平等的机会、更丰富的社会（文化）生活和更全面的公民参与。规模足够大的中产阶层相对稳定、开放、理性和包容，隐含着民智开发、思想解放，追求幸福和民主共识，他们将更积极地参与到社区、社会、城市和国家的建设和改良过程中去。数据显示，现在最活跃的互联网人群，特别是其中 3000 万～ 4000 万的微博用户，绝大部分是集中分布在沿海一、二线城市的白领（包括各种专业人士、公务员、青年学生等，应该不完全是所谓的“三低”）。他们积极参与网络空间关于公共事务、社会治理和相应政府政策的讨论，如司法公正、打击腐败、环境保护等。尽管其中混杂着不少缺乏建设性的语言暴力和噪声信号，但是乐观地看，这样的方式总比某些形式的直接肢体冲突要好。我们必须看到，这是一个学习、参与的过程，也是一个学会妥协、相互尊重和逐渐形成包容性共识的过程。如果有关部门一方面善加引导，不断训练，另一方面进行监督，不断改良，就有望将其上下结合并形成良性互动。俗话说“有恒产者有恒心”，设想一下，一旦深度城市化推动人数达到 3 亿～ 4 亿甚至 7 亿～ 8 亿，会是什么样的局面？这必将全面重塑中国的增长、经济、社会、生活、文化和政治格局。这种潮流一旦开启就浩浩汤汤，无法阻挡。

第3章　消费升级：大消费时代

大消费，就是新的消费方式和消费内容的升级。一般意义上的商品消费包括三大板块：食品饮料、家用电器和生物医药。经过10余年的经济发展，目前中国的消费需求正在发生实质性转变。20世纪70年代的“三大件”手表、自行车、缝纫机，80年代变为冰箱、彩电、洗衣机，90年代变为空调、电脑、录像机。时至今日，第四次消费升级的代表是房地产、汽车和医疗保健“新三大件”。同时，在第四次消费升级的过程中，旅游、高端白酒、乳品、葡萄酒、平板彩电等子行业龙头，以4G、互联网有线电视为代表的新一代通信产品，文化传媒、电子信息等创新性消费概念，使人们的消费多样化，现代服务业的蓬勃发展特别带来了更大的居民消费空间。大消费时代的到来，是经济发展到一定阶段的产物。

消费：升级还是降级

2018年的“五一”劳动节，网红文章“这届年轻人已经开始消费降级了”，将“消费升级还是降级”的话题推上舆论风口。一边是贵州茅台股价屡创新高，另一边却是第一批毕业的

90后在北上广等大城市艰辛奋斗的心酸故事。一边是奢侈品品牌亮眼的财务报表，另一边是“唯品会”“拼多多”“名创优品”和“闲鱼”等折扣、拼单和二手商品交易平台的高额交易量。到底是升级还是降级，确实是一个值得思考的问题，而且这个问题还很关键。因为长期以来，对中国经济“未富先衰”的忧虑一直存在。如果消费升级是个伪命题，那么它确实意味着重大的结构性转变，资本市场的投资逻辑也要改变。通过梳理数据我们发现，上述疑问实际上是一种误导，一是选错了参照系，二是以偏概全。中国的消费升级仍在进行，这种升级是绝对的，但与此同时，随着贫富分化、区域分化、行业分化等越来越显著，消费的分化也越来越明显。所以，消费降级是相对的、局部的。

经验研究表明，越是贫困的家庭，食物等基本开支的占比越高。从恩格尔系数[⊖]来看，自1978年开始，我国城乡居民和农村居民的恩格尔系数呈稳步下降的趋势，而且差距从2008年开始收缩。截至2016年，城镇居民为31.2，农村居民为32.2，仅差1个百分点。食物消费占比下降的另一面是非食物消费占比提高。

自1978年改革开放以来，中国居民的消费指数不断上升。居民的整体消费水平在40多年内增长了约20倍。我们从中发现

⊖ 恩格尔系数指食品支出总额占个人消费支出总额的比重。19世纪德国统计学家恩格尔根据统计资料，对消费结构的变化得出一个规律：一个家庭收入越少，家庭收入中（或总支出中）用来购买食物的支出所占的比例就越大；随着家庭收入的增加，家庭收入中（或总支出中）用来购买食物的支出比例会下降。推而广之，一个国家越穷，每个国民的平均收入中（或平均支出中）用于购买食物的支出所占的比例就越大，随着国家的富裕，这个比例呈下降趋势。

一个有趣的现象：城镇居民消费和农村居民消费从2011年开始分化，而且农村居民消费的增长速度超过城镇居民。城乡居民的消费差距在2000年后逐步缩小，截至2016年比值为2.72。

所以，消费升级是绝对的，降级是相对的。这是现在中国消费市场的现实特征。在一线城市，我们能看到过去几元一杯的茶风暴早已被淘汰了，倒是20多元一杯的喜茶、乐乐茶不断有人在排队，但三四线城市没有这些高端奶茶品牌的身影。当然，这并不是说三四线城市连20元一杯的奶茶也消费不起，只是做一个类比。从绝对水平上来看，我国整体消费水平是上升的，但同时差距也在拉大。虽然从消费支出等比例来看，农村与城市的差距在缩小，但是绝对差距在拉大。这一点从城镇居民和农村居民的可支配收入的差距可以看出来。

消费升级的理论依据

所有的消费理论都在回答一个问题：居民的消费行为是如何决定的？凯恩斯在《就业、利息和货币通论》中提出了“绝对收入假说”，认为消费是由当期可支配收入决定的，而且边际消费倾向递减，富人的消费能力强，但消费意愿，也就是边际消费倾向较小。凯恩斯认为，可支配收入将在消费和储蓄中进行分割。作为一个原则，收入中被储蓄起来的部分会随着收入的增加而增加。边际消费倾向在短期内是稳定的。所以，影响消费和储蓄的主要因素就是可支配收入。

杜森贝里提出了“相对收入假说”，第一次将社会心理学的研究成果引入消费理论。他认为人的消费行为不仅仅取决于可支配收入的绝对水平，还取决于他所在的“圈子”。他认为人的消费行为会受到“示范效应”和“棘轮效应”的影响。所谓“示范效应”，就是其他人的消费行为会有一种引导作用，如人们会因为攀比心理做出非理性的消费决策。所谓“棘轮效应”，是指人们会受到过去消费水平的影响，消费会呈现出一定的惯性。这样一来，其推论就与凯恩斯的“绝对收入假说”有所区别了。当前的绝对收入对消费行为的影响是有限的，横向的和纵向的相对收入才是影响消费的主要因素。

接下来就是莫迪利亚尼和米尔顿·弗里德曼发展的“生命周期 – 持久收入假说”。他们认为人的一生，边际消费倾向呈现出一种 U 形特征：年轻时候高，中年时候低，老年时候高。人在考虑如何消费时，会从一生的长度去思考，绝对收入和相对收入的影响都是短暂的。放在一生来看，人的消费行为是相对平滑的，人们会从一生的周期来计划自己的消费。生命周期消费理论的一个最典型特征是，除了收入这个变量，还强调财产收入对消费的影响。按照生命周期理论，理性的消费者总是期望自己的一生能够比较安定地生活，使一生的收入与消费相等。一个社会的消费水平和储蓄水平取决于经济发展速度和人口结构，经济发展越快，消费肯定越高，人口结构的老龄化也会提升全社会的消费水平。

收入水平与结构

可支配收入是决定消费者行为的最主要因素，消费升级是可支配收入升级的结果。根据《金融时报》的报道，2018 年上半年，全国居民人均可支配收入为 14 063 元，比上年同期名义增长 8.7%，扣除价格因素实际增长 6.6%。其中，城镇居民人均可支配收入为 19 770 元，同比名义增长 7.9%，扣除价格因素实际增长 5.8%；农村居民人均可支配收入为 7142 元，同比名义增长 8.8%，扣除价格因素实际增长 6.8%。截至 2017 年底，中国的人均 GDP 超过 8000 美元。林毅夫教授预测，中国或将在 2025 年成为高等收入国家。另外，自 1978 年以来，中国已经有 7 亿人口脱离了贫困线。经济学人智库预测，中国的低收入群体将从 2015 年占比 36.9% 下降到 2030 年的 11%。[⊖]中高等收入群体人数增速较快。其中人均可支配收入超过 20 万元的高等收入群体占比将从 2015 年的 2.6% 增长到 2030 年的 14.5%。这都为消费升级提供了驱动力。

人口结构

中国 15 ～ 64 岁劳动年龄人口在总人口中的比重在 2010 年触顶，达到 74.5% 的高度，而后一直下降，截至 2017 年下降到 71.82%。同时，非劳动年龄人口比重不断上升，其中 65 岁以上的老年人口比重在 2014 年超过 10%，说明中国正式进入老龄化社会。联合国预测，中国的人口结构将从 1950 年的“三角形”逐步演化为 2100 年的“柱状”，甚至还带点“倒三角”的特征。虽然整体而言，老龄化社会的消费水平会更高，但是会影响经济增长动能。所以，从人口结构来看，消费及消费升级的机遇与挑

⊖ 经济学人智库对高低收入划分的标准是：年人均可支配收入低于 13 000 元的为低收入群体，13 000 ～ 67 000 元为中低收入群体，67 000 ～ 200 000 元为中高等收入群体，大于 200 000 元的为高等收入群体。其划分依据是消费结构，如低收入群体以消费食品、服装等生活必需品为主，中低收入群体还可以购买一些家用电器等，中高等收入群体可以购买私家车、品牌服装等，高等收入群体则可以享受更多的金融服务等，有更高的资产配置需求。

战是并存的。但是在当下这个状态，城镇中产阶级的崛起对消费而言，机遇更多。

中产阶级的崛起

按照世界银行的标准，人均年收入 2.5 万～ 25 万元就算中等收入群体。换算下来，人均月收入 2083 ～ 20 830 元都算中等收入群体。中国社科院社会政法学部、中国社科院国家治理研究智库发布《中等收入群体的分布与扩大中等收入群体的战略选择》报告，指出将家庭人均收入中位数的 76% ～ 120% 视为中低收入群体。根据上述报告，按总人口计算，中国大约有 4.5 亿多人口属于中等收入群体。如果将中等收入群体、中高等收入群体和高等收入群体相加在一起，中国大约有 6 亿人口属于中等以上收入群体。从个人角度来看，中国中产阶级是年收入 1.15 万～ 4.3 万美元的群体（对应年收入 7.5 万～ 28 万元）。这个群体 2000 年有 500 万人，预计到 2020 年会增加到 2.75 亿人。2016 年，经济学人智库发布的《中国消费者 2030 年面貌前瞻》预计，中国中高等收入群体将从当前的 1.32 亿人（占比 10%）增长到 2030 年的 4.8 亿人（占比 35%），人均年可支配收入将超过 10 000 美元。无论从哪个口径来测算，未来 10 年中国中产阶级都会成为消费的中坚力量。他们的消费行为与其他群体不一样，故将重塑中国的消费面貌。

中产阶级的特征如下。第一，拥有一份稳定且收入较高的工作。对中国中产阶级的研究表明，党政干部、经理层、私营企业的首席执行官、高技术人员和办公室职员等在中产阶级中占比较高。整体而言比较分散，但很少分布在农业领域。第二，中产阶级大多受过良好的教育。李春玲从职业、收入、消费及生活方式、主观认同等多个角度综合研究了中产阶级的特征，发现无论从哪个维度来考察，中产阶级拥有大专及以上学历的比重都是最高的。㊀第三，从地理分布来看，东部和中部的大中城市中产阶级的比重较高。第四，中产阶级用于闲暇消费的比重相对较高，他们更注重精神上的愉悦。第五，在投资行为方面，中产阶级更注重自我投资，教育支出显著高于低收入阶层。除此之外，他们的理财意识也更加成熟，这与他们所在的行业也有关系，因为证券、基金、保险等金融行业中中产阶级占比较高。第六，在价值观方面，有研究显示中产阶级的壮大有利于促进民主和政治稳定。埃斯特利用计量研究的方法证明了中产阶级规模与民主之间的正相关关系。

新中产这个群体从小就没有不安全感，与美国这一代人比较类似。他们不喜欢存钱，不为性价比付费，而是为服务、个性化甚至小众化商品付费。这也将深远影响消费品市场的未来。首先，品牌集中度肯定会提高。其次，商品小众化也是一个方向。最后，对服务型商品的需求越来越多，也就是格调越来越重要。

城镇化

城镇化是驱动消费及消费升级的重要动力。当前，中国基于常住人口核算的城镇化率已经接近60%。根据国家统计局公布的数据，2017年中国的城镇化率为58.82%。1978年改革开放以

㊀ 李春玲．当代中国社会的声望分层——职业声望与社会经济地位指数测量［J］．社会学研究，2005（2）。

来，中国的城镇化率出现趋势性上扬，斜率更为陡峭，说明城镇化在加速。如果按户籍人口来计算，城镇化率还在42.35%，但其与常住人口城镇化率的缺口在缩小，比2012年下降了1.1个百分点。虽然改革开放以来，中国的城镇化率稳步提高，但是与西方发达国家仍有较大差距。根据世界银行的数据，西方发达国家的城镇化率普遍在80%以上，亚洲地区的韩国、日本等均超过90%。所以，中国的城镇化仍有较大的提高空间。当然，有研究显示，当城镇化率超过60%以后，增速会放慢。另外，中国城镇化率的提高并不都是农村人口向城镇人口迁移的结果，还有一部分是由于行政区的调整，如乡变镇、县变市等。未来，中国的城镇化方略将从传统方式转变为以建设城市群为代表的深度城市化方式，这是中国经济增长的内生动力，也将会大大促进内需的增长，因为城镇居民的消费能力显著高于农村居民，而且从2014年开始，城镇居民消费同比增速上升，农村居民的消费动力则不足。截至2017年，城镇居民的平均消费是农村居民的2.72倍，所以城镇居民仍然是消费的主力军。

消费升级的实证依据

消费结构转变：传统消费（衣食住行）占比下降，新型消费（教育、文化、娱乐等服务型消费）占比上升，是消费升级的典型特征。以城镇居民为研究对象，食品、交通和通信开支同比增速呈现下降趋势，在总支出中的占比也出现了下降。其中，食品消费下降到了30%左右，但与韩国和西方发达国家的15%仍有一定距离，医疗保健和交易开支呈现出缓慢增加的趋势。如果进一步将城镇居民按照收入等级划分为低收入群体、中等收入群体和高等收入群体，会进一步发现不同收入群体的消费结构对收入变化的敏感性是不一样的。低收入群体的消费结构有较强的黏性，对收入变化不敏感，而高收入群体的消费结构的收入弹性比较大。随着收入水平整体性攀升，交通、通信、教育、文化、娱乐、服务等支出的占比会不断提高。

旅游业的景气程度是判断居民消费升级还是降级的一个重要体现。一般而言，只有在满足基本生活需要之后，人们才会选择旅行。同时，对旅行地点的选择也能反映消费观的转变。交通便利性的提高和青年人文化水平的提升，都会增加境外旅行的需求。一方面，中国旅游业的总收入过去稳步增加，从 2008 年的 1.16 万亿元增加到了 2017 年的 5.4 万亿元，增长了近 4 倍，同比增速均高于 GDP 增速。另一方面，出境游增速比国内旅游增速快。居民选择出境游，除了观赏境外风光，就是“买买买”。财富品质研究院根据品牌库中 2 万多个品牌的营业收入估算发现，2015 年中国消费者在全球的奢侈品消费达到 1168 亿美元，全年中国人买走全球 46% 的奢侈品。这其中的 910 亿美元在国外发生，占到总额的 78%。也就是说，中国人近八成的奢侈品消费是“海外淘货”。

消费升级的另一个证据就是汽车消费。一般来说，在中国，汽车并非必需品。中国城市的居住区、商业区和办公区融合在一起，即使像陆家嘴这样的金融中心，周边也分布了居民区。像上海这样的城市，被划分为不同的区，每个区都会有“中心”，所以活动范围相对较小。但西方国家居民的生活方式跟中国不太一样，汽车对他们而言是生活必需品，没有私家车可谓寸步难行，接送孩子上学、购物、上班都要依赖汽车。这一方面与城市功能区的规划有关，另一方面也与公共交通的密度有关。对于地广人稀的西方国家，人均汽车保有量均较高。但在中国，私家车能够作为消费升级的一个指标。过去，中国的人均汽车拥有量逐步上升，每 100 户家庭的汽车拥有量从 1998 年的 0.3 上升到了 2017 年的 37.5。从内部结构来看，2014 年以来，私家车领域运动型多用途乘用车的销量一直高于基本款，即使 2017 年之后两者的差距收窄。

本章仅从消费结构、旅游、乘用车领域对消费升级进行了论证，在实际生活中，无论从教育开支、出国留学人数、高端白酒消费、家用电器哪个角度加以论证，都会找到消费升级的“铁证”。但是，不得不指出，中国消费占 GDP 比重的提升更多是被动的，主要源自投资和外需的下降。在投资方面，资本产出效率的下降和债务的累积都导致投资增速下降。对于外需，自 2008 年金融危机之后，外需一直收缩，2016 年还出现负增长。当前，美国重回保护主义，2018 年第一季度中国的经常账户自 2002 年以来首次出现负值，外需承压将会对中国经济提出全面的挑战。在这样的背景下，消费驱动型的经济将是必然选择。但是，当下仍然存在不少阻碍居民消费升级的因素，如社保制度不健全、房价过高、金融市场不健全等。要释放消费的潜力，就必须进行制度性改革。

宏观经济学家常说一句话：唯一确定的就是不确定。但站在当下审视中国的未来，有些因素是确定的，那就是人均收入从中等向高等跨越，人口不断老龄化，城镇化水平不断提高，中产阶层不断壮大，结果是消费结构和层次的升级。

2020 年底有这样一个网络热点——“上海名媛团”，也就是多人通过拼单进行奢侈型消费。这引发了我的深思，它实际上有着深刻的经济学和社会学含义。这是以消费降级为代价实现的消费升级，既体现了广大群众对美好生活的向往与捉襟见肘的购买力之间的矛盾，也展现出消费主义是制造阶层流动幻觉的终极利器。当然，从“上海名媛团”拼单的动机来看，所谓消费也可能是某种形式的投资行为。

第二篇

新供给

六新供给火力全开

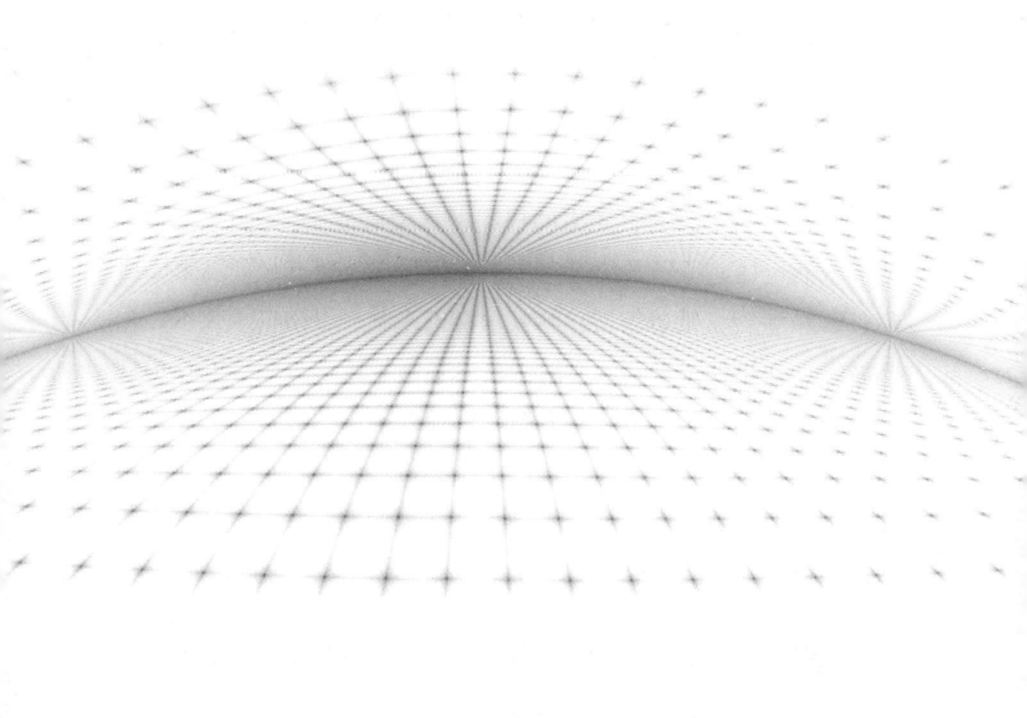

第 4 章　新制造：新技术与新产品

在 18 世纪中叶的工业革命以前，人类经济发展几乎长时间处于停滞状态。上万年的文明史，正是靠几次大的技术革命推动人类社会向一个又一个新台阶迈进。青铜器和铁器工具的发明，使农业的劳动生产率逐步提高，从而促使手工业与农业分离。18 世纪以蒸汽机的发明为标志，人类社会进入了机器生产阶段，即工业革命时期。劳动生产率的提高一方面解放了大量的劳动力，另一方面也加速了资本的进一步扩张与深化，促进经济总量迅速增长。20 世纪，随着第三次科技浪潮的来临，以微电子技术、生物技术、新材料技术和航空航天技术等高新技术为标志的技术创新又推动了产业结构进一步升级，促使经济高速增长，也推动了人类社会的发展。技术发明提高了资本生产率，否定了利润率下降的说法。在收益递减和技术进步之间展开的竞赛中，技术以数步之遥取得胜利。迄今为止，历史就是这样演变前进的。

创新的范式：技术周期、世界体系与大国兴衰

如果历史会重演，那么我们正站在人类历史上第六轮康德拉季耶夫周期（简称康波）的起点。这是主干创新的执牛耳者诞生

的阶段。它不只是一场新的造富运动——新的伟大的企业和世界首富将会诞生，更为深刻的是世界体系的结构（谁是中心国家，谁是外围国家）也可能发生更替。

中美关系是近几年来备受关注的热点话题，全球经济学家就这一话题在诸多方面都已经形成了共识，主要集中在对现象的解释，以及美国未来可能采取的遏制策略上，但这场博弈的结局仍然是一个开放的问题，本节希望提供一个分析问题的框架。我们认为，康波是个可行的视角。当我们离一个物体太近的时候，是看不清楚它为何物的。康波的距离足够长，不仅有助于理解中美关系，还有助于理解当前全球经济增长停滞困境和利率下行问题。

众所周知，康波被用来描述经济增长的长期波动现象，周期一般是 40 ～ 60 年。经济学家康德拉季耶夫将其作为一个经验规律描述出来，但他本人并未解释这种经济现象背后的内在逻辑。熊彼特提出的创新理论充实了康波的内容，为理解康波打开了一扇门。熊彼特没有回答的问题是：康波的周期为什么是 40 ～ 60 年？

本节希望借助传播学对创新扩散路径的研究来回答这个问题，进而从人的认知和行为模式的转变上归纳创新的范式，进一步充实康波的理论基础，并以此解释世界政治经济体系的演化；最后，分别从研发投入、金融市场、政治体制和文化等维度评估中国和美国在第六轮康波的竞争中可能存在的优势或劣势。康波是作为一种经济现象出现的，是一种结果，创新的范式为其提供了一个因果逻辑上的解释。所以，这种分析路径有一定的预见性。

创新的范式与康波的形成

世界 GDP 增速每 40 ～ 60 年就会出现一个拐点，对应的就是康波的拐点。要理解康波的形态，关键就在于理解创新扩散的逻辑。

创新扩散遵循简单的S形曲线模式。美国著名传播学者罗杰斯的专著《创新的扩散》中有大量的经验证据表明，创新扩散过程可表示为S形扩散曲线。日本著名经济学家Hirooka是研究创新演化路径的知名学者，他发现技术的扩散轨道有S形特征，而且是一种普遍现象。所以，我们将技术扩散的S形特征称为创新的范式。

创新的范式背后是人观念的转变，以及由此带来的行为模式的转变，这是康波得以形成的内在逻辑。每种创新扩散的速度都遵循"慢—快—慢"的节奏。早期采用者的数量一般较少，他们惯于打破常规，勇于尝试新鲜事物和新的想法。一段时间后，扩散进入起飞阶段，速度开始加快，并逐渐被后期采用者接受。此时，市场趋于饱和，整个过程也将进入终结。对S形曲线求一阶导数，能得到开口向下的抛物线，纵轴为创新被采用的速度，对应的就是周期的形态。创新扩散的速度与产业发展的速度是对应的，速度越快，产业发展越快，产业增加值越高，GDP增速越快。一旦市场饱和，增速就会慢下来。值得强调的是，创新曲线有相同的起点，最终也会大致收敛到同一个终点。它代表的是由某一个基础性创新衍生出来的创新族。在大多数康波中，基础性创新可能会超过1个，从而呈现出多个创新族交错演进的结构。

更进一步的问题是，康波的长度为什么是40～60年？这是一个相对较长的时间。具体有以下几个原因。

第一，康波的长度是由创新扩散的速度决定的，后者又是由各种阻力决定的。任何创新及创新扩散都是在一定的时间、空间和人群中展开的。创新从研究到发展再到扩散有一个生命周期，这个周期一般都比较长，从而使康波也呈现出期限较长的特征。马基雅维利在《君主论》中说："无论何时，反对派一旦有机会，就会毫无保留地攻击创新者，其他人则谨慎地防御。创新者腹背受敌。"齐美尔认为，创新者会因为采用了某项创新而偏离依附的团体的规则，最终成为"陌生人"。所以，创新是勇敢者的游戏。熊彼特也认为，创新在蜂聚现象出现之前，先要克服各种社会阻力。

第二，创新关系到世界观的改变，而人类有严重的路径依赖特征。一个现实的案例是，基于健康的考虑，推广人员计划在秘鲁的一个小村落里推广喝开水。该计划实施了两年，最终以失败告终。再比如，我们每天都在使用的电脑键盘——QWERTY 键盘，早在 1873 年就诞生了，一直使用至今，但实际上它有很多缺点。1932 年，华盛顿大学的德沃夏克教授研发了另一种键盘，试验证明这种键盘会使打字的效率大大提高，但至今仍未被推广。

第三，创新只有转变成工业增加值才能影响康波的形态，而将一个想法变成 GDP 需要完成整个创新 – 决策过程。罗杰斯将创新 – 决策过程分为 5 个阶段——认知、说服、决定、执行、确认和 6 个步骤——需求 / 问题、研究（基础和应用）、发展、商业化、扩散 / 应用和结果。可以看出，这是一个非常漫长的过程。当然，不同的创新被人们采用的速度是不同的。据我的观察，创新越具有颠覆性，扩散一开始就越慢，一旦跨过了某个临界点，就会迅速蔓延。互联网就是一个典型的案例。

接下来更为关键的问题是：我们正处在第几轮康波的什么位置？

每一轮康波都有一个或者几个代表性的创新，以及由此产生的支柱性行业。第一轮康波以蒸汽机的使用、纺纱机的发明和纺织工业诞生为标志，起点是1790年（熊彼特认为是1787年）；第二轮康波以铁路和炼铁工业为标志，时间为1846～1900年，其中1846～1872年为上升期，在此期间铁路里程和铁的产量扩大了10倍以上，英国经济也因此快速膨胀；第三轮康波以钢铁、电力、石油开采和汽车制造为标志，上升周期为1900～1929年，结束于20世纪50年代；紧接着的就是第四轮康波，以电视等家用电器和电子工业、飞机、石油化工及电脑的创新为代表。可以看到，20世纪70年代的两次石油危机和20世纪80年代的全球经济动荡（如1985年前后的美日贸易摩擦、1987年美国储贷危机和20世纪80年代初期的拉美债务危机等）中断了第四轮康波的进程，但20世纪90年代，电脑和互联网的普及带领人类进入信息时代，全球进入低通胀和较高经济增速并存的“大缓和”时代，第四轮康波得以延续。

有观点将始于20世纪80年代的信息和通信技术革命看作第五轮康波的代表，认为它将在2050年左右走向终结。本节开头说“我们正站在人类历史上第六轮康波的起点”，主要是相对于第四轮康波的终点而言的，第四轮康波与第五轮康波出现了交错。本节将即将到来的新一轮康波算作第六轮。从第四轮康波基础创新扩散的轨迹来看，它已经接近尾声。这等于说，我们可能正处在第六轮康波的起点。图4-1可以更清楚地显示第四轮康波与第五轮康波的交错关系，以及我们今天所在的位置。

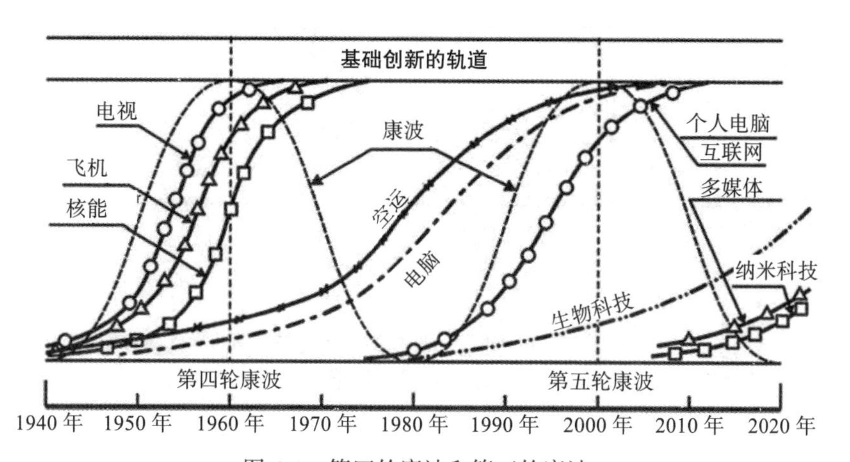

图 4-1　第四轮康波和第五轮康波

资料来源：Devezas et al.，2017，Industry 4.0；东方证券。

更进一步的问题变为：第六轮康波中的基础性创新会是什么？可能包括新材料（如纳米技术）、人工智能、高端制造、物联网、航空航天、生物制药、基因工程、量子计算和区块链等。Akayev 和 Rudskoi 认为，2014 ～ 2020 年是拥抱 NBIC（纳米、生物、信息和认知）技术的一个合适时间段，因为这是它们从实验室走向市场的转折点，即商业化的起点。

由于经济是一个复杂开放的系统、一个混沌的体系，始终处在一个非均衡的状态，所以我们很难通过经济指标本身去预判康波的起点或拐点。但是，基于创新的范式，只要确定创新的起点，我们就可以大致判断各项技术发展和扩散的轨道（见图 4-2）。值得强调的是，图 4-2 包含的众多技术与任正非在《经济学人》杂志发表的文章中提到的有大量重合，如电子技术、基因技术（生物技术、纳米医疗）、分子技术（新材料，如纳米）、人工智能、量子计算。

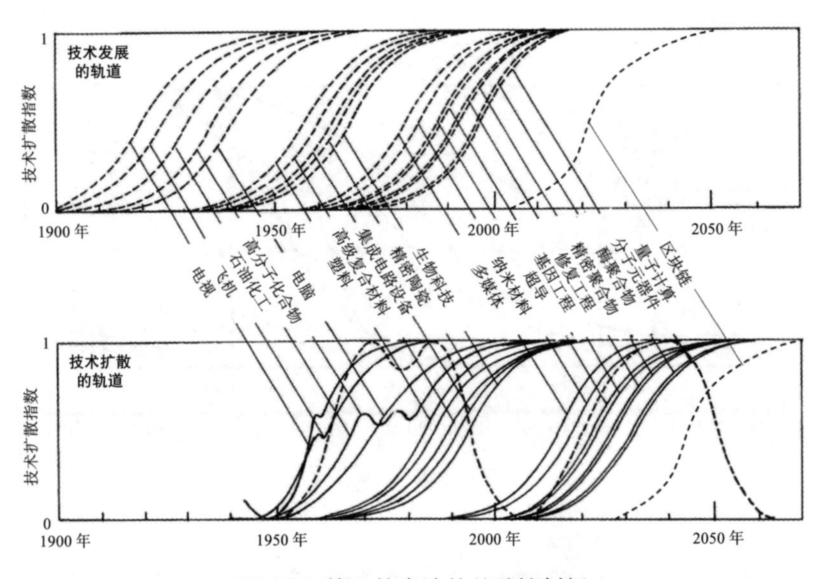

图 4-2 第六轮康波的基础性创新

注：区块链为作者所加。

资料来源：Hirooka，2006；东方证券。

以纳米技术为例。1985 年是发现合成碳素——C_{60} 的标志性年份。它由 60 种碳原子以空心球体结构合成，被认为是第一个纳米结构。紧接着，1986 年，原子力显微镜被发明，为创建和测量新的纳米结构提供了工具。接下来的重大突破有 1991 年发明了碳纳米管，以及 2004 年发现了石墨烯（一种单原子厚度的碳膜），后者被认为是最有前途的纳米材料。 般而言，纳米材料具有非常独特的性能，几乎可以应用于人类活动的每个领域，从而为各个领域带来创新和突破。根据纳米技术发展的轨道，Hirooka 估计它将在 2016 年左右成熟，距离原子力显微镜的发明正好 30 年，之后不久将进入扩散轨道，纳米技术创新产品将被投放市场，并不断向市场渗透，开辟新的商业领域。届时，许多传统的材料将被替代。

可以看出，紧随纳米技术之后的是超导、基因工程、修复工程、精密聚合物、酶聚合物、分子元器件和量子计算等。那么，备受国人关注的区块链在什么位置？如果以 2008 年为起点计算的话，区块链技术的发展或许需要 10 年以上的时间才会进入成熟阶段，之后才是创新扩散和商业化。当前阶段的主要任务仍然是技术攻坚。

从前文的介绍可以知道，理解康波的关键在于理解创新的范式。一般而言，整个创新的生命周期可以被划分为三个阶段：研究、发展和扩散。每个过程都表现为 S 形扩展轨道，前两个阶段即常说的研究与发展（R&D），大多是在实验室里完成的，后一个阶段是在工厂里完成的。由于康波主要是由经济总量指标来代表的，所以只有当创新进入到扩散阶段，才会体现在康波之中。创新扩散的轨迹形成了康波，它背后反映的是人的观念和行为上的路径依赖。

扩散阶段的关键变量是采用率，可以理解为市场需求的饱和率，它的变化遵循“慢—快—慢”的规律。从慢到快形成的康波上升期，是基础性产品创新形成的阶段；从快到慢形成的康波下降期，是产品创新集群产生的阶段，同时也是创新动能由盛转衰的阶段。

一般来说，扩散阶段位于研究与发展阶段之后，对应的是创新的商业化阶段，之后才是大规模商业化的阶段。康波实际上是作为结果呈现的，对于投资而言是滞后的，但根据创新的范式，我们可以将其作为一个预测工具。在具体操作方面，以一项技术发展过程中核心发明或基本专利的数量为例，累积数量的分布可以用 Logistic 方程表示。正在进行的科学和技术的轨迹可以很容易地识别，我们可以通过将技术发展轨迹外推到扩散轨迹，估计商业化的时间和未来的市场规模。

霸权周期与世界体系的结构

经济学与国际政治都有长波的概念，前者指的就是康波，后者常常指代霸权周期，即世界政治体系的变迁，描述的是政治权力的转移，长度一般为 90 ～ 120 年。

英国著名历史学家和哲学家汤因比曾经说过，19 世纪是英国的世纪，20 世纪是美国的世纪，21 世纪是中国的世纪。汤因比的预测意味着世界体系的百年轮回时间上正好与国际政治中的长波理论相一致。这是基于历史归纳法得到的结论，还是有对预测而言更严谨的演绎逻辑？孙隆基在《中国文化的深层结构》中谈到历史研究能否做预测时说，历史时序与因果时序是不同的，前者适用于解释，不适用于预测，后者才可以做预测。所以，仅仅运用历史归纳法得出 21 世纪是中国的世纪的结论是不可靠的。我们认为，创新驱动的康波与世界政治体系变迁的长波有一定的因果逻辑。

康德拉季耶夫注意到新的长波往往与世界经济连接的轨道的扩张密切相连，但并未系统阐述康波与世界体系演变的逻辑。著名的世界体系研究者沃勒斯坦和莫德尔斯基也常常提起康波，但是并未从统计上明确世界体系演变与康波的关联性。日本经济学家赤松要找到了两者的纽带。他认为，世界体系有一种“中心 – 外围”结构，因为后发优势的存在，外围国与中心国之间的综合国力的差距呈现出一种“收敛 – 发散”的周期特征，周期长度为

20 ～ 60 年，长边正好与康波的长边对应。

一般而言，中心国是创新的引领者。由于创新具有外部性，外围国在追赶过程中实现了收敛，在有些历史节点，外围国甚至会赶超中心国，从而重构世界体系的结构。当然，赶超并非易事，追赶过程中更常见的现象是外围国再次被中心国甩开。赤松要据此提出了产业发展雁阵模型，并用此解释东亚模式的崛起。

图 4-3 显示的就是第二次世界大战后全球经济发展的雁阵模型，同时也是领导者 – 追赶者模型，以及中心国 – 外围国的世界体系。第二次世界大战后，美国一直是世界的领导者。在历史上的五轮康波中，英国是前两轮的领导者，同时也是世界体系的中心国。美国是后面三轮康波的领导者，也是 20 世纪初至今的中心国。美国在以铁路建设为代表的第二轮康波中紧随英国之后，到 19 世纪末，工业增加值就超过了英国。由于英国受到两次世界大战的冲击较为严重，世界体系的结构在两次世界大战之间完

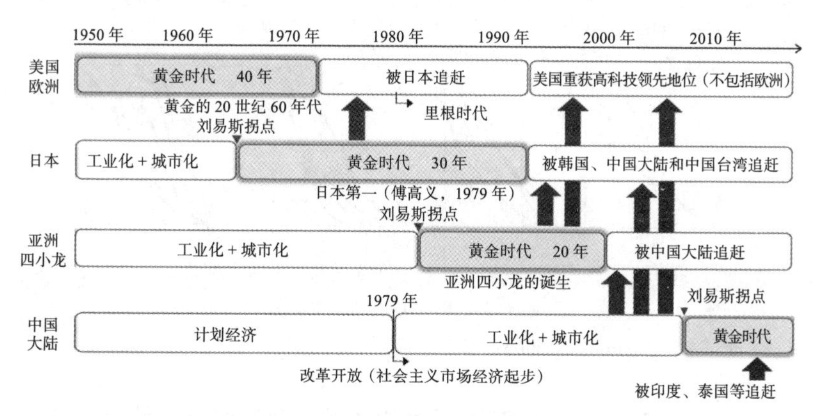

图 4-3　全球经济发展的雁阵模型

资料来源：Richard Koo（2018，p. 75），作者标注。

成切换，美国取代英国，稳稳当当地坐在了中心国的位子上。所以，从创新的角度来看，两次世界大战或许只是加速了世界体系的转换。

图 4-4 更清楚地展示了创新、康波与世界体系变迁的关系。英国在 18 世纪末开始的第一次工业革命和第一轮康波中占绝对领先地位，没有挑战者；在第二轮康波中，英国在铁路和炼铁工业中都有领先优势，但美国紧随其后，是唯一的挑战者；第三轮康波的起点是 19 世纪末，英国在钢铁工业上仍然领先于美国，但在石油、汽车和能源工业方面开始落后于美国。虽然德国在汽车工业上是领先者，但是福特发明的流水线作业改进了生产流程，提升了生产效率，使美国在汽车工业上保持了领先地位。

不同研究者对康波的划分

Komdratiev	1790 年	1810~1817 年	1845~1851 年	1870~1875 年				
Schumpeter	1787 年	1813~1814 年	1842~1843 年	1869~1870 年	1897~1898 年	1924~1925 年		
Rostow	1790 年	1815 年	1848 年	1873 年	1896 年	1920 年	1935 年	1951 年
Mandel	-	1826 年	1847 年	1873 年	1893 年	1913 年	1939~1948 年	1967 年
Van Duijn	-	-	1845 年	1872 年	1892 年	1929 年	1948 年	1973 年

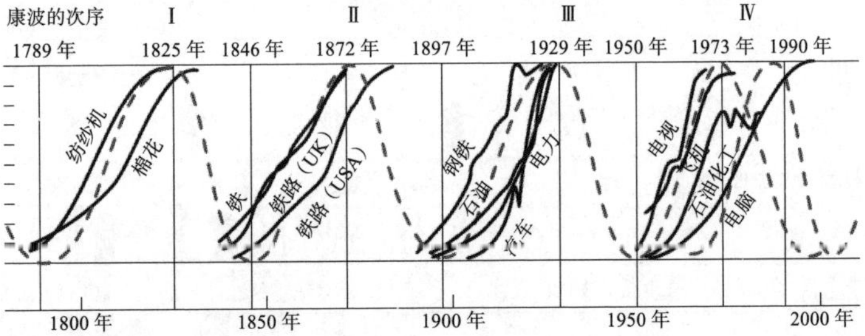

图 4-4 人类历史上的四轮康波

资料来源：Hirooka，2006；东方证券。

日本于 19 世纪 60 年代开始的改革（明治维新）使其搭上了第三轮康波的末班车，但实际上是在“补课”，因为棉花和铁路是前两轮康波的创新。后来，由于实施闭关锁国的政策，日本遗憾缺席第三轮康波的创新课程。第二次世界大战之后，日本一边补课——发展纺织和汽车制造业，一边追赶——发展石油化工和电脑工业等，至 20 世纪 70 年代修完过去五轮康波的课程，成为美国权力的有力挑战者，特别是在汽车和数码电子科技方面。

20 世纪 80 年代中期，美国和日本的贸易摩擦日趋激烈，1985 年《广场协议》之后，日元继续快速、大幅升值，削弱了日本出口产品的竞争力。为了缓解外需快速收缩的负面影响，同时也在美国施压之下，日本采取了积极的财政政策、宽松的货币与信贷政策，以及扩大金融开放的政策。与此同时，日本的制造业还在不断外迁，这些都是其 20 世纪 90 年代股市和房地产泡沫破裂的原因。现在，已不再有人将日本看作美国霸权地位的挑战者。

再看中国。封建制与闭关锁国的中国完完全全地缺席了前三轮康波。清朝晚期开展的洋务运动虽然主张向西方学习，但是由于时间太短，并未建立中国的工业基础。直到 1949 年新中国成立之后，才真正地发展工业。1978 年改革开放之前，中国虽然走了不少弯路，但是这可能是必须交的“学费”。改革开放之后的 40 多年，中国一边补课，一边学习新课程，不仅发展了前三轮康波的代表性工业，第四轮康波也没落下。所以，说中国用 40 年走了西方国家 200 年的路，是有根据的，原因就在于坚持改革开放和后发优势的发挥。至今，中国的工业体系被认为是世界上最齐备的。所以，中国也被看作美国霸权的最有力挑战者。这也是中美关系出现转折的大背景。

从前文的分析可知，中美竞争的关键在于科技创新，特别是第六轮康波中的主干创新。在思考“21世纪是否是中国的世纪”之前，首先要思考的是：美国何以能够在20世纪取代英国而成为世界霸权国家？中国是否具备了当时的条件，或者中国是否还有其他当时美国不具备的优势？

我认为，一个国家的创新实力是决定其在世界政治经济体系结构中的位置的最重要单一要素。每一轮康波都有少量主干创新——包括能源、资源、动力、交通、信息和通信等，它们是社会各个方面运行的基础。哪个国家拥有更多的主干创新，就更有可能成为世界体系的中心国家。那么，在正在进行的信息与通信技术创新中，中国在什么位置？在前文提到的第六轮康波的主干创新中，中国在哪些领域有领先优势？在很大程度上，这些问题的答案就是“21世纪是否是中国的世纪”的答案。

中国若想成为世界的领导者，就必须成为创新的领导者！

本节的主要目的是提供一个思考创新、康波和世界政治经济结构的框架，故详细评估中美在各个领域的技术优势已超出范围，但我可以提供一个数据供大家参考：①在路透社发布的2011年全球百强创新企业名单中，美国占40家，中国为0家；②在路透社发布的2018～2019年全球百强创新企业名单中，中国仅占3个名额；③在路透社发布的2018年全球最具创新力大学名单中，美国独占48个名额，而且排名非常靠前，而中国仅有5所，且排名比较靠后；④在2018年福布斯全球最具创新力企业榜中，美国为51家，中国为7家。

可以看出，从目前来看，中国与美国在科技实力与创新能力的差距与两者在经济实力上的差距是不匹配的。当然，从PCT专利申请的数量上来看，中国的进步非常快，但是这是否可持续？相比于数量，专利的质量如何，特别是在主干创新领域？下面我基于前文的分析，谈谈对中美竞争的思考。

大国博弈的创新维度

本节主要从研发投入、知识积累、社会体系结构（或政治体制）、金融市场和文化等方面，阐述中国在科技创新上的优势和劣势。

第一，研究与发展。所谓研究与发展，研究在前，发展在后。这里的研究，首先是基础研究，其次才是应用研究，前者以科学知识的积累为目的，后者以解决某个具体的需求问题的目的。所以，基础研究对于创新非常重要，特别是主干创新。

中国的研发投入占 GDP 的比重逐年提高，已经上升到世界第 13 位，绝对规模也上升到了世界的第 2 位（2018 年）。但研发投入结构严重不平衡，试验发展阶段的研发投入占比远远高于基础研究，致使中国的基础研究投入在全球排名中远远落后。但是，只有基础研究才能促成基础创新，使中国成为创新的领导者。与美国比较而言，中国仅落后于美国 0.68 个百分点，但如果从绝对规模来看，2018 年美国研发投入为 5623.94 亿美元，中国为 2971.15 亿美元，仅为美国的 52.8%。若比较基础研究投入，中国与美国的差距就更大了。基础研究更加注重知识积累，同时也是以知识积累为前提的，在这方面中国与美国的差距还是比较明显的。

对中国研发投入结构的分析体现了中国经济发展和科技发展的“后发优势”，正所谓“引进、吸收、消化、再创新”。但与此同时，这也是“后发劣势”的体现。中国的创新更多地体现在应用层面，可以快速满足市场的需求，并体现在 GDP 中。但是，需要注意的是“后发优势”的关键词是“（落）后”，这个优势会在追赶中逐渐消失。与之相反，“后发劣势”在追赶中越加突出。

第二，社会结构和规则。一方面，社会结构（个人、集体或威权）与规则对创新扩散有非常显著的影响，有的会推动创新扩散，有的会阻碍创新。在威权式的社会结构中，核心决策层或者权威的个人一旦决定采纳和推广某项创新，创新扩散的速度就会比较快。但是，这个体系有三个问题：第一，决策层的创新精神决定了创新的扩散速度；第二，社会中的个体可能会设法绕开创新，正所谓“上有政策，下有对策”；第三，执行过程中可能会出现偏差，制度套利行为比较普遍。相反，在个人社会结构中，创新扩散的效果取决于个体观念的转变形成的合力，是一个自发演化的过程。创新扩散的速度取决于社会形成共识的速度，所以有些创新扩散的速度可能会比较慢，但由于以共识为基础，爆发力会比较强。

社会结构还包括人们在政治、经济地位上差异：政治上就是权力的分配，经济上就是财富的分配。俗话说，贫穷会限制人的想象力，就是这个道理。从创新扩散的角度来说，由于扩散往往都是异质性沟通，即创新的扩散者比受众有更丰富的信息，双方存在显著的信息不对称，而且往往身份、教育背景、社会经济地位等存在较大差异，所以会出现“对牛弹琴”“鸡同鸭讲”这样的尴尬局面，从而影响创新扩散的速度。

第三，金融市场。直到今日，中国的金融市场仍然发展不健全。在资本市场与创新的关系方面，学术界是有共识的，即权益类融资比银行融资更有助于推动创新。格林伍德和约万诺维奇指出，在健全的资本市场上，金融中介能够以更低的成本获取信息，通过筛选和监督，资本寻找到高利润的投资机会的可能性大大提高。不仅如此，资本市场还有分散风险的功能，促进投资流向高收益的生产技术领域，从而提升潜在经济增速。古斯塔沃·曼索的研究显示，激励创新的契约有如下特征：短期内允许试错，容忍失败，同时在长期内给予成功高额的回报。创新是一种高风险、高回报和高度信息不对称的活动，以互联网、人工智能和大数据等为代表的新一代创新型企业，在早期阶段很难获得银行贷款和其他债务融资，只能依靠资本市场。在这里，不能只着眼于 IPO，更为关键的是私募股权投资，如天使投资和风险投资等，它们才是下一轮康波的培育者。

过去 10 多年来中国和美国风投偏好的行业，大部分时间里软件和制药和生物技术这两个行业一直占据着主导地位。2018 年，软件行业在交易量上遥遥领先，超过 3700 宗，制药和生物技术行业以 720 宗位居第二。软件行业的投资也达到了创纪录的水平，2018 年达到 468 亿美元，同比增长 54%。仅从 2014 ～ 2018 年的情况来看，中国排名靠前的基本都是创新的应用，包括互联网服务、电子商务、IT 服务、无线互联网服务及互联网金融等，大多是第五轮康波的成果。如果我们正处在第六轮康波的起点，那么“21 世纪是否是中国的世纪”的答案从中美资本市场的对比上可见一斑。

第四，社会的包容性，即对创新的容错机制。罗杰斯在《创新的扩散》中指出，社会对个体指责与体系指责的倾向和分辨能力会影响创新。一个常见的错误是，某个社会问题本来是个体系问题，却常常由个体来承担责任。这既不能真正地解决问题，又会阻碍创新扩散。

第五，文化。中国的儒家文化和美国的盎格鲁－撒克逊文化到底哪个更有助于创新是个历史悠久的辩题。2000 多年的封建制度对中国文化和中国人的思维的影响不可谓不深刻，至今仍有残余，毕竟中国告别封建制度才百余年。不可否认的是，儒家文化是有包容性的，但这种包容性更多地指向同一性，即同化，从而与创新精神可能有些许不容之处。

此处引用格林斯潘在 *The Map And The Territory* 中的一段话作为参考："美国历史上就有一种创业冒险的文化，这种文化催生了创新，并最大限度地有效利用了我们有限的储蓄，将创新转化为应用技术。其结果是高生产率的资本资产。"格林斯潘还从创新的基本含义上出发，认为创新是超出常规思维的，因此思维约束是创新的潜在威胁。

不过，话说回来，哈耶克的学生，台湾著名的学者林毓生先生提出了中华文化的"创造性转化"概念。这也说明儒家文化与创新并非那么清晰。比如，《金融研究》2019 年第 9 期就发表了一篇题为"儒家传统与企业创新：文化的力量"的文章。实证分析的结论显示，儒家文化对创新具有明显的促进作用，即受到儒家文化影响越显著的企业，专利产出水平越高。从具体机制来说，儒家文化可以缓解企业代理冲突，提高人力资本投资和降低专利侵权风险。所以，对于儒家文化与创新的关系，也不宜过早下结论。

结语

如表 4-1 所示，根据莫德尔斯基的统计，人类发展至今，在世界政治的长周期中共出现过五次世界体系的结构性转变。可以看出，莫德尔斯基主要是以战争为分界点的。

表 4-1　世界政治的长周期

全球战争	领导者	权威丧失时间	挑战者
1. 葡萄牙周期			
1494 ～ 1516 年 意大利和印度洋战争	1516 ～ 1539 年 葡萄牙	1540 ～ 1560 年	1560 ～ 1580 年 西班牙
2. 荷兰周期			
1580 ～ 1609 年 西班牙 – 荷兰战争	1609 ～ 1639 年 荷兰王国	1640 ～ 1660 年	1660 ～ 1688 年 法国
3. 英国第一周期			
1688 ～ 1713 年 路易十四战争	1714 ～ 1739 年 英国 I	1740 ～ 1763 年	1764 ～ 1792 年 法国
4. 英国第二周期			
1792 ～ 1815 年 法国大革命和拿破仑战争	1815 ～ 1849 年 英国 II	1850 ～ 1873 年	1874 ～ 1914 年 德国
5. 美国第一周期			
1914 ～ 1945 年 第一次和第二次世界大战	1945 ～ 1973 年 美国	1973 ～ 2000 年	2000 ～ 2030 年 苏联

资料来源：莫德尔斯基，1987，*Long Cycles in World Politics*。

结合前文的分析来看，由于第一轮康波始于 18 世纪末，所以葡萄牙周期（1516 ～ 1539 年）、荷兰周期（1609 ～ 1639 年）和英国第一周期（1714 ～ 1739 年）与康波并无直接关联（并不是说这个时期没有创新，也不能否认创新与战争的相关性，只是说这个时期的创新并未形成康波），英国第二周期（1815 ～ 1849 年）和美国周期则与康波有直接的对应关系，与前文的分析一致。

由于这个统计是在 1987 年做的，正值美苏“冷战”时期，因此莫德尔斯基认为美国在 1973 ～ 2000 年丧失了权威地位，其领导者地位在 2000 ～ 2030 年要受到苏联的挑战。现在来看，其预测已经被证伪了。我认为，这与莫德尔斯基从战争角度看待政治周期的视角有关系。根据本节的分析，从创新的视角来分析世界体系的演变或许是更加合理。

如果在表4-1中添加一个“美国第二周期”的话，挑战者的角色就变成了中国。中国能否超越美国，将21世纪变成中国的世纪，关键在于能否持续创新，并且成为主干创新的执牛耳者。从顶层设计来看，关键问题是：如何引爆一次产业革命？从康波的角度来看，实现新旧动能转换需要的时间是30年，如果中国能够发挥体制优势，规避劣势，或许会缩短这个时间。工业化4.0的大方向是智能化、数字化和网络化。

我们认为，引爆新一轮产业革命的路径可能包括：动力源—从蒸汽机、内燃机、电动机、计算机/互联网到ABC；先行者—智能制造、智慧城市、智能电网、智慧医疗、智能服务业平台；新基础设施—从“铁公基”、钢铁、能源到5G、IOT、芯片、算力；被赋能者—传统的能源行业、服务业、消费品行业和装备行业渗透；人力资本—科学家，是序曲，也贯穿始终；金融支持——强大的资本市场和私募股权投资。

无论是从历史逻辑还是从因果逻辑来看，我们都正处在新一轮康波的起点。它将决定未来世界的格局，也就是未来半个世纪中国在全球的话语权。大国竞争的关键词是：创新！

工业化4.0：制造业的强国战略

技术创新对经济增长的影响是通过加速效应实现的。根据加速原理，由于技术创新提高了资本－产量比，加速度相应增加，对经济增长所起的加速效应加大。前三次科技浪潮都是以西方国家为中心并向外扩散的，自 1800 年前后的东西大分流，中国便落后于西方。1978 年改革开放以来，中国的经济总量已跃居世界第二，总量已经成为次要矛盾，质量变为主要矛盾。科技仍然是解决矛盾的主要手段。2016 年，中国制造业的总产值是美国、德国和日本之和，但同时制造业产能过剩和低端制造业占比过高的问题并存。2001 年，中国加入 WTO，从而加入全球产业分工体系之中。中国凭借广阔的市场和劳动力成本优势，让“Made in China”遍布全球。但与“Made in Swiss”和“Made in Germany”相比，“Made in China”更多被认为是“便宜货”“山寨货”等，而“Made in Swiss”象征着高品质产品，为瑞士的生产商带来了较高的品牌溢价。后发国家大多遵循着从模仿到引领的路径，但能否转型成功，关键在于制度和技术。

制造业不仅是一国经济的法门，对军事和外交等领域也有显著的外溢效应。20 世纪末开始的互联网革命引发了人类生活方式和经济运行方式的一次革命。互联网拓展了知识、信息、交易和时间的边界，大大提升了信息收集的速度和体量，为后续的信息技术革命奠定了基础。可以说，它是人工智能、云计算、大数据等新技术的基础设施。互联网革命触发了人类史上的“第四次工业革命”。为此，世界各国均制定了各自的制造业强国战略，如德国的“工业 4.0”和美国的“工业物联网”等。

德国“工业 4.0”这一概念最早出现在 2011 年 4 月在德国举办的汉诺威工业博览会上。2013 年 4 月德国“工业 4.0”工作组发表的报告《保障德国制造业的未来：关于实施“工业 4.0”战略的建议》标志着德国“工业 4.0”体系化。2013 年 12 月 19 日，德国电气电子和信息技术协会给出了“工业 4.0”的标准化路线图。目前，“工业 4.0”已经上升为德国的国家战略，成为德国面向 2020 年高科技战略的 10 大目标之一。其精髓可以归纳为“1 个核心”“2 重战略”“3 大集成”和“8 项举措”。“1 个核心”是指“智能化 + 网络化”；“2 重战略”是指领先的供应商战略和市场战略；“3 大集成”包括生产的纵向集成、德国制造的横向集成和工程的数字化集成；“8 项举措”包括实现技术标准化和开放标准的参考体系，管理系统的模型化，提供一套综合的工业宽带基础设施，建立安全保障机制，组织和设计工作的创新，注重人才培训和持续的职业发展，建立规章制度和提升资源利用效率。

早在 2009 年 12 月，美国就发布了《制造业复兴框架》，详细阐述了制造业振兴对美国的重要性，并从人员培训、技术研发、基础设施建设、投融资政策、对外贸易规则调整和商业环境的重塑方面制定了方向性的指引。2011 年 6 月，奥巴马政府启动“先进制造业伙伴关系”（AMP）计划，计划投资 5 亿美元，为制造业创造更多工作机会。2012 年 2 月，美国国家科学技术委员会发布了《先进制造业国家战略计划》，提出了振兴制造业的五大目标。

中国最新的“十四五”规划坚持把发展经济着力点放在实体经济上，坚定不移地建设制造强国、质量强国、网络强国、数字中国，推进产业基础高级化、产业链现代化，提高经济质量效益和核心竞争力；提出重点发展战略性新兴产业；加快壮大新一代信息技术、生物技术、新能源、新材料、高端装备、新能源汽车、绿色环保及航空航天、海洋装备等产业；推动互联网、大数据、人工智能等同各产业深度融合，推动先进制造业集群发展，构建一批各具特色、优势互补、结构合理的战略性新兴产业增长引擎，培育新技术、新产品、新业态、新模式；促进平台经济、共享经济健康发展。

10 大领域：中国制造的未来

未来全球产业竞争的核心将围绕着战略新兴产业与高端装备制造展开。中国制造未来的 10 大重点领域包括新一代信息技术产业、高档数控机床和机器人、航空航天装备、海洋工程装备及高技术船舶、先进轨道交通装备、节能与新能源汽车、电力装备、农机装备、新材料、生物医药及高性能医疗器械。

新一代信息技术产业

新一代信息技术产业的发展是其他 9 大领域实现信息化和智能化的基础。随着移动互联网的普及和数字化、大数据、云计算等技术的成熟，数据存储、分析和应用将会越来越广泛。现在经常见到的“人工智能”“智能家居”“智慧城市”等概念的背后，都是信息技术的应用。虽然中国在移动互联网的应用方面更容易发挥网络外部性，获取规模效应，但是在智能化领域，中国较国际领先国家还有一定差距。国内互联网巨头虽然在人工智能（百度）、云计算（阿里巴巴）等均有布局，但是与苹果、谷歌、亚马逊等美国企业相比，显然是个“后进生”。从这个意义上说，逐步放松管制，引入国外的竞争，或许会对该领域的创新有一定帮助。根据幼稚产业理论，在一国国内的企业还不具备国际竞争力的时候就放开竞争，是不利于其发展的，这可能是中国目前对该领域开放还比较谨慎的原因之一。如果说中国在前几次工业革命中落后了，那在新一轮信息技术革命中，中国至少与西方国家站在了同一起点。所以，中国应该抓住机遇，在该领域培育一批有代表性的企业和技术。

高档数控机床和机器人

高档数控机床和机器人领域具有技术密集、资金密集和创新密集等特征，是国民经济的基础。在前几次产业革命中，机床领域是国家竞争的制高点。数控机床的特点是数字化与机械化的结合，从而朝着高速化、精密化和智能化方向发展，但中国在该领域的发展仍面临产品可靠性低、关键技术有待突破等压力。基于该领域的特征和发展现状，国家将其作为重点支持的10大领域之一不难理解。“机器人集新型材料技术、现代制造技术和信息控制技术为一体，工业机器人是先进制造业的关键支撑装备，服务机器人是改善人类生活方式的重要切入点。”工业机器人的运用要先于日常生活场景，主要目的是为企业节约生产成本、提高生产效率。但随着智慧城市、智慧家居等应用逐渐落地，机器人作为其中一个部分，也会有越来越多日常生活中的应用。中国的机器人产业起步于20世纪70年代，至今已有近50年的历史，目前面临的问题主要有创新能力不高、世界知名品牌稀缺等，与人才队伍建设密切相关，这一点与前二次浪潮并没有什么不同。人才，以及培育人才的教育体系和激励机制等，都是决胜的关键要素。政策只能起到引导作用，落地还是要靠人。

航空航天装备

1970年中国第一颗人造卫星东方红1号成功发射，翻开了新中国航天事业的新篇章。至今，中国已经在通信卫星、雷达卫星、空间站和载人航天等领域拥有一席之地，C919 首飞成功也标志着国产大飞机向前迈出一大步。但不得不承认的是，整体而言在航空航天领域，中国与西方发达国家仍有一定差距，突出体现在创新能力不足和产业基础薄弱等方面。自 20 世纪美苏“冷战”开始，空间战就成了大国博弈的一个新领域。空间属于“公共资源”，谁有最先进的技术，谁就能垄断开发广袤空间中富含的资源。中美博弈是绕不开的话题，空间竞争是其重要组成部分。航空航天装备领域是资金密集型和人才密集型的。“冷战”期间，主要是美苏两国政府联合科研机构，投入大量人力、物力和财力推动其发展。所以，中国要想在此领域有所突破，政策支持是必不可少的。还得强调一点，航空航天技术在民用领域的应用，应该发挥市场的“决定性”作用，充分调动成千上万市场主体的积极性。

海洋工程装备及高技术船舶

中国是世界造船业的主力，但随着海运地位整体下降，造船业市场景气水平不高。2016 年，全球范围内接到订单的船企仅为 34%，中国船企接到订单的比例略高于世界平均水平，为 41%。在需求萎缩的背景下，造船业也面临大整合。从技术水平和生产效率上来看，相比日韩而言，中国造船业仍较落后。中国船舶工业领域协会的数据显示，中国人均造船效率仅为日韩的 1/4 ～ 1/3。即使先进造船企业的人均产出也只有韩国的 2/5，不到日本的 1/3，具体表现为科技创新能力不足和产业组织结构较为分散。当前，日韩造船企业已经在着手布局新一代智能技术和数字化技术在船舶制造过程中的应用，提升船舶的智能化水平。

中国造船企业在创新生产工艺等方面也在加紧布局。为了缩小中国造船业与日韩等国的差距，提升效率，塑造核心竞争力，借着第四次浪潮的东风实现中国在船舶制造领域的“弯道超车”，国家产业政策的支持也必不可少。当然，从政策制定到最终落地并取得良好绩效，是需要层层把关的，需要给每个环节设计出激励相容的政策，只有这样才能达到政策制定者原初设定的结果。

先进轨道交通装备

“轨道交通装备包括铁路和城市轨道交通运输设备，涵盖机车车辆、工程及养路机械、通信信号、牵引供电、安全保障、运营管理等各种机电设备。”2016 年以来，以高铁为代表的铁路和城市轨道交通装备领域已经成为中国在世界上的“名片”，高铁项目已经成为“一带一路”的重要组成部分。中国中车已相继获得肯尼亚、泰国、印度、巴基斯坦、马来西亚等国的订单，还成功竞标美国芝加哥和波士顿与澳大利亚墨尔本的地铁项目等。据《中国中车 2016 年年度报告》统计，中国中车国际业务签约额达 81 亿美元，同比增长 40%。在取得可喜成绩的同时，也要承认轨道交通装备制造业整体上来说大而不强的现状，这也是中国制造业的整体状况。成本优势和产业政策的扶持往往容易使产业做大，但从大到强的跨越靠的还是创新能力，这一点恰恰是中国制造业的弱点。虽然中国的轨道交通装备制造产业走在世界前列，高铁、动车的大量技术也实现了国产化，但是产品的安全性、可靠性和使用寿命与发达国家还有一定差距，核心技术和关键零部件还要从德国进口，标准体系建设方面也要向德国、法国和日本取经。生产与服务的融合、信息化和工业化的融合均有待提升。

节能与新能源汽车

在汽车领域，节能技术主要是指低摩擦技术、轻量化技术、能量管理技术、变速器技术和先进电子技术。新能源汽车主要是纯电动和插电式混合动力汽车。就节能技术而言，中国仍然受制于西方国家，如涡轮增压器、多挡位自动变速器和高压共轨柴油喷射技术等都尚未实现国产。国内新能源汽车的发展最近几年比较迅速，但主要是由政策驱动的。2017 年国内的新能源汽车补贴等政策是否延续，就牵动了厂家和消费者的神经。上海等地最终还是决定延续，但这毕竟是不可持续的。如果没有政府补贴，新能源汽车的销量能否保持年均 30% ～ 40% 的增长？这就取决于企业能否在核心技术上取得突破，从而实现成本的下降和产品品质的提升。就新能源汽车最核心的动力电池和电池材料的生产而言，国内多数企业实现了规模效益，但实际上技术更迭滞后，品质管理能力差，高品质产品产能不足，呈现供求错配状况。另外，新能源汽车的核心零配件，如高端磁阻式变压器等，仍然依靠进口。

电力装备

电力装备分为发电和输电、配电两个部分。发电装备包括煤电、风电、水电、核电及太阳能发电设备及其配套设施，输电和配电装备主要包括输电线路、变压器、互感器、接触器等。中国发电设备的年产量已经连续 11 年超过 1 亿千瓦，占全球一半以上。变压器的年产量连续 9 年超过 10 亿千伏安，220 千伏及以上输电线路长度首次突破 60 万千米，稳居世界第一。除了规模，电力装备制造技术也不断突破，燃煤发电技术不断升级，特高压直流输电技术处于世界领先水平。第四次科技革命将带来整个电网的升级，网络化、信息化、智能化水平将不断提高。国家电网的智能电网建设的总目标是：建设以特高压电网为骨干网络、各级电网协调发展，具有信息化、自动化、互动化特征的自主创新、国际领先的坚强智能电网。要实现这个目标，必须认清当下存在的问题，具体表现在落后产能去化任务仍然艰巨，清洁能源发电与传送能力有待匹配，技术升级与模式创新有待推进，煤力发电仍占主导地位且效率不高，核电、风能和太阳能等占比仍然不高。电像水、空气和互联网一样，已经深入到社会的“毛细血管”里，所以，电力装备是制造业，乃至整个社会良序运行的基础。结合当下中美贸易时局，电力装备制造是美国遏制中国的主要领域，如何实现技术升级和产业升级，对中国的整体战略至关重要。

农机装备

产业结构方面，中国农业总产值对 GDP 的贡献自 1991 年后稳定在 3% ～ 10%，平均为 5.4%，2017 年的贡献率为 4.9%。但农业户籍人数仍超过一半，也就是中国农民人数仍超过 7 亿。即使按城镇常住人口比例来算，农村人口占比也在 40% 左右，人口总数接近 5 亿。从人口总数和产出来讲，中国的农业发展是非常落后的。再从国际比较来看，美国农业就业人数占比 2007 ～ 2017 年平均为 1.53%，但农业对 GDP 的贡献是匹配的，2007 ～ 2017 年贡献率平均为 1.65%。中美的效率差异使中国农产品的国际竞争力偏低，从而使贸易政策和产业政策都向农业倾斜。中国农业效率低，既有自然地理的原因，也有历史的原因，而且技术进步的原因也不容忽视。

自新中国成立初期开始，中国一直是以建设制造业强国为导向的，这是形成“三农”问题的大背景。至今，中国已经是世界制造业第一大国，是回过头来重新思考“三农”问题的时候了。农业与第二、三产业并不对立，而是密切相关的，制造业和服务业可以反哺农业。其中一个方面就是体现在农业装备制造业的发展上，因为农业的一个主要问题就是现代化和机械化水平不高，传统农机制造业的智能化、信息化和网络化水平不高，关键零部件和整机装备制造比较落后。落后的农业导致了对进口农产品的依赖，如我国大豆进口依赖美国和巴西，严重影响了国家的经济安全。所以，农业发展与农机装备制造业密不可分。

新材料

根据工业和信息化部发布的《新材料产业“十二五”发展规划》的定义，“新材料是指新出现的具有优质性能和特殊功能的材料，或是传统材料经过改进后性能明显提高和产生新功能的材料”，新材料包括新出现的材料如石墨烯、液态金属、3D 打印材料和智能材料等，以及升级过的传统材料如耐蚀钢、钢化玻璃和复合材料等。新材料产业的共性是知识密集、技术密集和高附加值。当前，美国、欧洲和日本是新材料的主要研发与制造中心。中国在新材料领域布局相对较晚，处于世界先进行列的技术占比仅为 10%，60% ～ 70% 处在追赶阶段，剩下的 20% ～ 30% 较落后。中国在这一块的市场规模从 2005 年的 4000 亿美元上升到了 2016 年的 2.15 万亿美元。我们只有通过政策的积极引导并发挥市场化的激励机制，才能实现“弯道超车”。美国、日本和欧盟均已经制定了相关政策来支持新材料技术的研发，如美国的“先进制造业伙伴关系”计划、国家纳米技术计划（NNI）等，日本的科学技术基本计划、超级钢铁材料开发计划等，欧盟的第七研发框架计划、地平线2020计划等。

生物医药及高性能医疗器械

生物医药和高性能医疗器械行业是国家重点培育的战略性行业。随着老龄人口比重增加，生物医药和高性能医疗器械行业的增加值占工业增加值的比重自2010年以来持续提高，利润同比增幅仅次于汽车行业，位列第二位，行业的资产负债率、亏损面等都持续改善。健康的基本面为行业发展奠定了基础。

以上10大重点领域的共同特征是数字化、智能化和信息化，振兴的关键要素是技术，能给技术赋能的只有人才。10大重点领域并不是分立的，而是互补的，新一代信息技术产业是底层基础设施，其他9大领域分别对应国民经济三大产业，尤其是第二产业的不同应用领域。

此外，中国还需要大力提升产业链、供应链现代化水平，保持制造业比重基本稳定，巩固壮大实体经济根基。各产业应当做到坚持自主可控、安全高效，分产业做好供应链战略设计和精准施策，推动全产业链优化升级；锻造产业链、供应链长板，立足我国产业规模优势、配套优势和部分领域先发优势，打造新兴产业链，推动传统产业高端化、智能化、绿色化，发展服务型制造业；完善国家质量基础设施，加强标准、计量、专利等体系和能力建设，深入开展质量提升行动；促进产业在国内有序转移，优化区域产业链布局，支持老工业基地转型发展；补齐产业链、供应链短板，实施产业基础再造工程，加大重要产品和关键核心技术攻关力度，发展先进适用技术，推动产业链、供应链多样化发展；优化产业链、供应链发展环境，强化要素支撑；加强国际产业安全合作，形成具有更强创新力、更高附加值、更安全可靠的产业链、供应链。

中国先进制造业的核心资产正在迎来黄金发展机遇期。“十四五”期间，中国将锻造产业链、供应链的长板“杀手锏”技术，持续增强高铁、电力装备、新能源、通信设备等领域的全产业链优势；补齐产业链、供应链的短板，在关系国家安全的领域和节点构建自主可控、安全可靠的国内生产供应体系；推动互联网、大数据、人工智能等同各产业深度融合，先进制造业集群发展。投资者可以重点关注兼具周期盈利弹性和科技创新属性的，以新能源车、光伏为代表的清洁能源、精密机械、新材料、工业化 4.0 等先进制造业龙头。

需要指出的是，这些领域的全球竞争也是无比激烈和残酷的。例如，决定全球汽车市场（同时包括新能源和传统汽车）未来趋势的关键点就在于，当特斯拉中国工厂几年内量产后（100 万以上产能和 90% 以上中国供应链），一台 model3 的成本和价格会是多少——10 万元？ 20 万元？为什么特斯拉估值如此高，因为它交汇了新能源和 ABCD 技术的最大应用场景（汽车），再加上新基建（超越 5G 的星链 6G），成了未来最大的室外数据源，新能源加能源储存的垄断平台。这使得它未来可能成为全球最大的跨国企业（远超现在的社交数据平台、能源寡头、公用事业和电信公司）。中国工厂和量化宽松正在加速这个过程。当然，“钢铁侠”（马斯克）的目标可能确实很直男，就是攒够钱去火星。中国的新旧造车势力压力山大，能否重复当年手机行业从代工贴牌到进口替代，再到局部和整体创新，出口导向占领全球市场的弯道超车逻辑亟待验证，但时不我待。

大国龙骨：军事工业复合体

2009 年 3 月，国防部前部长梁光烈称“大国中没有航母的只有中国，中国不能永远没有航母”，媒体将此番言论理解为中国有了发展航母的必要性和正当性，此后相关的话题常热不衰，建造何种级别的航母、何时完成、战斗群规模多大，都是争论不休的问题。在这些争论中，长兴岛造船厂的船坞无疑是最精彩的部分。长兴岛造船厂的 3 号船坞，长 580 米，宽 120 米，坞内还建成了一架具备 600 吨荷载能力的吊钩门式起重机，外媒一致认定这里未来将用于建造航母——“在长兴岛船坞中静静躺着的是这个国家的龙骨”。实际上近年来，随着以舰载燃气轮机、卫星导航和相控阵雷达为代表的核心子系统的逐步成熟，中国自主研制大型舰艇的技术能力已经完全具备。航母的诞生折射出我国的对外战略从韬光养晦向积极布局的重大转变，中国迎来了激动人心的“大舰时代”。

纵观世界历史，一国的核心利益主要体现在两方面：安全和发展。进入 21 世纪以来，局部战争和恐怖主义的威胁不时袭来，中东和亚太地缘政治格局暗流涌动，中国更加需要凭借自身的力量来保证有利于发展的外部环境和空间。

从国防安全的角度看，我国海岸线总长超过 3.2 万公里，海域面积巨大，第一岛链附近与周边国家纷争不断，某些大国也试图上下其手使局面更混乱。2010 年的南海纷争、东海撞船、黄海军演也凸显了我国海洋问题的脆弱性和紧迫性，海洋权益维护和海洋安全需求日益强烈，长期以来海军坚持的近海防御建设方针已经跟不上时代要求，打造以航母为核心的大型舰艇战斗群的需求应运而生。航母使传统的海战从平面走向立体，开创了现代意义上的全维度海战，尚没有其他先进海战兵器可取代，在可以预计的今后很长一段时间内，都仍将是海战的核心主力。航母战斗群的部署将极大增强中国军力的投射能力并扩大投射范围，战时可以强化中国的空防能力，扩大两栖作战覆盖范围；平时可以增加向对手施压的筹码，迫使有关国家重新评估在冲突或高强度紧张情景下的战略，进而达到不战而屈人之兵的目的。航母的投射效应超出其实际能力，有望成为一种新的外交手段。

从发展的角度看，对比受到2008年金融危机重创的发达经济体，以中国为代表的新兴经济体的能量快速增加，产生了一个重大的机遇窗口。中国需要巧妙地填补一些因为其他大国在军事、经济、金融甚至地缘政治等方面的退却形成的局部真空。在我们设想的全球再平衡的新格局中，人民币国际化和储备货币化是国际金融经济秩序和货币体系走向长期稳定、均衡和公正的唯一解。可以预见这将是一个长期的过程，稳妥的策略是首先在亚洲区域内推进贸易和货币的一体化，这一目标必须有除经济实力以外的其他条件来做支撑。回顾历史，曾经的中央王国一度打造出一个几乎涵盖全部东南亚和东北亚周边国家的朝贡体系，然而这个稳定输出中国经济、贸易、文化影响力的相对和平的国际交流体系近代被西方列强的坚船利炮轰碎，被一个个殖民条约取代，沉沦长达100多年。

可以确信的是，未来的中国并不谋求地区霸权，只是希望通过更多的贸易和投资连接周边国家，采取雁行模式来引领亚洲的一体化。这一趋势在1997年亚洲金融危机时中国为东南亚挡了一枪以来日益明显。中国力图增强整体的竞争力和抵御风险的能力，在2008年金融危机中，再次担负起了推动经济发展和地区稳定的使命，并始终致力于建设具有地区特色的经济与安全合作机制。伴随

“走出去”战略，我国的对外投资迅猛扩张，从2003年的30亿美元到2010年的约600亿美元，增长了20倍。因为有此诉求，未来中国海军的任务不仅仅是保卫近海和领海，更重要的是保障我国日益增长的海外利益，保障国家影响力的输出。

国防开支将直接拉动投资和经济增长。当然，中国的军力投资总体是低调和“低烈度”的，主要目标依旧是保护自身利益和地区安全防卫，而不是毫无意义的军备竞赛。一个典型的航母战斗群的编制为：航母1艘、导弹巡洋舰2艘、驱逐舰2艘、护卫舰1艘、核潜艇2艘及补给舰1艘。初步估算，建造一个航母舰队将带来250亿元左右的直接投资。舰载机是航母的核心战斗力所在，预计我国每艘航母的舰载机数量为25架，总造价约为50亿元。此外，航母舰队寿命期内的维护费和使用费也是一笔巨大的开支。考虑到中国较为低廉的成本及后发优势，保守估计中国航母的全寿期费用是其造价的3倍左右，即750亿元。如果未来中国建设4个航空母舰战斗群，全部投资就估计在4000亿元左右。

如此大规模投资的投入产出效果如何呢？效果首先体现在中国的能源空间将得到大幅度拓展，进而将降低能源要素价格。中国正处在工业化的高峰阶段，能源需求巨大，60%左右的石油靠进口满足。石油输出国组织（OPEC）和国际能源机构（IEA）掌控定价权，加上宽松的货币环境，不断推高中国的发展成本，使中国显得非常被动。我国周边海域，初步估测仅南海区域油气总储量就达到230亿～300亿吨，约占中国油气资源总储量的1/3，堪称第二个波斯湾。但是中国迄今为止从中的收获几乎为0，眼睁睁看着宝贵的油气资源每分每秒被他国攫取，有些国家甚至派出了军舰掩护。其中最困难之处在于，储油丰富的南沙群岛距海南岛也有 900 ～ 1600 公里，虽然中国空军的战机能够尽力抵达，但是强弩之末难以形成有效防御。因此，未来海军的大型水面舰船堡垒将是驻点守卫南沙群岛的中坚力量，保卫中国的海域就是保障未来的石油供应安全。

另外，作为全球最大的制造工厂，中国进出口物流中的大部分都需要通过海洋运输来实现，特别是位于太平洋和印度洋、亚洲和澳大利亚来往十字路口的南海。南沙群岛附近海域是日本、韩国和中国的海上生命线，85% 的远洋运输要通过这里，谁掌控了南海，谁就掌控了东亚几个发达国家和地区的海上生命线。南海西南端海盗频出的马六甲海峡也有类似的运输安全问题，解决这些复杂的地缘问题需要有强大的海军实力作为后盾。中国航母战斗群在关键地区的部署将在很大程度上缓解甚至消除因这些地区领土争议对经济活动产生的困扰，从而降低这条路线的运输成本和贸易成本。

更重要的是，航母的改建和制造背后折射出的是一个国家科技和工业的综合实力，建设和运转这样一个复杂、巨型的远洋战斗系统需要的是从科研、制造到管理的全过程配合，以及材料、铸造、化工、机械、电子等全门类产业体系的有力支持。积极地参与这一过程必然会推动以军事工业复合体为平台的中国高新技术产业的大发展。放眼世界，全球知名工业企业在很大程度上都与军备生产有交叉，受益于高科技军品的研发和制造不断发展壮大，尤其是当大量的军事技术和产品转民用时，会为其带来核心竞争力的大幅提升和可观的盈利。看看目前我们周边的大多数关键科技产品，如计算机、无线通信、大型飞机、卫星定位等无不诞生在军工实验室中，这也是美德等大国多年独步全球高端制造领域的成功秘诀之一。所以借此良机打造中国军事工业复合体，也是我国推动制造业升级，并在全球范围内占据一席之地的战略手段。

航母的试水仅仅是开始，中国更需要加大支持远程精确打击的信息化系统和卫星技术等方面的投入。我们设想中国会在10～15年的时间内有层次地陆续完成这些投资，重点控制区域为帕米尔高原和南海，并向周边辐射。届时中国将军队强大、边疆安定、四大石油线路安全、影响力覆盖亚洲全境、常规武器打击范围延伸至整个西太平洋，逐步成为地区安全的领导核心和多极世界中的亚太主角，从而营造出一个有利于全面建设的稳定社会环境和支持中国持续增长的外部环境。

当前我国武器装备建设仍处于补偿式发展的关键时期，未来装备费占国防费的比例有望进一步提升。军工产业是我国各工业领域中相对自主可控、需求刚性最强、对外依赖度最低的产业，同时也是孵化高新技术企业的重要土壤。伴随着我国军工产业需求逐步落地，军工产业链的景气度加速上升，对部分国家重点建设的装备、渗透率显著提升的产品、业务开拓能力强、竞争优势突出的企业的需求增速将显著领先于整个产业。未来5年，该产业龙头业绩复合增速有望提升至30%以上；部分企业受益于主导产品渗透率提升、竞争能力突出、市场占有率提升，可能实现30%以上的业绩复合增速。我们主要看好航空碳纤维复合材料产业链、新型军机产业链，并战略看多“十四五”航天装备产业链。

历史不是没有给过中国机会，从郑和下西洋到组建北洋水师，中国本来有机会领跑海洋时代或者成为中兴国家。这次无论如何不能失之交臂！设想一下当焦急等待的同胞看到中国的航母编队出现在亚丁湾和利比亚附近海域的那种激动心情吧，中国航母，国之龙骨，向深蓝海域进发！进发！

第三篇

新制度

全 面 深 化 改 革

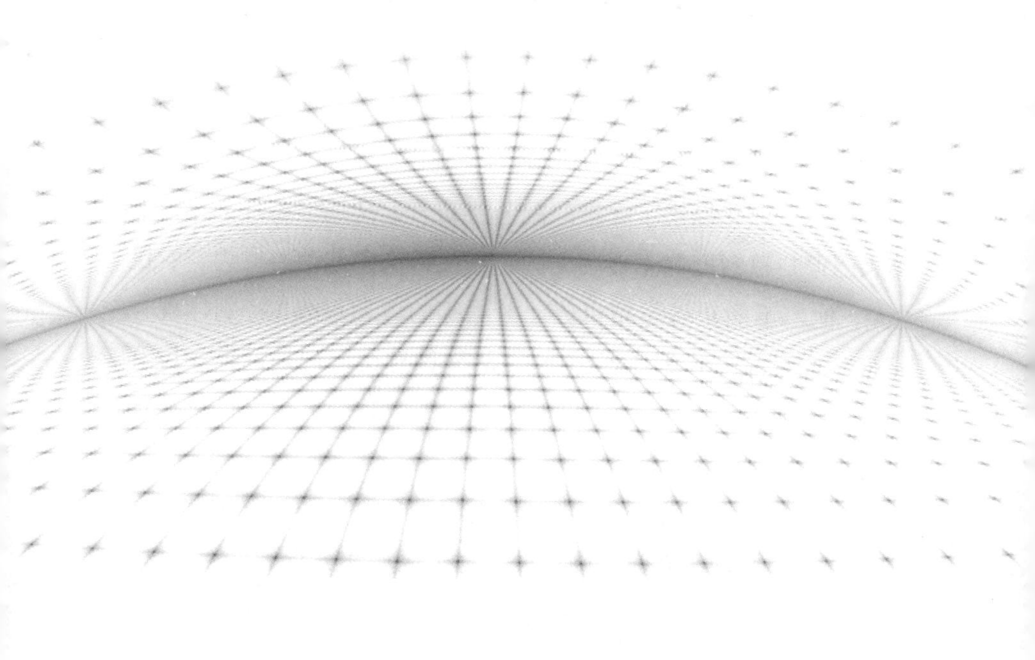

第5章　土地户籍和国资改革：要素再解放

土地改革：城乡一体化突破点

不可否认的是，新中国成立以来通过各种各样的方式从“三农”中汲取原始积累。早期是通过粮食价格“剪刀差”，采用计划经济手段以低价统购农产品来补贴工业发展。改革开放以来的家庭联产承包责任制释放了劳动力，提高了农业的劳动生产率，并为快速工业化提供了大量的剩余劳动力，这是市场自主选择的结果，但户籍制度和土地制度的存在使得这些劳动力成为“农民工”。他们不能获得与城市劳动力同等的劳动报酬（特别体现在医疗、教育等公共服务资源上），从某种意义上这是牺牲农民利益补贴工业发展。进入21世纪以来，地方政府大规模低价征地更是直接从农村获取资源。

从“剪刀差”到“农民工”，再到“征地”，始终伴随着中国式的原始积累。然而就如同英美一样，原始积累形式终会转变，原因无外乎两个：一是原始积累已经完成；二是这种原始积累产生的大量社会矛盾已经对国家与社会和谐构成了重大威胁。在上届政府执政的10年中，将“三农”问题提高到前所未有的高度，中央一号文件连续10年聚焦“三农”，粮食产量实现九连增，农民收入增速不断提高，农业税费彻底取消等不一而足。这些都在很大程度上缓解了积累的矛盾，但矛盾仍然在增加。到了今天，充斥社会舆论的“农民工”社会福利问题、“征地”补偿问题、土地流转改革问题等，实际上都是对这种原始积累模式的批判。

这样来看，中国过去 10 多年的城镇化更多地体现为土地城镇化过程。具体而言，即地方政府对农村集体土地进行征收，在土地市场上保持独家垄断地位，并以“向农民征地→成本价供应工业用地→高价供应商、住用地→土地抵押融资进行城市基础设施建设→新一轮向农民征地→……”的循环为表现形式来推动城镇化和 GDP 增长。在这个过程中，一方面，通过土地形成的财富积累逐渐转变为地方政府的财政收入和开发商收益，前者通过投资基础设施建设提高了城镇居民的公共服务水平，后者加大了社会收入分配差距；另一方面，被征地农民的利益没有得到有效的保护，同时进城务工的农民也未能享受到提高的公共服务水平。因此，土地城镇化加剧了城乡利益矛盾，导致中国城镇化过程产生了不稳定因素，不可持续。

新型城镇化的要义即是回归到人口城镇化（“农民工”市民化、农民市民化和市民公民化）的过程，核心是有序推进现有的 2 亿多和每年新增的 1000 多万“农民工”的完全市民化，统筹推进户籍制度改革和基本公共服务均等化，同时关注进城农民的利益——关键在于保障农民合法的土地财产收益权，土地制度改革将是新型城镇化顶层设计的核心突破点之一。

破解城乡二元化，最关键的是破解城乡二元分割体制，这种特殊体制导致过去 30 多年进城务工的农民在生活习惯、消费模式上都未能真正转变为市民模式，即生活方式的二元化。如何解决资金来源问题，也是新型城镇化必须解决的核心问题之一，突破口也是土地制度改革。

现行《土地管理法》的核心是管制土地用途，主要包括禁止集体土地入市，扩大征地范围，把国家征地作为新增建设用地的主要途径，由政府垄断建设用地的供给；同时政府编制土地利用规划和计划，确定每块土地的用途，企业和个人必须按照规划确定的用途来使用土地。这一制度带来很多问题：首先，禁止集体土地入市阻碍了农民集体参与工业化、城市化，损害了农民的利益；其次，把国家征地作为新增建设用地的主要途径使得地方政府有权力垄断土地市场，构建庞大的“土地财政”利益链条，扭曲土地价格，形成房地产泡沫；最后，政府通过指令性规划、计划配置土地资源一旦脱离实际，往往会降低土地配置和利用效率。所以，土地制度的改革成为必然。

在土地收益分配严重不公的情况下，必须平衡地方政府与失地农民的利益。土地制度改革的核心就是通过盘活农民唯一有使用权的“财产”——土地，无论是建设用地转让的收益分配重构还是农用地流转规模化经营，都使其收入显著提高。农民将是土地制度改革的核心关注点和最大受益者。

未来的土地制度改革主要包括两方面。其一是征地制度的改革及建设用地增值收益的分配，一方面要切实保障农民的土地财产收益权，另一方面也要结合公共服务均等化。地方政府应将土地出让收入的一部分用于进城务工农民的社会公共福利提升，在基础设施建设的资金渠道上要开发拓展投融资方式，不能单纯依赖土地出让收入和土地抵押贷款。其二是农村承包土地使用权合法流转的问题。目前踏出的第一步是土地确权工作，农村集体土地所有证和使用证是征地补偿的重要依据，也是使用权和承包权进行市场流转的必要前提，土地确权是为未来的土地流转和农业规模化经营打下基础。一方面，农户逐渐转变为市民家庭，务农人口下降和土地整理将为发展现代化农业提供机会和空间。另一方面，农业现代化、规模化经营也要求改变目前“人均一亩三分，户均不过十亩”的小农经营模式。推动农用地使用权流转，促进农用地的集约化、规模化运作是大方向，农村集体土地流转交易的改革将会是一个长期摸索的过程。

结合上述分析，未来可能的投资机会存在于以下两个方面。

第一，新型城镇化带来的土地流转、增值、建设需求。新型城镇化的推进有利于开发中小城镇或大城市周边卫星城镇土地的相关地产类上市公司。同时，集体建设用地流转放开，土地增值会提升拥有土地储备的上市公司的投资价值。首先，随着新型城镇化理念的深入人心，在可预见的未来，集体建设用地的流转必然要加快进行，原因有两个：①在城镇化中，城市建设用地要增加，但我国的耕地不能动，所以一定要把城市建设用地的增加和农村建设用地的减少挂钩，因而农村建设用地的减少要求有流转市场。②农民要进城，他们的宅基地就会腾出来，只有允许宅基地及其上的房产流转，提高农民在城市购买和租赁房屋的能力，才能让农民真正变为市民。其次，只有交易才能体现价值，放开集体建设用地的流转必将充分体现土地价值，同时由此产生的土地增值收益也将更多地从政府转移向社会分配，成为推动新型城镇化滚动发展的资金来源。最后，随着新型城镇化对城市化质量要求的提高，对于一些低效利用、不合理利用、未利用的土地进行整治也成为重要手段。未来将通过重新合理规划、盘活存量土地、强化节约集约用地、适时补充耕地和提升土地产能等手段提高土地利用效率，统筹城乡土地配置。可能受益的行业或公司有土地整理、地产、建筑装饰、汽车、家电等。

第二，农用地流转带来的农业产业化、规模化、集约化经营。一方面，农用地的资源、经营价值体现出来，拥有农用地资源的上市公司或将得到估值提升，同时规模化经营也将带来生产效率提升，促进农业产业盈利改善。另一方面，规模化经营带来农业生产集成化、劳动过程机械化和生产经营信息化，对基础设施、科技投入等的要求提升，农田水利建设、农业机械农资产业链、农业服务流通相关的上市公司也将受益。

广义的土地制度包括土地所有制度、土地使用制度、土地规划制度、土地保护制度、土地征用制度、土地税收制度和土地管理制度等。土地制度改革的核心在于确认土地的归属和利用问题，即“土地流转”流转的是土地权利，价值体现亦与相关权利挂钩。土地权利类型众多、含义纷繁、关系复杂，在中国，可以将土地权利的分类与土地利用分类相联系，便于梳理和理解。

在我国目前的制度框架下，土地按照用途可分为农用地和建设用地（未利用地占比很小，暂不讨论），按照所有权可分为国有土地和集体所有土地。《宪法》第十条规定：“城市的土地属于国家所有。农村和城市郊区的土地，除由法律规定属于国家所有的以外，属于集体所有。”因此，农村的农用地都属于集体土地的讨论范围，建设用地必须区分城镇建设用地和集体建设用地。农用地的关注核心是农业的"适度规模经营"，建设用地的聚焦点则是集体建设用地，涉及乡镇企业存量用地的盘活调整和宅基地的整合复垦与建设用地指标置换，是未来城市持续扩张的主要土地来源。在城镇建设用地中，存量土地的调整或将给地方政府提供新的城镇化建设资金来源——地方政府手中仍握有包括大量工业用地在内的存量土地，这些土地也可以通过"棚户区改造""旧城改造"等方式进行更集约化的利用。

土地权利首先是所有权问题，然后是使用权问题。

- 所有权。按照《宪法》，土地所有权是二元制。中国的社会制度决定土地所有权不可交易，集体土地可通过政府依法征收、没收、征购、征用等形式转为国有，国家事实上控制土地的占有、使用、收益及处分等所有权益，集体土地的收益和处分权受到极大限制。
- 使用权。所有权制度的设置事实上使以物的"利用"为中心代替物的"所有"为中心，通过改革用益物权制度解决土地制度问题。1988年通过的《宪法修正案》对第十条添加了一句"土地的使用权可以依照法律的规定转让"，实现了土地所有权与使用权的分离。然而，这个土地使用权依然是不完整的，尤其是在面临国家土地征收权的干预时，即农村的集体土地要转为国有土地，必须经过政府征收或征用环节，企业或个人要获得国有土地的使用权，必须向地方政府支付土地出让金。这也成为土地级差的主要来源——地方政府把握了土地收益的分配权，平衡地方政府与失地农民的利益冲突也成为土地改革的核心问题之一。

- 2012年12月审议的《土地管理法修正案（草案）》，删除了现行法第47条中按照被征收土地的原用途给予补偿，以及土地补偿费和安置补助费的总和不得超过土地被征收前3年平均年产值的30倍的内容。2013年中央一号文件要求加快修订《土地管理法》，尽快出台农民集体所有土地的征收补偿条例。

除社会不能变动的所有权外，集体土地（农村土地）分为两类——农用地、集体建设用地，以下是其对应的权利。

（1）农用地（包括耕地、林地、草地、农田水利用地、养殖水面等，以及国有农场、国有林场等）对应的权利主要为承包经营权和林地经营权。

（2）集体建设用地（宅基地、乡镇企业用地、公共设施用地等非农用地）对应的权利主要为集体建设用地使用权和宅基地使用权（严格意义上，宅基地属于建设用地，但考虑到宅基地的个体属性和特殊性，政策文件中一般将其单独列出，与集体建设用地并列）。值得注意的是，集体建设用地又分为集体经营性建设用地（如早期乡镇企业用地）和集体非经营性建设用地（如农村公共设施和公益事业用地）。2017年中央一号文件明确指出后者不可入市。

改革开放后的中国踏上了快速工业化和快速城镇化的发展道路，用地需求急剧释放。地方政府通过在土地开发中的垄断地位，使土地城镇化远远快于人口城镇化。然而，土地城镇化也存在瓶颈，其主要原因在于土地供给存在四方面的主要约束：自然禀赋、土地制度、建设用地指标和地方政府的“饿地政策”。

约束一：自然禀赋——虽说中国是地大物博的国家，国土总面积达 960 万平方公里，但适合搞建设的土地实在有限。中国国土中林地（山地）占比 1/4，草地占比 1/4。前者坡度大，不适合搞建设，后者多集中于中西部的高海拔地区。这两种土地占据了半壁江山，其他不适合搞建设的土地（如未利用地和水源地等）占比超过 1/4，适合发展经济的土地（包括耕地和畜牧业已存在的建设用地）占比不到 20%。在这些适合发展经济的土地中，耕地又占了 80% 多。因此不难理解，在 20 世纪八九十年代，为了发展地方经济，占用耕地的情况不断发生，耕地面积急剧减少。也由此才有了 1998 年《土地管理法》的修订，以及土地储备和土地“招拍挂”制度的诞生。推出这些制度的初衷皆为遏制耕地减少的趋势，守住 18 亿亩耕地红线。因此，在自然禀赋约束下，地大物博的中国客观上适合搞建设的土地实质只有不到 20%。

约束二：土地制度——中国的土地制度对土地供给的约束有两重作用。第一，1998 年《土地管理法》修订严格控制耕地转建设用地，占用耕地必须经上级政府乃至国务院的审批。这意味着，在不到 20% 适合搞建设的土地中，超过 80% 的耕地突然变得难以利用。因而，在法律框架下，能用于建设的土地是不到 20% 中不到 20% 的存量建设用地，然而仅这不到 4% 的土地还受到第二层制度的管制。第二，《宪法》第十条规定，城市的土地国有，农村的土地集体所有。同时，《土地管理法》第四十三条规定“任何单位和个人进行建设，需要使用土地的，必须依法申请使用国有土地”，表明企业和个人要使用土地，只能用国有土地，不能触碰集体土地。

那么，在制度框架内自由流转的国有建设用地占比是多少呢？前面说的不到 20% 中的不到 20% 是存量建设用地，这里面有 90% 是非城市建设用地，我们可以模糊地将其认为是集体建设用地。因此，在自然禀赋和两重土地制度的约束下，适合搞建设的、法律允许的、能够较为自由使用的城市建设用地为不到 20% 的不到 20% 的 10%，约 0.4% 的国土面积，384 万公顷。这个数据与国家统计局 2011 年公布的城市建设用地 418 万公顷基本相符，也就是说目前的城市建设用地已经达到存量上限了。

约束三：建设用地指标——市场上增量土地的供应基本掌握在地方政府手中，地方政府通过征地和土地储备进行供给运作。然而，并非地方政府愿意供给多少土地就能供给多少土地，供应建设用地的数量受到中央政府的严格控制，控制的手段是土地利用总体规划和建设用地指标。

《土地管理法》第四条规定“国家编制土地利用总体规划，规定土地用途，将土地分为农用地、建设用地和未利用地。严格限制农用地转为建设用地，控制建设用地总量，对耕地实行特殊保护”，第十八条规定“地方各级人民政府编制的土地利用总体规划中的建设用地总量不得超过上一级土地利用总体规划确定的控制指标，耕地保有量不得低于上一级土地利用总体规划确定的控制指标”。

土地利用总体规划的背后本质上是计划经济，中央通过设定每个省份建设用地增加的上限（即建设用地指标），达到控制建设用地总量的目标，初衷是防止占用耕地。事与愿违的是，后来的“增减挂钩”和“占补平衡”等方法通过复垦建设用地依然能够置换耕地（也演变为后来地方政府在实践中获取宅基地的主要目的——复垦获取建设用地指标）。

建设用地指标在主观上人为决定土地要素的供给量，往往不能顺应市场的需求做出及时的反应和调整。在规划估算住房用地需求的时候，往往依据的是当地户籍人口，而非常住人口，这使一线城市的土地供给明显满足不了市场的需求。以 2012 年的住房用地供应计划为例，北京、上海、广东三个主要土地需求方计划供地面积相对于建设用地面积和市区人口而言，都是明显偏小的，因而房价高昂自然难以避免。

约束四：地方政府的“饿地政策”——在中央的建设用地指标约束下，许多土地需求旺盛的城市却没有完成住房土地供应计划。如果在竞争市场，这种结果是无法理解的。地方政府的理性经济人行为是问题的关键。

在中国特色的行政体制中，官员人事任命和考核的权力集中在上级政府，因而下级政府必须对上级负责。在这种体制下逐渐衍生出各地方政府之间的“GDP 锦标赛”，比赛的手段是招商引资和基础设施建设。然而，在 1994 年开始实施的分税制体制下，地方政府的财力被上收，税收不足以支持当地的基础设施建设和招商引资，因而地方政府用各种办法进行融资（经营城市），其中土地抵押贷款是最重要的手段之一。

地价不断上涨有利于地方政府向银行贷款。在土地征收成本不断上升、土地储备有限的情况下，地方政府的理性选择是控制土地供应量（香港模式）。配合“招拍挂”的土地出让机制，这种“饿地”供应选择必然极大地提高土地价格，甚至远远超出地方政府的预期。

这四个“紧箍咒”导致中国工业化、城镇化需要的土地供给受到严重的制约。在给定的土地禀赋结构和确保 18 亿亩耕地的限制下，未来新型城镇化争取的必然是所有建设用地中占 90%

的集体建设用地，包括乡镇企业存量土地和零散且丰富的宅基地。其中，通过集体土地复垦能够绕过建设用地指标的约束占用市区附近的耕地。这些都是过去地方政府主导下的用地策略。然而，这种用地手段还能够持续下去吗？

分源开流：地方政府的尴尬——健康稳妥地推进城镇化离不开户籍和土地制度的改革。

土地改革的核心理念在于以权利保障为中心，改计划配置为市场配置，关键点在于集体土地市场化改革，否则新型城镇化极有可能会再次演化为地方政府的变相“圈地”。一方面，地方政府供应土地存在约束，一旦放开建设用地指标，原始的卖地冲动将难以抑制；另一方面，地方政府的城市化支出不断扩大，财政压力增加。如果在加快城镇化建设的同时需要地方政府更多地保护失地农民的根本利益，地方政府的资金来源就是个严峻的问题，尤其在地方债务危机有时刻爆发危险的当前，短期内彻底终结土地财政并不是现实的举措。集体建设用地的市场流转必然损害地方政府的独家垄断收益，而且也会动摇国民经济的“支柱行业”——房地产的独家供应，因此推进的阻力巨大，存在中央与地方、政府与市场、房地产与金融的博弈。如何让地方政府有动力推动土地变革？给农民更多利益，能否加速城市化进程？

我们需要测算一下地方政府需要让利多少。从1999年到2011年，共出让国有建设用地面积233万公顷，相当于城市建设用地面积的55.7%（=233/418，2011年数据），土地出让收入1999～2011年累计为12.9万亿元，相当于国民生产总值的27.3%（=12.9/47.2，2011年数据）。在土地稀缺的中国，1999～2011年通过土地出让，地方政府得以维持高速增长的基础设施投资和地方债务链条。现在要让它们放弃这过去占 GDP 27% 的收入，看起来并不是一件容易的事情。

然而，地方政府所谓的“土地财政”，获得的主要是土地出让收益和土地流转的交易税费，而非 13 万亿元的土地出让收入。因为土地出让收入需要剔除土地出让成本，包括征地和拆迁补偿费用、相关业务支出等，其中征地补偿费用正处于不断提高的趋势中，真正用于城镇化建设的部分在 35% 左右，包括城市建设、廉租房建设、农村基础设施建设、农村教育、基本农田建设与保护等支出，从 2011 年起还要提取土地出让收益的 10% 用于农田水利建设，可用资金其实并不算多。按照 1999 ～ 2011 年来土地出让收入 12.9 万亿元的平均 35% 为城镇化建设支出计算（2003 ～ 2008 年可得数据的土地出让收益均值为 36%），1999 ～ 2011 年来土地出让金贡献的建设费用约为 4.5 万亿元，平均每年 3500 亿元。即便未来每年土地出让收入能维持在 3 万亿元，所得收益（收入的 30% 左右）全部用于城市建设，可用资金也不过 1 万亿元左右。

从 2012 年的数据已经能看出端倪：2012 年，全国缴入国库的土地出让收入为 28 886.31 亿元，同比下降 13.7%；全国土地出让支出为 28 421.85 亿元，同比下降 14.3%。其中，成本补偿性开支为 22 624.9 亿元，占支出总额的 79.6%，比重比 2011 年提高了 5 个百分点，各地的征地和拆迁补偿费用相应提高，这是成本补偿性开支占支出总额比重上升的主要原因；非成本补偿性开支为 5796.95 亿元，占支出总额的 20.4%，其中用于保障性安居工程支出的比例有所提高，用于农业农村支出的比重则明显提高，占到 2011 年实际使用土地出让收益的 34.5%，土地出让收益用于城市建设支出的比重下降明显。城市建设作为土地出让收益支出主渠道的格局正在逐步改变，土地出让收益的使用方向更多地倾向于保障性安居工程，倾向于农业、农村和农民。从这个角度来说，依赖土地出让收益来完成城市建设的“土地财政”已被逐步打破，土地出让收益已经逐步在“还利于民”并倾向于投向公共服务开支。

再来看土地流转的交易税费，主要是城镇土地使用税和土地增值税。城镇土地使用税属于存量资源税，按大、中、小城市和县城、建制镇、工矿区分别规定每平方米城镇土地使用税年应纳税额，随着土地的不断开发、流转使用，相应的使用税应该会不断增加。土地增值税是对土地使用权转让及出售建筑物时产生的价格增值量征收的税种，属于流转税。然而，土地流转与政府是否出让土地无关，如果放开交由市场来自由流转，对于地方政府而言，其获得的交易税费只会增加。从历史数据来看，土地相关的税收逐年攀升，在地方财政收入中的占比也不断提高。2012 年城镇土地使用税收入达到 1542 亿元，土地增值税收入达到 2719 亿元，土地相关税收累计超过 6000 亿元，占到地方财政收入的近 7%，已经超过土地出让收益提供的城市建设资金。与此同时，一旦存量房产税开征，也将为地方政府提供新的税收来源。

我们认为，未来解决地方政府土地财政困境的突破口可能在房产税和土地流转的交易税费上，同时可辅以地方的债券融资和其他创新融资模式。地方政府应该从经营土地的角色转向土地市场的监管者和公共政策制定者。新一轮土地改革的最大利益障碍事实上已经不攻自破，集体建设用地的直接入市、自由流转将成为政府土地政策调整的大方向。

土地结构调整：存量的再优化——除了财税制度方面的改革之外，存量土地的调整或将给地方政府提供另一部分新的城镇化建设资金来源。地方政府手中仍握有包括大量工业用地在内的存量土地，这些土地完全可以进行更集约的利用。例如，对各类工业用地和开发区进行规范重整，腾出空余土地逐渐转化为商、住用地，为地方政府筹集相应的土地出让收益和各类房地产开发税收，用于地方建设融资和巨额存量债务的偿还。这一措施不仅可以提高土地的用地效率，还可以增加住宅用地供给，逐步化解现有城市房地产泡沫。

面对人多地少、资源相对不足、环境容量有限的基本国情，过度消耗、低效利用资源的粗放增长方式难以为继，“十二五”规划提出了“单位国内生产总值建设用地下降 30%”的节约集约利用土地总体目标。2012 年 3 月，国土资源部[㊀]发布《关于大力推进节约集约用地制度建设的意见》，明确指出实行开发区节约集约用地鼓励政策，完善工业用地提高利用率和容积率不再增收土地价款的规定；实行城市改造中低效利用土地“二次开发”的鼓励政策，在符合法律和市场配置原则下，制定规划、计划、用地取得、地价等支持政策，鼓励提高存量建设用地利用效率；进一步完善节约集约用地鼓励政策，鼓励用地单位利用已有土地开发地下空间和“二次开发”等。

根据自然资源部的调查，2020 年工业用地的综合容积率仅为 0.93，而发达国家一般在 1.0 ～ 2.0。如果经过合理规划，平均容积率提高 1 倍以上是完全可以做到的。《国家级开发区土地集

㊀ 2018 年整合为自然资源部。

约利用评价情况（2012年度）》显示，341个国家级开发区中工业用地的综合容积率最高达3.36，最低仅为0.08，综合容积率在0.5以下的开发区占总数的15%；建筑系数最高达99.10%，最低仅为11.11%；固定资产投入强度最高达3.6亿元/公顷，最低仅为206万元/公顷；产出强度最高达25亿元/公顷，最低仅为26万元/公顷，节地挖潜仍有较大空间。

提高土地利用的集约化水平，就是提高单位土地面积的产出率和土地利用率，实现工业用地节约集约和优化配置，同时弥补建设用地的供需缺口。具体而言，对于集约度不够的工业用地，可以考虑采取包括收取空地闲置税、规划调整、合作开发等各种手段，引导市场投资者选择开发区的合适地段兴建多层厂房，让既有用地者实现无成本转移，大幅提高工业区的土地利用率。然后，政府可运用规划手段，将节约出来的土地分年转化为商、住用地，再通过“招拍挂”出让的形式转让并收取出让金。在这一过程中，地方政府与原用地者（那些获低价工业用地的制造业投资者）之间必须建立起合理的收益分配机制，平衡各方利益，防止地方政府“重新划地”。与此同时，还必须限制开发区进一步扩张，防止地方政府或企业先低价圈地新建开发区再转成商、住用地，使其必须从存量用地的集约利用上做文章。

调整工业用地结构给地方政府带来的潜在财政收入不仅包括工业用地逐年转商、住后获取的土地出让金收入，还包括这些土地释放入市后商、住用房地产建设为地方产生的各种预算内税收。2008～2012年，中国的工业用地大约增加了80万公顷，如果这些新增工业园区的平均容积率能够在未来5年提高1倍，就可以节约 40 万公顷（约 600 万亩）土地，以平均每亩商、住用地 75 万元的价格转让，未来每年土地出让收入可增加约 9000 亿元，其中 1/3 让利于企业，1/3 用于配套基础设施建设与开发支出，再加上土地使用税、增值税等相关税收约 2000 亿元，预计工业用地结构调整一项能够增加地方政府财政收入 5000 亿元以上，有助于化解地方政府的巨额存量债务。

事实上，存量土地的合理调整各地已经有成功案例，尤其以广东的“三旧改造”为典型。“三旧”——“旧城镇、旧厂房、旧村庄”改造是自然资源部与广东开展部省合作，推进节约集约用地试点示范省工作的重要措施。广东的“三旧改造”对现行的国土资源政策有六大突破：一是简化补办征收手续；二是允许按现状完善历史用地手续；三是允许采用协议出让供地；四是土地纯收益允许返拨支持用地者开展改造；五是农村集体建设用地改为国有建设用地，可简化手续；六是边角地、插花地、夹心地的处理有优惠。

广东的“三旧改造”也形成了广州模式、佛山模式等不同形式。广州的城中村改造规划指引确定了四种模式：一是公开出让融资实施全面改造，也被称为猎德模式；二是自行改造、协议出让融资实施全面改造，如林和村；三是滚动开发实施全面改造，如花地村；四是人居环境建设带动综合整治的改造，如西塱裕安围。2012 年，广州通过“三旧改造”实现政府土地收益 69.42 亿元，取得了不错的效果，未来相关经验或得以推广。

广东将根据自然资源部的意见以“审批下放、监管加强”为原则继续对“三旧改造”进行探索和执行，并有望在全国逐步推广。自然资源部已将沈阳列入首批扩大“三旧改造”试点范围重点城市，以破解土地供需矛盾、促进经济发展方式转变、优化产业结构和布局。我们预计未来会有更多地方加入存量土地优化整理的行列。

改革开放以来，中国经济的高速增长主要依靠工业化和城市化两个引擎拉动，土地更是成为引擎的核心动力来源——正是以包产到户为特征的农用地制度改革拉开了中国改革的序幕，开启了中国经济增长的闸门。未来的土地改革将如何进行，能否再度开启新的制度红利，需要我们对土地政策的演进进行分析，进而探知未来的改革趋势。

集体土地流转的内容可概括为两类土地：农用地、集体建设用地（集体经营性建设用地和宅基地）。集体土地流转市场的参与者主要有三方：农户（农村集体）、企业（城镇个人）、地方政府。土地流转增值收益的分配必须在这三方中取得平衡。

通过梳理可知，在政策导向上，农用地流转和集体建设用地流转面临截然相反的政策态度和政策管制。农用地政策越来越朝强化产权保护和农用地市场化的方向演进，明确土地承包经营权的物权性质。对于农用地流转，政府持鼓励、引导和促进的态度，强化承包农户的市场流转主体，但市场发育进展相对缓慢。

建设用地方面，政府高度垄断、全面管制，农用地非农化只能通过政府征用，对于集体建设用地流转也严格管制，审慎推进。集体建设用地无法入市，然而市场需求持续旺盛并设法绕开监管，地方政府与市场激烈博弈。企业拿地需不需要经过地方政府是问题核心。在现行的法律制度框架下，非农民自用的建设用地的取得必须经过地方政府的土地出让获得，征地矛盾和“地王”问题由此而生。经过地方政府的土地流转一般发生土地所有权的转变，供给量和价格都受到地方政府的强烈干预；不经过地方政府的一般保留土地的集体所有性质，成本较低。值得注意的是，近几年的地方实践模式更多保留土地的集体所有属性，在政府引导下进行土地整合置换，盘活存量资源。

第一，农用地流转的政策导向：鼓励、引导、促进——农用地产权的可转让性最早在1984年中央一号文件中有所体现，并在1988年的《宪法修正案》和修订后的《土地管理法》中得到进一步发展。2002年8月通过的《农村土地承包法》正式打开了中国农用地流转市场的大门，然而农用地流转市场始终发展缓慢，仍处于初级发展阶段。

据叶剑平等的研究，农用地交易价格并未充分显化，不正式的土地流转多。影响农用地流转市场发展的因素包括：①产权和制度因素。②农户家庭因素。非农人口越多，农民受教育程度越高，越有利于农用地市场的发展。③经济因素。宏观经济发展水平、人均收入水平及市场微观区位等都对土地市场有影响。④市场结构因素。农村土地的行政性和过渡性配置方式与市场化配置之间存在着替代和互补关系。其中，产权因素是重要的影响因素，市场交换的前提是产权的清晰界定。基于这个逻辑，不难理解为什么2017年中央一号文件明确5年内完成对土地承包经营权的确权颁证工作。

第二，集体建设用地流转的政策导向：严控、规范、审慎推进——在政策层面，集体建设用地流转先后经历了全面禁止、无序自发流转、探索规范流转三个阶段。三个阶段的转折点是1986年《土地管理法》颁布实施，以及1998年《土地管理法》第二次修订。其中，1998 年的《土地管理法》标志着集体建设用地流转管理从宽松到严格控制的政策思想改变。

1998 年《土地管理法》修订后，对农民土地处置的制度安排可以概括如下：第一，农民的承包地服从用途管制原则，农用地只能农用；第二，农用地变成非农民自用的建设用地，必须实行征收或征用。

第三，土地确权过程：所有权→建设用地使用权→农用地使用权。

2010 年中央一号文件要求力争用 3 年时间把农村集体土地所有证确认到每个具有所有权的农民集体经济组织。2012 年 12 月，国土资源部开始对农村集体土地确权进行全面验收。2013 年中央一号文件首次提出用 5 年时间基本完成农村土地承包经营权确权登记颁证工作，妥善解决农户承包地块面积不准、四至不清等问题，加快包括农村宅基地在内的农村集体土地所有权和建设用地使用权的地籍调查，尽快完成确权登记颁证工作。同时，明确严格规范城乡建设用地增减挂钩试点和集体经营性建设用地流转，引导农村土地承包经营权有序流转，发展多种形式的适度规模经营。

土地权利流转也包括两个方面。

（1）允许农民以转包、出租、互换、转让、股份合作等形式流转土地承包经营权，可供参考的案例主要为成都模式。2013 年中央一号文件提出引导农村土地承包经营权有序流转，鼓励和支持承包土地向专业大户、农民合作社流转，发展多种形式的适度规模经营，首提“家庭农场”，不鼓励“资本下乡圈地”。

（2）建设用地使用权流转具体如下。

1）经营性集体建设用地（乡镇企业等产业用地）：广东从 2005 年开始已经可以直接入市（2012 年底深圳政策只是应用），但主要以集体股份制收益分配方式为主，主要参考案例为广东南海模式。

2）农民宅基地：涉及宅基地使用权、宅基地用益物权（居住为主，小产权房），目前还不可入市流转，小产权房也难以确权，有擦边球模式，主要参考案例为重庆地票（宅基地复垦换建设用地指标）、天津宅基地换房等模式。广东已确定清理的试点对于新建小产权房实行“三不”政策，即不给予登记、不给予办证、不给予流通。

第四，趋势分析：农用地可转、宅基地不可转、建设用地流转有望推进——从长期来看，土地制度改革的核心是改变土地政策二元分割格局，实行集体土地和国有土地的“同地、同权、同价”，以及市场化流转、配置。从短期来看，农用地流转一直处于法律允许、政策鼓励的制度框架中，政策导向相对明确；集体建设用地流转则仍然处于地方探索阶段，中央不敢贸然放开，保持谨慎推进的态度。然而，土地制度改革作为新型城镇化的核心突破点，将成为中国经济升级版的抓手之一，我们预计相关顶层设计或将在不久的未来有突破性的进展。具体可从下面四个路径来看。

路径一：农户（农村集体）→农业企业（放行）。

纵观历年土地管理的相关政策，特别是 2009 年、2010 年和 2013 年中央一号文件，政府推动农村土地承包经营权自发流转的力度在不断加强。

我们可以判断，未来农业企业与农户之间可直接进行以承包经营农户为主体的土地承包经营权流转（如土地入股、合营、出租等），无须走政府的土地出让流程（但需要交一定比例费用给政府）。前提是农业企业的土地只能农用，土地用途转变仍需要经过政府审批。

路径二：农户→商贸企业、房地产开发（严控）。

农户与商贸企业、房地产开发商或城镇居民之间直接的土地流转涉及的主要是宅基地使用权，目前仍然禁止，在短期内看不到放开的可能性，尤其是新建小产权房更多仍采取“三不”政策。因为宅基地使用权的主体为集体经济组织成员，宅基地使用权是基于集体经济组织成员资格享有的一项福利性权利，目前只能在本集体经济组织成员之间流转。虽然房屋的买卖不受禁止，但是根据“房地一致”原则，小产权房的转让自然也是禁止的，这也是小产权房的制度困境所在。

宅基地使用权的流转背后牵涉房地产开发商的利益及地方政府的土地出让收益，再往后是整个银行信贷系统的稳定性问题和地方政府的隐性债务问题，因而这方面的改革必然阻力重重，难以推进（如城中村拆迁、禁止小产权房流转等）。2013 年中央一号文件指出“严格规范城乡建设用地增减挂钩试点和集体经营性建设用地流转，农村集体非经营性建设用地不得进入市场”；《关于深化收入分配制度改革若干意见的通知》提出“完善农村宅基地制度，保障农户宅基地用益物权”。这些相关政策的基本考虑是保障农民的宅基地使用权，防止地方政府在拆迁过程中对农民利益的损害，但对于其流转基本持严格控制的态度。我们判断，未来宅基地使用权流转更为可行的路径或为打包整体作为集体建设用地出让。

路径三：农村集体→工业企业（审慎推进）。

农村集体与工业企业之间的直接土地流转在广东已基本实现，在众多地方实践模式中也有所体现（如早期的安徽芜湖）。

广东省政府于 2003 年出台《关于试行农村集体建设用地使用权流转的通知》，并于 2005 年 6 月以省长令的形式颁布《广东省集体建设用地使用权流转管理办法》，于该年 10 月 1 日在该省范围内实施。《广东省集体建设用地使用权流转管理办法》明确集体建设用地可用于兴办各类工商企业，包括国有、集体、私营企业，个体工商户、外资投资企业（包括中外合资、中外合作、外商独资、"三来一补"企业）、联营企业等；兴办公共设施和公益事业；兴建农民住宅；对集体建设用地使用权的出让、出租、转让、转租给予了明确界定，"集体建设用地使用权出让，是指农民集体土地所有者将一定年期的集体建设用地使用权让与土地使用者，由土地使用者向农民集体土地所有者一次性支付出让价款的行为。以集体建设用地使用权作价入股（出资）的，与他人合作、联营等形式共同兴办企业的，视同集体建设用地使用权出让"。广东的这一模式被称为"农用地直接入市"模式，在集体建设用地范围内首先实现了工业企业与农村集体之间的土地流转，无须经过地方政府的土地出让流程。

值得注意的是，《广东省集体建设用地使用权流转管理办法》只是一部地方规章，并没有根本突破《宪法》和《土地管理法》，在一些规定上仍留有现行法律的基本思想，如规定"通过出让、转让和出租方式取得的集体建设用地不得用于商品房地产开发建设和住宅建设"。由此我们判断，广东的集体建设用地流转模式有望在全国推广，特别是其中的农村土地股份制经验。

城市欢迎您：户籍制度改革

中共十八届三中全会提出让广大农民平等参与现代化进程、共同分享现代化成果，这就是我们此前一直强调的深度城市化的目标所在，也就是让在城市的农业户籍人口能够真正融入城市。《决定》指出，城乡二元分割体制是制约城乡发展一体化的主要障碍。户籍制度是构成二元结构的重要原因，也是导致农业户籍人口无法享受现代化成果的重要原因。距离目前最近的一次户籍制度改革是在2001年，当时的改革针对的是小城镇户籍制度。从2001年至今，户籍制度没有出现重大调整。在过去的户籍制度改革中，虽然逐步放宽了小城镇的落户政策，但是由于配套措施并不完善，一些政策在基层的执行情况并不理想，因此最后执行的效果也打了折扣，目前农民落户城镇仍面临诸多困难。

户籍制度难改变的一个核心原因在于户籍制度附带的公共服务不同，从未来改革的大方向应该以降低户籍附加的基本公共服务为主，提供更为均等化的公共服务。同时，我们不可忽略户籍制度改革是复杂和艰难的，必将是个系统性的工程，涉及土地改革、财税体制改革、经济产能布局等。过去10多年来虽然户籍政策逐步放开，也取得了一定效果，但是目前来看，推进的难度越来越大，瓶颈已经从户籍制度本身扩展到各领域，需要以更大的力度、更高的高度推进全面改革。当相关改革推进到一定阶段时，户籍制度改革问题自然而然将得到解决。令人欣慰的是，这些改革涉及的点在中共十八届三中全会文件中都可以找到，可以归纳为以下几个层次。

首先是城乡一体化，其实质是在产业带的带动下推动城镇化。（文件：必须健全体制机制，形成以工促农、以城带乡、工农互惠、城乡一体的新型工农城乡关系，让广大农民平等参与现代化进程、共同分享现代化成果。）

其次，文件对于不同城市未来的改革进行了定位，小城镇的落户门槛将全面放开，大城市的落户条件将根据情况具体确定。对于特大城市而言，由于无法承受大量新增人口，因此户籍难以做到放开，我们认为一种可能有效的办法是积分制度，不同得分的人群可以享受对应的不同水平的公共服务；同时降低大城市周边卫星城镇的落户门槛，相较一般的小城镇而言，这些城镇有更好的产业支撑，能够提供更好的就业机会，对于农民的吸引力也更大。（文件：对吸纳人口多、经济实力强的镇，可赋予同人口和经济规模相适应的管理权。建立和完善跨区域城市发展协调机制……加快户籍制度改革，全面放开建制镇和小城市落户限制，有序放开中等城市落户限制，合理确定大城市落户条件，严格控制特大城市人口规模。）

文件还涉及农民的权益保障问题，主要是保障农民在农村所有资产的权益。另外，对于准备落户城市的“农民工”而言，保障其在农村的财产权利就相当于保障他们带资进城。（文件：赋予农民更多财产权利。保障农民集体经济组织成员权利，积极发展农民股份合作，赋予农民对集体资产股份占有、收益、有偿退出及抵押、担保、继承权。保障农户宅基地用益物权，改革完善农村宅基地制度，选择若干试点，慎重稳妥推进农民住房财产权抵押、担保、转让，探索农民增加财产性收入渠道。建立农村产权流转交易市场，推动农村产权流转交易公开、公正、规范运行。）

由于户籍制度改革需要投入巨大的资金，因此一方面需要保障资金的来源，另一方面伴随户籍制度改革而来的是更多跨区域资金、土地等要素的流通，需要考虑财税体制、土地改革等方面。

我们对未来的改革路径也进行了梳理，未来可能会从四个方面推进改革。

第一，建立统一户口登记制度，放松卫星城镇落户条件，推进区域间要素流转。

第二，推进公共服务均等化，解决原有居民与新落户居民的利益冲突，从顶层设计解决财政资金问题。

第三，适当降低大中城市落户门槛，在特大城市深化"积分制"改革。

第四，保障农民在农村的相关权益，为其提供在城市公平就业的机会。

政策推断一：建立统一户口登记制度，放松卫星城镇落户条件，推进区域间要素流转。要实现进城农民的市民化，首先需要在户籍上承认其是城镇居民，因此逐步建立城乡统一的户口登记制度是未来的必然方向。其实，早在2002年公安部就已经开始着手研究取消农业、非农业户口的界限，探索建立城乡统一的户口登记管理制度。到目前为止，已经先后有六个省市建立了统一户口登记制度，未来建立统一的户口登记制度的工作将会持续推进，目前已经有许多省市开始着手准备推行。

自1997年以来，国家已经加快落实放宽中小城市、小城镇，特别是县城和中心镇落户条件的政策，而大城市除了郑州等少部分外，其余的进度明显要慢很多。《"十二五"规划纲要》指出"大城市要加强和改进人口管理"。由此可见，在户籍制度改革上，特大城市和中小城市、小城镇的改革进展有所差异，特大城市的改革会在改革最后的攻坚阶段进行。虽然 2008 年 1 月实施的《城乡规划法》中已不再有 1989 年 12 月版本中关于“控制大城市规模”的表述，但是大城市的发展依旧强调“管理”。中共十八届三中全会文件中再次提及要严格限制特大城市人口规模，原因是大城市的公共服务压力和城市环境压力已经相当大，人均公共资源相对更加稀缺。当然，本质是城市居民日益固化的利益结构对外来人口的排斥。

但是从产业的角度看，东部大城市的带动效力最强，仍然将是推动城镇化的重点区域。根据学者的研究，一方面，中国东部沿海 600 公里内的地区集聚水平和劳动生产率仍远远领先于内陆地区；另一方面，大城市本身的生产效率还存在进一步提高的空间，它们拥有的产业仍然能以产业带动城市化这种最健康的城市化模式促进城市的扩张。因而从经济效率上看，应继续发挥大城市在资本和人口上的集聚优势，仅仅强调发展小城镇不可行，部分缺乏产业支持的三四线城市也没有大的增长空间。

我们认为城市户籍改革的框架设计有两大支柱。虽然大城市的承载能力不强，但是其产业仍然能够有效推动城镇化，因此第一支柱是发展特大城市周边的中小城市和卫星镇，放松周边中小城市和城镇的落户条件，同时通过城际交通轨道建设，将周边的中小城市、卫星镇与大城市的主城区相连接，从而进一步发挥大城市的集聚和带动作用。北京和上海等大城市周边都有大量的市镇，这些大城市周边的市辖区和建制镇有较强的吸纳能力，是未来高等级城市的户口登记制度的突破方向。第二支柱是发挥有优势产业支持的城市群或小城镇群的作用，利用多中心的、具有特色产业特征的小城市群来吸收新的城镇户籍人口。每个小城镇都在这种经济体系中有着一定地位，或具有共同的产业，或拥有制造业或承担消费娱乐。这两种模式在美国城市化的过程中都多有体现，虽然美国没有户籍制度，但是仍可以参考它的经验。

当农民在某一区域内集中落户时，土地资源问题就会逐渐显现出来。自“十一五”以来，中央一直坚守18亿亩耕地这条红线，城镇化与土地供给矛盾突出，目前为止唯一留出的空间是地方政府可以在小区域内做土地置换，使总体耕地面积保持均衡状态。但是未来矛盾在东部地区会越来越突出，原因就是未来的城镇化推进吸纳人口最多的地区仍然是长三角、渤海湾、珠三角。这三个地区呈现出可用土地越来越少的情况，反观中西部地区，土地供给相对更多。我们推断，在发展特大城市周边的中小城市和卫星镇的同时，作为配套，跨区域土地配额流转可能会适时推出。

政策推断二：推进公共服务均等化，解决原有居民与新落户居民的利益冲突，从顶层设计解决财政资金问题。户籍制度的根本问题在于不同区域间公共服务的差异，户籍制度改革的重中之重在于推进公共服务均等化，公共服务均等化实现后，户籍制度的差异性自然而然就会淡化。《“十二五”规划纲要》明确指出要推进基本公共服务均等化。我们认为，“均等化”包含三个层次：①区域之间相对平衡。《“十二五”规划纲要》提出，逐步实现不同区域基本公共服务均等化，重点是提高相对落后地区的基本公共服务质量。②城乡之间相对平衡。重点是提高农村地区的基本公共服务水平。③户籍居民与非户籍居民之间的相对平衡。重点是使非户籍居民合理分享当地的基本公共服务。

推进基本公共服务均等化面临的核心问题是地方的财政负担

和户籍居民与非户籍居民的利益分割问题。一方面，不同地区、不同级别地方政府的财政收入差别巨大，其承担的财政支出压力与收入并不对应，完全取决于当地的经济实力和人口规模。另一方面，城镇新增外来人口分享公共服务有可能导致原有居民享受的服务水平大幅下降。

解决财政负担问题要求户籍制度改革必须明确区分中央和地方在推进过程中的财政责任。中央要对基本公共服务的内涵和外延做出明确界定，据此重新划分中央和地方的责任，使事权和财权处于平衡状态。现在地方收入少、责任重，缺乏激励，富裕地区尚好，而西部地区需要持续性的补贴。因此，解决问题的关键在于中央进行财政体制改革，重建转移支付的机制设计，建立“扁平化”的财政层级框架，合理划分中央、省、市县三级的事权和支出责任，增强地方的支出责任与财力的匹配度，实现中央和地方的激励相容与区域平衡。

另外，为了增加地方的财力，解决城镇化的资金问题，我们预期未来会开征财产税，包括房产税和遗产税。其中的重点是房产税的推广，目前已经有部分省市开征，未来在更广的区域内推进房产税将是大趋势。随着经济的发展和市场机制的不断完善，对应作为财产税类主体税种房产税的政府收入将迅速增加。从长期看，房产税的推广有助于地方缓解城镇化过程中面临的财政支出压力，这也是海外通行的地方管理和运营城市的资金的主流来源。值得注意的是，随着“营改增”的推广，有人指出未来的地税系统或面临分拆，形成“大财政”体系。实际上，实行分税制以来也有个别省份和城市沿袭了国地税不分家（如上海），或者财政地税不分（如天津、浙江）的局面。我们认为，不管是地税国税分拆还是财税系统整合，从财政来源的角度看，房产税的改革都是未来的重点。

解决城乡二元分割体制需要改革目前公共服务的基准和强度。目前转移支付和公共服务主要依据当地户籍人口规模，而非常住人口规模，我们认为转移支付应当依据当地的常住人口规模进行分配。这将在很大程度上缓解当地政府的财政支出压力，也有利于缓解原有居民与新增居民之间的利益矛盾。这需要结合财税体制改革配套进行。当然，如何科学地衡量当地的常住人口规模也需要深入研究。针对公共服务强度，基于我国国情，地方应为社会保障和最低生活保障等生活救助项目补贴部分基本责任和地区差异化的责任，中央应承担全部各级的义务教育责任、大部分基本城乡医疗和养老保障责任。这样也可以同时解决长期存在的义务教育、医疗、养老在地区之间和城乡之间不均衡的问题。另外，对于基础设施建设资金，可以通过深化投融资体制改革、引入民资、创新地方政府融资方式等方法缓解资金压力，促进经济的良性循环。

政策推断三：适当降低大中城市落户门槛，在特大城市深化“积分制”改革。现在除了北京、上海、广州、深圳等少数热点特大城市，其他大城市（如天津、沈阳）依旧允许投资购房入户。虽然这种方式简单易行，符合地方政府发展房地产产业、提高土地收入的诉求，但是违背了户籍制度改革的初衷。这种模式仍然以财富水准来衡量外来人口，进一步强化了附着在户籍制度上的利益差距。对于财力有限的“农民工”，现有的模式让他们无法在城市顺利落户。

对于特大城市来说，积分制度将是户籍制度改革的重要方向。广东的“积分入户”政策和上海的居住证改革作为先前的范例，为未来的方案做出了有益的尝试，虽然具体条款还有待完善。积分制度的优势一是适用面广，既能用于本地农村居民，又能用于外地城乡移民；二是可量化，操作上较公开透明。但是目前积分制度倾向于选拔拥有高知识、高技能和资本的人，不利于“农民工”等低学历、低劳动技能人群，也无助于理顺身份、土地和社会保障服务等要素间的关系。

从我们梳理的材料中可以看到，目前上海的户籍政策还是相当差异化的，北京等焦点城市尚未改革。我们根据北京和上海的政府网站中关于落户的相关规定详细梳理了两地落户的具体要求，不难发现两地落户具有途径少、门槛高的特征。

为了部分消除这种高门槛特征，未来特大城市的积分制度可以通过积分阶梯管理改变原来的“门槛式”管理模式，对不同积分阶梯的人提供不同层面的公共服务保障。从阶梯式管理给予的公共服务保障上看，越基础的权利越应该先被保障，达到最高要求后，居住一定时间就可以最终在特大城市落户，享受与当地户籍人口一样的福利待遇。这种模式的好处在于既考虑到了城市的承载力问题，又兼顾了外来人员分享城市公共服务的权利，同时积分阶梯管理有点类似于西方国家的绿卡制度，能够保持对人才的吸引力。

未来的积分制度至少应当包括迁入时间、受教育程度、职称、技能、纳税、缴纳社会保障金、捐赠、从事社会公益、个人信用等项目。依照上海的经验，它们分别属于基础指标、加分指标、减分指标和一票否决指标。每个项目的权重按情形决定，积分的高低决定了取得市民待遇的难易程度。

政策推断四：保障农民在农村的相关权益，为其提供在城市公平就业的机会。为了使户籍制度改革获得更好的效果，农民在农村的权益必须有保障。这是"农民工"市民化取得理想效果的基础，农民进城后的购买力也将得到一定保障。整体来看，根据学界的大量研究，目前农民带资进城实践中的几条路径为：增加财产性收入、宅基地置换、土地承包经营权流转、征地实物补偿和设立产权交易市场。

农民大部分资产体现在土地和宅基地上，因此重点在于对土地和宅基地的保护。从中央发布的文件中可以看到，国家高层对此十分重视。2001 年《关于推进小城镇户籍管理制度改革意见的通知》中的描述是"根据本人意愿，可保留其承包土地的经营权，也允许依法有偿转让"，而到 2012 年，《关于积极稳妥推进户籍管理制度改革的通知》中的措辞明显更为突出，"农民的宅基地使用权和土地承包经营权受法律保护。现阶段，农民工落户城镇，是否放弃宅基地和承包的耕地、林地、草地，必须完全尊重农民本人的意愿，不得强制或变相强制收回"。虽然政府数次强调处置土地需要尊重农民的意愿，但是实际执行上一些农村干部并非如此，因此保障农民权益除了政府在条文、通知中重视以外，未来的重要方向还在于推进土地改革的推进，通过立法真正保障农民的权益。

除了对于农民土地权益的保护外，还需要提高交易的便利性。目前已经有多个地方建立了农村产权交易所，成交金额都在亿元上下。从目前整体的交易情况来看，资产只能在较小范围内进行集中优化配置。目前温州已经开始尝试突破，出台了《温州市农村产权交易管理暂行办法》将转让的范围扩大到县。

在理顺"农民工"落户城市的道路后，政府在培训配套上也需要进行一定的投入，给予"农民工"人群更公平的就业机会。从公平性角度来说，"农民工"本质上属于弱势群体。他们当中有许多其实并不完全具备所需的劳动技能，政府为他们提供培训配套其实是在提供公平就业的机会，对社会的稳定起到了重要作用。培训也是提升"农民工"收入的有效途径，根据目前的数据看，一个"农民工"在培训前和培训后获得的待遇可以相差将近 1 倍，而许多技能的培训仅需要 3 ～ 9 个月时间。从城市产业发展的角度看，刘易斯拐点后，大趋势上劳动力新增供给已经走下坡路，未来需要通过提升劳动的技术含量弥补供给量的不足。这一点已经在现实企业运作中体现出来，大量劳动力需求集中在有一定技术含量的领域，而目前绝大部分"农民工"具备的技能无法完全满足需要。因此，政府在培训配套上进行投入其实是在支撑城市产业发展。

对于中国来说，未来的城镇化不仅在于城镇化率水平本身的提升，更在于深度的城镇化。由于中国特有的户籍制度，城乡被划分为二元结构，但是随着改革开放后人口迁徙政策的逐渐放开，城镇常住人口规模和城镇户籍人口规模并不能完全对应。1978 年后城镇常住人口规模迅速上升，截至 2012 年底城市化率已达 52.57%，相比之下户籍人口规模的增长速度相对较慢，2011 年底非农业户籍人口比重为 34.71%，与城镇化率相差近 17%，而深度城市化的目标就在这夹心人群中。

这 17% 到底都是哪一类人群？夹心人群的出现既有统计方式的原因也有人员流动的原因，目前学界和官方的统计机构都没有对此展开过深入研究，很多人认为这 17% 的夹心人群皆为

"农民工"，但我们经过研究发现其实夹心人群的组成比大家直观认为的更复杂。国家统计局相关的调研显示，2012年的"农民工"总数为2.6亿，不到总人口数量的20%，其中又可以分为外出"农民工"和本地"农民工"。外出"农民工"指调查年度内，在本乡镇地域以外从业6个月及以上的农村劳动力，本地"农民工"指调查年度内，在本乡镇内从事非农活动6个月及以上的农村劳动力。这两类人群分别为1.63亿和0.99亿。我们通过对普查数据的测算，可以确定该类人群并不都是"农民工"，其主要为城镇中的农业从业人员及其连带人口、城镇中的农业户籍流动儿童、外出"农民工"及少量的本地"农民工"。从数量上看，外出"农民工"占据了绝大部分，根据2012年的数据，外出"农民工"的数量总体为1.63亿，我们基本上可以将外出农民工作为未来深度城市化的主要对象。

虽然外出"农民工"仅为1.63亿，但是若考虑到该群体人数的增长，以及连带的落户人口，实际数字将会远远高于1.63亿。一方面，从外来务工人员的增长情况看，当时我们预测到2020年，农民工总数将达到3.05亿，由于外出和本地农民工结构性的变化，外出农民工的数量将增长至2.14亿。另一方面，真正进入城市生活往往意味着全家人集体进入城市一起生活，因此外来务工人员的落户往往意味着带来更多的连带人口。经过我们测算，2013年外出农民工的连带人口约为1.55亿，需要户籍改造的潜在人口数量为3.24亿，而到2020年，将增长至4.22亿，大体上看，外出农民工和连带人口的数量比例为1∶1。

外来务工人员虽然生活在城市中，但是由于户口限制无法享受城市提供的公共服务，也无法完全融入城市，消费也明显受到了抑制。未来推进深度城市化的动力并不仅仅在于户籍限制的放开，关键在于各项改革的共同推进。我们不可忽略户籍制度改革是复杂和艰难的，改革必将是个系统性的工程，涉及土地改革、财税体制改革、经济产能布局等。

在各项改革都协调推进的基础上，我们对未来夹心人群的户籍改造速度做了详细测算，改革推进后未来的户籍改造速度可能为每年 1.7%。我们可以将落户人群分为三大类：第一类是户籍化改造最快的人群，这类人群以 24 ～ 44 岁为主；第二类是户籍化改造较为缓慢的人群，这类人群以 16 ～ 24 岁为主；第三类是户籍化改造最艰难的人群，这类人群以 45 ～ 59 岁为主。

对比之前 2001 年户籍制度改革后户籍改造的推进速度来看，当时户籍制度改革的方向主要还是在于放开小城镇的落户条件，同时小部分省份也尝试了更大胆的改革，可以看到从 2002 年到 2005 年，非农户籍化率出现了高速增长，平均每年的增速达到 1.3%，超出历史平均增速 0.8%，2003 年的增速更是高达 1.81%，超出历史平均水平 1.31%。但此次改革与前一次改革有较大不同，此次改革范围将是全国城市，牵涉面更广。另外，此次改革不仅仅是户籍制度改革本身，需要配套的土地、财税体制改革等都有所跟进，因此发挥的协同效应将明显高于上一次，效果也更具有可持续性，因此此次改革的最终效果将明显好于上一次。

但这里有一个问题，这到底会给地方带来多大的财务压力？许多学术机构和政府机构已经就个人落户城市所需的成本进行了详细的测算，最低的为 5 万～ 6 万元，最高的为 10 多万元，平均来看在 10 万元左右。我们认为，政府未来所要承担的费用包括保障房及其相关配套、养老保险、学校、就业培训、医疗、市政等，我们总的测算结果是 7 万元。但是真正给地方带来压力的并不是总成本，而是现金流，到目前为止还没有人做过细致测算。对于这个问题，我们认为，在总成本中有将近超过一半的成本来自养老保险，而就费用发生的时间来看，可以说在“农民工”落户潮过后的 15 年内都不会发生大笔的相关费用，因此这一部分费用属于远期负债，短期内可以不用考虑。另外，还有一系列的年度摊销费用需要每年支出。我们的测算结果显示，如果以每年 1.7% 的速度推进，头几年的财政压力为 6000 亿～ 8000 亿元，远低于全额算法的将近 2.3 万亿元，从量级上看完全可以通过开征房产税等方法解决。

许多人都会问一个问题，虽然大家都知道各项改革的协调推进将释放出巨大红利，但是改革的红利到底有多少？对于这个问题，我们也给出了测算的结果，红利主要体现在投资和消费两个方面。投资方面分为政府相关投资及民间投资两部分。政府投资主要集中在保障房及其配套、学校、医院，以及其他配套设施上，近 90% 财政压力都来自这些项目。民间投资主要集中在民用房地产领域，主要受到大批农民落户城镇带来的刚性需求影响。在考虑到二三线城市整体供给相对过剩的格局，以及未来需求缓慢释放的因素下，我们计算得出的房地产投资在 2014 年为 2000 亿元，到 2020 年将上升至 1.8 万亿元。

相对于投资的潜力而言，未来消费的潜力更大，主要体现在劳动力报酬的提升及消费倾向的提高两个方面。从劳动力报酬的提升上看，提升动力主要源于三点。首先，未来的劳动力报酬将维持较高增速，中低端劳动力储备的下降将使报酬仍然维持增长趋势。其次，“农民工”落户城市将自然延长有效工作时间。根据国家统计局的统计，“农民工”平均待在城市的时间为每年 9.8 个月，落户后这一时间将延长至 12 个月。最后，“农民工”在城镇定居后，政府为了给其提供平等的机会，将会提供各种类型的培训，其收入提升空间将更大，在经过培训后月收入可以达到 5000 ～ 6000 元，较之前提高近 1 倍。由于生产方式、技能的变化，“农民工”对于培训的需求将越来越强烈。根据社科院的统计，以青岛为例，在转移农村劳动力中受过职业技能培训的人只占 15.6%，在广州受过专业职业技能培训的比例也仅为 18.6%。

从消费倾向上看，落户人群的消费倾向将明显提升。根据陆铭的测算，在消除其他影响因素后，新增人口和城市原驻民的消费倾向差距在 20% 左右。究其原因，主要有几点。首先，各种社会保险福利保障制度解除了消费的后顾之忧。“农民工”的消费倾向与城市居民差距较大的一个重要原因在于福利保障不完善，抑制了消费释放。从国家统计局统计的数据来看，全国参加养老保险的“农民工”仅占 14% 不到，工伤保险、医疗保险、失业保险和生育保险的覆盖率仅为 23.6%、16.7%、8% 和 5.6%。落户城市后，养老、医疗等后顾之忧被解决，消费需求自然会有所上升。其次，在城市安家后，本身就会有需求购置新的家电、家具等物品。最后，“农民工”将会以家庭为单位落户城市，子女等的消费将较农村有大幅提高，这也是推动消费倾向提升的重要原因。

2014 ～ 2020 年的户籍制度改革红利对 GDP 增速的拉动作用为平均每年 1% 左右，前 3 年对 GDP 增速的拉动作用在 1% 以上，到 2020 年，户籍制度改革红利对 GDP 增速的贡献将为 0.91%，对 GDP 总额的贡献率将达到 5%。

从投资和消费的占比变化来看，在整个深度城市化的红利中，投资的占比将从第一年的80%下降到2020年的50%，在结构上持续优化。从红利增量对于GDP增速的贡献上看，户籍制度改革在开头的贡献最高，我们估算在1.5%左右，主要体现在投资上。而后由于投资额基数的原因，总体红利对于GDP增速的贡献将出现非常明显的下降，最为恒定的是人群消费潜力的释放，改革后其释放出的红利能够为未来经济转型提供支持。

户籍制度改革是破除城乡二元分割体制和城乡经济统筹发展的结果。从我们对户籍制度改革对于经济的影响的测算结果看，户籍制度改革可以明显缓解劳动力紧张的问题，从非农劳动倾向、平均工作时间，以及工作效率提升几个方面增加人口红利。首先，户籍制度改革将影响农村劳动力的非农劳动倾向。根据我们对整体就业倾向的分析，户籍制度改革能够提升未来整体非农劳动就业倾向，在一定程度上缓冲劳动力储备下降带来的负面影响。假设劳动参与率不变的话，当时我们预测2020年“农民工”总数将达到3.05亿。其次，户籍制度改革有助于从工作时间长度上弥补劳动力不足的问题。从每年的工作时间长度来看，统计局统计的数据是“农民工”每年平均工作时间为9.8个月。在城市定居的“农民工”每年在城市工作的时间将会延长至12个月。“农民工”在城市打工的年数平均为8～9年，因此一旦解决户籍和社保瓶颈，人口红利将有非常大的提升空间。

过去中国的城镇化主要体现在投资的迅猛增长上，但我们认为未来的城镇化将更多地体现在消费和服务的增加上——城市发展水平的提升、公共服务的均等化、社会发展的再平衡。2017～

2022 年，“农民工”市民化可能是库兹涅茨效应[⊝]的最后释放窗口。

混合所有制和竞争中性：国资、国企改革新动向

国企的传统监管与经营模式已越来越无法适应中国经济的发展速度。国企的问题是历史性的，也是政策性的。虽然相比几十年前国企的效率和经营思路已进步巨大，但是现在的经济环境与已往有着很大的不同。其他所有制企业，尤其是民营企业的快速发展，市场化程度正在不断加强。中国特色社会主义体制决定了政府不可能放弃国企的主导地位。不管是国有资产的产权改革还是国有资产的市场化经营改革，完全退出和大规模私有化都不太可能成为主旋律。新一轮国企改革正是在如此背景下展开的。

国资改革的目标是推进资本化管理，强化国有资本的保值增值及国资的战略掌控力、社会公益保障性等，推进混合所有制的发展。国企改革的目标是推进市场化，激发竞争活力，使产权多样化，完善公司治理水平，推行职业经理人制度等。自 2015 年下半年，国企改革进入政策密集发布期，特别是 2015 年 9 月以来，包括顶层设计在内的五大重磅政策相继下发，央企动作频频，新一轮国企改革的大幕即将拉开。随着国企改革的不断深化，资本市场也将迎来新一轮的红利。

经济体制改革的核心问题是处理好政府和市场的关系，包括

⊝ 库兹涅茨效应：经济增长中收入差距的变动，发展经济学中有一个著名的倒 U 假说，亦称库兹涅茨效应，意思是随着经济阶段由低级向高级发展，收入分配不平等的程度有先扩大后缩小的趋势。

划清政府与市场的边界，政府主要负责提供公共物品和服务、社会管理及外部性市场失灵的领域，经济活动更多地由市场来自主进行；在资源配置方面，发挥市场的基础性作用，政府偏重宏观管理、市场规则的制定、市场秩序的规范、社会诚信的建立；政府该退出的领域应该坚决退出，把无限政府转变成有限政府，精简机构，建立起服务型政府。国企作为政府参与经济活动的微观主体，是划分政府与市场边界的关键连接点。因此，国企改革是促进经济市场化的关键。国企改革事关公平市场环境的建立，进而决定全社会资源市场化配置的最终实现。

中共十八届三中全会进一步明确国企改革要以市场化为方向，同时重申坚持公有制的主体地位，发挥国有经济的主导作用，不断增强国有经济的活力、控制力、影响力。于是，出现了一些国企改革推进低于预期的声音，部分自由派人士觉得没有提及私有化，没有给予非公有制经济更多发展空间。

国企改革效果低于预期吗？不！坚持公有制的主体地位是中国特色社会制度决定的，执政党的改革方案只能完善中国特色社会主义市场经济，其实混合所有制的地位已经提高到了前所未有的新高度，最新表述是非公有制经济与公有制经济都是中国特色社会主义市场经济的重要组成部分，具有同等重要的地位。积极发展混合所有制经济意味着民间资本可以更多地参与国企经营。重要的是平等待遇和混合所有制，私有化未必会提升效率，但竞争一定会，公平竞争会真正激发活力和创造力，因此市场化导向是必然趋势。作为市场的参与者之一，国企改革必然会加速推进。

具体到改革层面，我们认为应该区分国资改革和国企改革，国资改革强调的是国有资产资本化、国有资本保值增值及提高国资的战略掌控力、社会公益保障性等。国企改革的目标是完善现代企业制度，参与市场化竞争、提高效率、激发活力。

国资改革以推进资本化，发挥主导作用为方向。作为社会主义基本经济制度的核心力量，公有制经济的主要表现形式就是国有资产和国有资本。我们认为，国资改革的核心方向是通过资本管理来加强国有资产监管，实现国有资产覆盖领域的合理配置调整和国有资本的有序进退。

国有资产必须进行分类管理，这是提高国有资产管理效率，以及确定合适的国有经济布局的基本前提。国有资产应该只在一些关系到国计民生和国家利益的关键领域保持控制力，在一般竞争性领域有序退出，在一些战略新兴产业加大投入，发挥国资“集中力量好办事”的引导作用，引领经济转型的方向，同时强化国资收益的社会保障和财政支撑功能，发挥更多社会性作用。即便在国有经济已经形成绝对优势的金融、军工、电力、石化、电信、煤炭、民航和航运等领域，也可以进行产权多样化，将部分股权转让给民资或者外资，实现国退民进（国有资本的进退），打破垄断，搭上市场效率的便车。

实际上，如铁道部这样计划经济最坚实的堡垒都已经从政府的一个部门变为一家企业。铁路投融资体制改革方案要求支线铁路、城际铁路、资源开发性铁路的所有权、经营权率先向社会资本开放，引导社会资本投资既有干线铁路。在未来的城市化过程中，也会类似地引导民间资本进入基础设施建设、城市运营和公共服务等领域。在实践中，以 BT、BOT、BDOT 为代表的市场化模式正在成为主流，推广难度也较低。

例如，在电信行业，三大电信运营商被新兴的轻型运营商OTT“围追堵截”，如腾讯等。所以整个市场的结构比单一化某种资产或者资本的所有制形式更加重要，竞争性的混合产权制度安排是产生鲶鱼效应的一种手段。资本市场规则的改进和银行体系的市场化会构成外在压力，促进国企治理结构的优化，这样国退民进的逻辑才能真正理顺。

最后一点，以货币形式存在的国企分红和退出得到的资金可以划至全国社保管理机构以充实养老基金，再以财务投资形式重新回笼到资本市场进行保值增值，为消化未来国民养老的隐性负债提供支持，即实现国有资本积累成果的全民共享。这一点类似于资本市场的强制分红。

国企改革以推进市场化，激发竞争活力为方向。作为市场经济的参与主体之一、国有资产的重要载体，国企改革的核心方向是推进市场化，激发竞争活力。总结而言，即进一步推动市场化、多样化、股份化。具体内容包括进一步完善现代企业制度，理顺公司治理结构，建立合理的激励约束机制；进一步推进产权制度改革，完善国企股权结构，实现产权多样化和资源开放等。

首先是公司治理结构的优化。当前国企治理结构不合理的现象仍存在，主要体现在领导集权、运作不协调等方面。我们认为，国企改革的第一步需要内伸性调整，即制定合理、有效的制衡型治理结构、扁平化的管理体系，以及专业化管理层领导治理能力，同时可以引进职业经理人的管理方式，充分发挥国企的资源整合能力。

作为高成长的民企，金螳螂（苏州金螳螂建筑装饰股份有限公司）是很好的职业经理人管理方式的典范。该公司在 2000 年左右就基本组建完成了职业经理人管理团队，通过专业化的管理，优化了公司内部治理结构，从而在未来的成长路径中不断突破。

其次，产权多样化，引进战略投资者。国企在较长的历史中遗留的问题并不能够在一朝一夕间通过内部的调整实现跨越，我们认为更有效的方式是通过外部的冲击进行多样化的管理。产权多样化、引进战略投资者或许是实现这一方式最快捷的途径。我国的国企在陆续引进战略投资者，最新的案例有城投控股和弘毅投资、全聚德和 IDG、青岛海尔和 KKR。

再次，激励机制的改革是国企改革的重点。以往国企运营的弊病更多地在于激励机制不到位，即使有一定的激励，仍然不能充分发挥国企的优势。国企内部对于经营业绩以“达标”“过线”为基准的经营理念是阻碍其发展的最大瓶颈。因此，我们认为国企从管理层到底层员工都需要合理的考核、薪酬机制，国企的管理层、普通员工终身制需要被打破，收入分配更需要根据业绩考核进行衡量。同时，应在保证基本增长的前提下，通过有效的激励机制，鼓励其超越经营目标。

最后，打破垄断，引入外部竞争。我们认为改革的核心在于激发活力。因此，以市场化的方式带动起国企发展的积极性才是国企改革真正的目的。对于资源集中的行业，应有效打破一体化的垄断，促进竞争，提高产业积极性。同时，也可适度引入民资，让原本安逸的国企感受到危机感，有效激发产业发展的动力。以电力行业为例，在 2002 年，电力行业进行了厂网分离，通过发电端的拆分，带动了发电市场的竞争，以国家五大发电集团为核心，并催生出众多电力事业民营企业，从而有效提高了我国的发电能力，实现了发电方式的多样化。

在投资方面，我们建议关注放开民资的垄断性行业，如油气开发领域受益的民企等；对于一般竞争性行业，建议关注公司治理结构较优、竞争力较强、引入了战略投资者或实现了股权激励的优质国企；对于大集团小公司类的国企，建议关注资产证券化带来的并购重组机会。此外，在地方国资改革实践中建议关注上海、北京、广东等地的区域性国企。

第6章　金融改革：服务实体经济

尽管《决定》中对金融改革着墨不多，但是要求的金融改革原则明确、任务清晰、内容翔实、措施有力。最重要的是，开放将是未来金融改革的主基调和总原则在中共十八届三中全会上首次提出，也是把人民币国际化上升为国家意志的具体表现。中国人民以勤劳和智慧将“Made in China”送到了全世界，未来中国人民仍将以勤劳和智慧将“CNY”送至全世界，从货通天下到汇通天下，再到币通天下。

金融改革的逻辑：全景图

《决定》中关于“完善金融市场体系”的论述总共包括三段话。

“扩大金融业对内对外开放，在加强监管前提下，允许具备条件的民间资本依法发起设立中小型银行等金融机构。推进政策性金融机构改革，健全多层次资本市场体系，推进股票发行注册制改革，多渠道推动股权融资，发展并规范债券市场，提高直接融资比重。完善保险经济补偿机制，建立巨灾保险制度。发展普惠金融，鼓励金融创新，丰富金融市场层次和产品。”

“完善人民币汇率市场化形成机制，加快推进利率市场化，健全反映市场供求关系的国债收益率曲线。推动资本市场双向开放，有序提高跨境资本和金融交易可兑换程度，建立健全宏观审慎管理框架下的外债和资本流动管理体系，加快实现人民币资本项目可兑换。”

“落实金融监管改革措施和稳健标准，完善监管协调机制，界定中央和地方金融监管职责和风险处置责任。建立存款保险制度，完善金融机构市场化退出机制。加强金融基础设施建设，保障金融市场安全高效运行和整体稳定。”

金融改革的总原则：扩大对内对外开放

“扩大金融业对内对外开放”作为金融改革的总原则，具有多层含义。首先，厘清政府与市场的边界，建立合理的金融机构准入退出机制及更为完备的金融监管制度，减少不必要的管制并逐步让渡市场决定。其次，自由化金融市场业务经营范畴，在审慎监管的前提下，鼓励业务创新、产品创新，创造更多的金融产品及衍生产品，满足不同风险收益状况的投融资需求。再次，市场化金融产品价格，通过市场化机制实现无风险收益率与风险收益率的合理定价，并通过价格传导机制而非传统的数量调整实现宏观调控目的。最后，开放资本账户并国际化人民币，实现资金流进来与走出去的市场化，一方面放松资本管制，让市场行为决定货币的价格与资金的流向，另一方面提高人民币在国际货币市场上的影响力。

在经济发展早期，为了更有效地利用有限的资本存量，我国政府采取了包括压低资金成本在内的一系列金融抑制手段。通过行政干预，有限的存量资本能够被最大限度地用于扩大再生产，同时也导致了产能的无序扩张、资金配置的效率低下等。经济发展到当前阶段，金融抑制对经济发展形成越来越多的障碍，未来金融改革的力度会加大，进度也会加快。从国际比较来看，经过半个多世纪的金融自由化改革，全球主要的经济体普遍都已实现了利率的市场化决定，OECD 成员国也普遍完成了资本账户的可自由兑换。

扩大金融业对内对外开放，需要减少政府的行政性干预，减少不同金融机构之间的不平等待遇等，保证国有资本与私人资本之间的平等待遇（鼓励民间资本进驻）、不同金融机构之间的平等待遇（逐步去除国有金融机构与外国金融机构之间如准备金率等规则不同，以及银行、证券、保险及其他金融机构之间的不同待遇）等。同时，需要有完善的存款保险制度、完备的监管制度等作为基本保障，避免部分金融机构的退出导致整个金融市场动荡，以及流动性大起大落；尽可能地减少政府干预，避免不平等的管理手段导致市场定价扭曲，一切交给市场决定。

五类金融机构的改革任务

中共十八届三中全会《决定》中对传统商业银行、政策性金融机构、资本市场、普惠金融、保险业五类金融机构分别提出了相应的改革思路，通过不同金融机构的功能定位，全方位满足了不同资金需求，反映了中国特色的金融改革思路，同时也与我国将长期处于社会主义初级阶段的经济特征密切相关。

降低传统金融机构的准入门槛，构建立体式的金融服务体系。首先，传统商业银行等金融机构降低准入门槛，《决定》中提到“在加强监管前提下，允许具备条件的民间资本依法发起设立中小型银行等金融机构”，意味着民间资金将具有更多机会，可通过更多形式进驻金融行业。其次，“发展普惠金融”意味着金融不仅要支持经济，还要服务于民生。普惠金融学习国外经验，主要服务于农民或中低收入群体的生活与经营行为。最后，首提“推进政策性金融机构改革”，较前期政策性银行的表述拔高了一个级别，丰富了金融市场的层次，也为城乡一体化推进过程中的资金需求提供了更多融资方式和渠道。立体式金融服务体系的构建注定会影响传统金融体系的格局。

构建多层次金融市场，完善传统业务结构。《决定》中提到要“推进股票发行注册制改革，多渠道推动股权融资，发展并规范债券市场，提高直接融资比重”，目的是建立多层次金融市场、优化融资结构，解决中国经济发展过程中长期资金缺乏、金融市场长短期资金供需错配的问题。“股票发行注册制改革”将有利于具有发展潜力和风险的企业通过证券市场募得资金以获得发展机会，提高了对投资人判断力的要求，减少了企业对政府的依赖；同时，对目前已经上市的股票的估值也必然产生重大影响，市场预期会使估值随时调整。“多渠道推动股权融资”或许会推动优先股的试点发行，中长期将完善多层次的股权市场。“发展并规范债券市场，提高直接融资比重”指出未来融资结构仍将持续转换。根据我们的测算，全社会的融资总量（融资规模＋同业代付＋融资租赁＋小额贷款）中直接融资余额占比由2002年的10.14%上升至2012年的31.05%，间接融资余额由2002年的89.86%下降至2012年的68.95%，预计这种转换趋势将加速进行。《决定》中还提到要“完善保险经济补偿机制，建立巨灾保险制度”，指对现有保险业务的完善。

市场化改革中三个要点分别是“利率市场化”“汇率市场化”“资本市场双向开放”，通过三个领域的市场化改革，最终实现人民币资本项目的可自由兑换。

利率市场化

中国的利率市场化进程

中国的利率市场化改革于 1996 年开始真正推进，整个进程大致可以划分为三段：1996 ～ 1999 年基本完成了货币市场与债券市场利率的市场化改革；2000 ～ 2003 年基本实现了外币市场的市场化改革；2004 年至今（事实上在 1998 年就已启动，全面的改革始于 2004 年）主要在推进人民币存贷款利率的市场化改革，尤其是 2012 年以来，人民币存贷款利率市场化的进程明显加快。

利率市场化进一步推进的基础与制度条件

推进利率市场化需要培育有足够深度与广度的金融市场。有足够深度与广度的金融市场有助于在利率市场化改革完成之后，提高宏观调控与资金配置的有效性。金融市场的深度主要表现为足够大的债券市场及足够规模与种类的金融衍生产品（包括资产证券化的部分），满足不同风险收益状况的投融资需求，并通过市场化机制实现无风险收益率与风险收益率的合理定价。从国际比较来看，目前我国债券市场的发展还远远不够。利率市场化改革成功的国家在改革完成时，债券市场的规模都已经较为庞大。以债券占 GDP 的比重来看，截至 2012 年美国和日本分别达到 234% 和 252%；韩国在利率市场化改革完成时债券占 GDP 的比重为44%，截至2012年已达到102%；我国2012年债券占GDP的比重不足50%，未来还有很大发展空间，而且相比发达经济体，我国的金融创新工具也存在较大发展空间。金融市场的广度主要表现为市场参与者的多样化、机构化。金融市场以机构为主的有利于理性定价，避免市场过多的非理性行为扰乱整个金融体系的运作。因此，整个政策层面应从规范并鼓励金融产品、金融机构的多样化入手。实现利率的市场化决定、减少政策干预是利率市场化的基本前提。

其他相应的配套制度也需要尽快完善，包括存款保险制度、救助破产机制、基准利率体系、信用风险结构等。存款保险制度是未来中国金融安全网的基干部分，《决定》中专门提到它可以有效地实现对小储户的保障，届时储户也会考虑钱放哪家银行更安全，从而倒逼银行谨慎经营、差异化竞争。政府不可能无限托底，如塞浦路斯的情形，因此需要建立金融机构的救助和破产机制。这也会倒逼融资方建立起类似的约束机制，特别有助于消解"政府平台—国企—国有银行"这种传统的中国式大推进策略中捆绑在一起"说不清理还乱"的核心部分，进而推动传统发展模式转型。从国际经验来看，利率市场化改革成功之后，利率即资金成本将主要由市场的无形之手决定，完备的利率传导机制将使货币政策对宏观经济的调控效果更加全面、合理，有利于经济的平稳运行，传统以数量调整为主的货币政策操作经常导致的经济大起大落也将不再出现。完善、有效的利率传导机制包括几个基本要素：①政策利率的切换，需要由传统的存贷款基准利率转换为某个或几个影响力较大的市场利率（如银行间7天回购利率、SHIBOR利率，如无特殊说明，下文政策利率都指利率市场化之后的政策利率），以及以此为基础的利率指标体系；②政策利率必须是市场参与者较为认可的利率指标，有庞大而有效的债券市场作为政策利率向金融市场传导的重要渠道，所以需要规范化债券市场的投融资环境及价格决定机制，减少隐性担保导致的价格决定机制失效；③预期调控将是未来货币政策中非常重要的一个环节，至关重要的一点是要建立起相对稳妥的预期调控策略（有点类似西方的货币政策规则），以维护市场预期的平稳，否则会导致市场大起大落；④必须建立起一套传递效果良好的利率指标体系，包括能够有效引导政策利率的利率（目前来看，央行在培养 3 个月、1 年期央票招标利率作为调控政策预期的重要指标）、政策利率、多层次合理有效的投融资环境及市场决定利率。

规范与培育市场参与者对利率市场化的理性认识。对于商业银行等金融机构而言，要对资产端和负债端具体业务的风险进行客观评估，并给出合理定价，包括存贷款业务及有关联或替代性的金融产品、中间业务等；对于客户而言，要培养风险意识，了解并适应金融机构提供的差别化产品与差别化定价，对自己的投资行为负责。利率市场化改革完成后，金融机构将在正当的市场竞争条件下通过竞争定价，市场提供的产品会多样化，同时有很多机构参与竞争，通过市场行为实现资金的有效配置。

汇率市场化

汇率市场化将扩大人民币兑美元汇率的日内浮动幅度，2013 年内这一浮动幅度扩大到 1.5% ～ 2%，振幅扩大至 3% ～ 4%，浮动水平几乎可以反映非危机时期的所有市场力量。汇率浮动区间扩大降低了货币当局干预汇市的压力，为外汇管理制度改革提供了更大的操作空间。

中国外汇管理的原则已由“宽进严出”向“双向均衡管理”转变，其间伴以逐步减少行政管制，逐步取消内资与外资企业之间、国企与民营企业之间、机构与个人之间的差别待遇。可以预见的是，未来外汇管理改革的主要特点会从“藏汇于国”向“藏汇于民”转变。在人民币国际化的倒逼下，最近几年将是人民币兑换自由化措施的力度和密度最大的时期，2017 年人民币就基本实现了资本账户可兑换，但并非完全可兑换。

资本市场双向开放

资本市场的双向开放意味着在现有的制度框架下，QFII 和 RQFII 的审批速度将进一步加快，新股发行制度改革后民营企业上市也将享受国民待遇，同时国际板、境内离岸金融制度设计等将很快提上议事日程。

落实金融监管改革措施和稳健标准。国际经验显示，在金融市场化过程中，银行等传统金融机构的利润会由于存贷利差缩窄被压缩，投融资环境的竞争会增强，风险偏好程度明显提升，并导致整个社会流动性泛滥、投机氛围上升，系统性风险增加。20 世纪 70 年代中期，阿根廷等拉美国家在利率市场化过程中的教训需要引起我们的重视。

完善监管协调机制，界定中央和地方的权责

我国在 20 世纪 90 年代中期，金融业发展选择了构建分业经营、分业监管的制度。这是在我国市场经济金融体系发育尚不完善的背景下做出的现实选择，对于防范金融风险、稳定我国的金融体系起到了十分重要的作用。然而，在利率市场化过程中，影子银行体系膨胀是必然趋势，金融体系的构成也会由早年的分业经营向混业经营逐步过渡，使传统分业监管模式的有效性逐步降低，监管成本不断上升。在我国现有的金融经营模式与监管模式下，必然会出现各监管部门在部分业务上的交叉重叠及其他某些监管项目上的空白。此时需要有良好的金融协同监管机制配合，否则就会导致监管资源浪费，监管效率低下。我国县域经济的竞争格局提供了经济长期高速发展的原动力，但带来了更多风险。界定中央与地方的金融监管职责和风险处置责任，有利于控制地方在经济发展过程中简单粗暴地扩张，从制度层面有效控制局部性风险的产生与增加。

建立存款保险制度，完善金融机构的退出机制

存款保险制度是金融机构退出机制的重要组成部分，可以有效避免部分金融机构的退出导致整个金融市场动荡，以及流动性大起大落。

加强金融基础设施建设，保障金融市场安全高效运行和整体稳定

加强金融基础设施建设意味着金融信息化管理、信用体系的构建等方面的基础性建设进一步加强，通过更为有效的信息处理技术、更加完备的信用体系，实现金融市场的高效运行与整体稳定。

金融监管体系下一站

经党中央、国务院批准，为贯彻落实十九大和第五次全国金融工作会议精神，金融稳定发展委员会（简称金稳委）于 2017 年

11 月 8 日在北京正式成立，并召开了第一次全体会议。至此，新的金融政策与监管框架“一委一行三会”[㊀]正式确立。这表明了中央“健全金融监管体系，守住不发生金融系统性风险”的决心，同时也是金融工作会议提出的“服务实体经济、防控金融风险、深化金融改革”三大任务的具体体现。

历史经验显示，金融监管体系的变革与金融市场创新是同步的。中国也在不断地针对新的经济金融环境完善监管框架。2008 年金融危机以来，中国宏观经济运行在应对外部冲击过程中出现了一些新的特征，其中最明显的就是金融脱媒和影子银行的膨胀。影子银行的形成与不同金融机构通过资产管理业务形成的嵌套关系密切相关。原有分业监管的框架下形成了大量的监管空心区和重叠区。2017 年，由银行理财、基金、信托、证券资管计划和各类金融机构子公司构成的资管业务规模已经达到 102 万亿元。从资金使用看，主要投资的非标产品具有期限、流动性和信用转换功能。这类产品透明度较低，规避了资本约束等监管要求，大多未纳入社会融资规模的统计核算。刚性兑付与金融机构间的嵌套关系大大提高了金融系统性风险，对加强监管机构之间的协作提出了更高要求。

西方国家金融监管体系的演化路径如下。大萧条使西方国家开始采取分业经营和分业监管的方法，尤其以美国和日本为代表。分业经营主要体现在不同金融机构之间的业务没有交叉上，主要是银行和非银行金融机构的分离。加强分业监管是全球金融行业 20 世纪 70 年代之前的主基调，但随着布雷顿森林

㊀ 2018 年，中国银行业监督管理委员会（简称银监会）和中国保险监督管理委员会（简称保监会）合并为中国银行保险监督管理委员会（简称银保监会）。

体系的瓦解，全球货币和金融体系进入一个新的历史阶段。从 20 世纪 70 年代末开始，西方国家普遍出现滞胀，凯恩斯主义逐渐被抛弃，新自由主义成为主流。放松金融管制成为共识，金融市场进入自由化阶段。特别是 1989 年“华盛顿共识”之后，西方国家全面放松政府管制，消除跨境资本流动的壁垒，金融全球化进入新阶段，大量资金在全球范围内逐利。金融在经济中的作用越来越明显，金融业产值占 GDP 的比重越来越高。与之相匹配的是 2004 年 6 月出台的《巴塞尔协议 Ⅱ》，它将判断风险的决定权交给了信用评级机构和银行“自我监管”的内部评估模型。

放任自由的监管态度鼓励了金融创新。如果主观上认为人是理性的、市场是完美的，那么一切现象都会显得合情合理，再加上不断出现的技术创新，经济增长和金融市场的繁荣显得更加和谐。奉行自由主义的美联储前主席艾伦·格林斯潘没有嗅到危机的味道。从强监管到放任自由，是从一个极端到另一个极端，也是从一种不合理到另一种不合理。所以，在 2008 年金融危机爆发的时候，包括时任美联储主席伯南克和 IMF 首席经济学家布兰查德在内的主流经济学家仍然认为并不是经济理论出错了，而是金融实践出了问题。实际上，是理论指导下的实践出了问题。

2008 年之后，西方国家开始反思原有的监管体系。美国开始向综合监管方向进行改革，加强美联储的权力，拓展美联储统筹协调的职能；英国在原有的综合监管模式的基础上，新增金融稳定委员会，加强国际监管的协调性；欧盟则将原欧盟层面的银行、证券和保险监管委员会整合升级为欧盟监管机构，由此形成统一的欧盟金融监管体系。在 2009 年 4 月 2 日召开的 G20 峰会上，G20 的领导人也强调了加强金融监管的重要性。该会议提出，全球应该建立一个更为稳健、更加协调一致的监管框架以适应未来的金融业，从而支持全球经济增长，更好地服务企业和个人。

从各国开启的金融监管体系改革的实践来看，可以总结出以下几个方面的特征。第一，扩大监管范围。例如，《巴塞尔协议Ⅲ》将银行的表外业务包括在风险资产的范围；美国、英国和欧盟等都把对冲基金等影子银行列入监管范围；英国提出了新的产品监管方法，以加强对金融衍生品的监管。第二，突出系统性风险监管。2008 年金融危机表现出金融机构治理方面的“太关联而不能倒”难题，风险在不同金融机构间传染是系统性风险最为典型的特征。《巴塞尔协议Ⅲ》要求重要机构定期上报“生前遗嘱[㊀]”；欧盟从宏观和微观两个层面集中对区域进行金融监管，并成立欧盟系统风险委员会监控系统风险；英国新设金融稳定委员会，全面监控系统风险并负责维持金融体系的稳定。第三，加强国际金融监管合作。金融全球化把世界各国的金融市场都纳在整个全球金融市场中，因此对系统风险的监管在维护全球金融市场的稳定中显得特别重要。建立信息共享和全球危机预警机制成为新共识。2009 年 3 月，IMF 呼吁建立一个新的政府间全球金融监管体系。2011 年 4 月，G20 成员达成一致，支持建立全球预警机制。

可以看出，全球的监管思路正在朝着综合监管的方向转变。正是在这样的背景下，同时也认识到金融监管体系改革滞后于金融实践，党中央、国务院当机立断，决定成立金稳委，加强国际和国内监管的统筹协调，防范金融系统性风险的爆发。为了解金

㊀ 即应急处置预案。

融监管与金融市场演变的逻辑，有必要回顾一下我国金融监管体系的演变。

金融市场、金融中介和金融管理制度是现代经济体系的重要组成部分。金融市场的变化要求金融监管体系不断升级，金融创新的方向决定了金融监管制度建设的方向。监管组织的结构对于监管目标的选择、监管手段的采用、监管决策的过程和监管效率与绩效都有重大的影响。好的金融监管体系既能够维护金融市场的稳定，也能够激励企业在合法合规的基础上进行创新。相反，监管体系建设的滞后也会阻碍金融创新。中国的金融改革自 1978 年开始，从演化角度来看，遵循着经济结构—金融市场结构—金融监管体系的渐次改革路径。金融的市场化改革是经济市场化的一个部分，完善金融监管体系是为了维护金融稳定，让金融更好地服务于实体经济。

第一阶段：统一监管和专业化经营——1978 年中共十一届三中全会开启了中国全面改革的序幕。在金融领域，改革始于央行。1978 年 1 月，中国人民银行从财政部分离出来，独立办公；1983 年 9 月，国务院明确了中国人民银行的央行地位，专门行使央行职能；从 1979 年开始，中国银行、中国农业银行和中国建设银行也进行了专业化定位，分别从事外汇、农村金融和固定资产投资业务。随着工商业的发展，1984 年中国工商银行成立，专门办理工商企业信贷和城市储蓄业务。1987 年交通银行重组和中信实业银行的建立标志着全国性股份制商业银行的成立。除了银行业的发展，中国也开始探索建立非银行金融机构，发展多层次的资本市场。早在 1979 年，国务院就要求开展保险业务，中国的保险业迅猛发展。1979 年，中国人民保险公司恢复业务，从零起步，保险业务的规模迅速增加。同时，我国还引进海外保险机构，如 1992 年美国友邦保险获准在上海经营业务。证券业务的发展相对而言比较滞后，直到 1990 ～ 1991 年上海证券交易所（简称上交所）和深圳证券交易所（简称深交所）设立，证券公司才逐渐发展起来。

这段时间，金融市场在适应改革开放需要的基础上迅速发展，但金融监管体系改革的落后逐渐暴露出统一监管和分业经营的矛盾。中国人民银行作为央行，同时承担货币政策制定和金融监管职责。统一监管有其自身的优势，如有完整的信息，监管协调性也比较好，但劣势是不够专业。同时，这段时间还残留传统计划经济的行政指令性管理思路，使央行很难真正做到独立。监管和制度的问题体现在金融机构上，表现为银行不良资产的积压。同时，央行的分支机构在利润留成制度的激励下，发行了大量的货币甚至兴办营利性企业，给金融体系带来了许多问题。1993 年 11 月召开的中共十四届三中全会决定对金融机构进行改革。

第二阶段：分业监管与分业经营——在充分认识到央行监管缺位的情况下，中国开启了适应金融分业经营的分业监管制度改革，先后设立了中国证券监督管理委员会（简称证监会）、保监会和银监会，央行也成为专门制定货币政策和监督货币政策执行的机构。

根据中共十四届三中全会的要求，央行在国务院的领导下独立执行货币政策，货币政策中介目标也由原来的信贷规模变为货币供应量，并从 1994 年第三季度起定期公开货币供应量监测指标。央行的监管职能逐步分离，分业监管框架逐渐形成。中国证券业的发展虽然相对滞后，但是监管是从证券业开始的。1992 年

10 月国务院证券委员会和中国证监会相继成立。1997 年召开的首届全国金融工作会议确立了银行、证券、保险分业经营和分业监管的原则，分业监管体系加速形成。为了避免监管重叠，1998 年 4 月国务院证券委员会被撤销，央行的证券监管职能划归证监会。至此，证监会成为中国证券业监管的专业且唯一的机构。同年 11 月，央行对保险的监管职责全部划归保监会，保监会成为监督中国保险业运行的唯一专业机构。迟至 2003 年，银监会成立，承担了央行对银行业的监管职能。银监会的成立标志着"一行三会"监管格局的最终形成，央行主要负责货币政策的制定与执行，银监会、证监会和保监会各自负责银行业、证券业和保险业的监督与管理职责。

第三阶段：分业监管与混业经营——从 2001 年加入 WTO 以来，中国加入了全球化的浪潮之中，开放金融市场箭在弦上，但在分业监管框架下的中国金融市场存在严格的边界。虽然金融制度改革在有序推进，但是"摸着石头过河"的改革思路跟不上竞争和利润驱动的金融创新。2008 年金融危机之后，中国采取"4 万亿"财政刺激计划支撑国民经济软着陆，资金主要来自银行信贷体系。银行开始通过发行理财产品和同业存单等进行主动的负债管理。由于传统信贷业务存在各种限制，银行通过信托、券商资管和广义基金等渠道与创新性金融产品将资金输出，形成了错综复杂的、以环环相扣的资金产业链为特征的野蛮生长的影子银行体系。资金的流转从表内向表外转化，出现监管套利空间，其中大量资金流向股市、债市和房地产，导致资产价格大起大落，房地产价格屡创新高。在监管缺位的情况下，中国的金融市场迅猛膨胀，2017 年金融业增加值占 GDP 的比重约为 8.5%，超过同期的美国和英国。

2013年，光大银行乌龙指事件[㊀]引起了监管层对系统性风险的担忧。当时，主银行体系的金融市场决定了融资模式以间接融资为主，非金融企业特别是国企和地方政府背负着大量的债务。2013年，中央经济工作会议提出了“防范债务风险”的任务，2015年正式提出了供给侧结构性改革五大任务，2016年开启了以金融业为切入点的去杠杆和化解房地产泡沫的强监管进程。宏观审慎方面表现为央行不断强调金融机构的资本金要求，放弃总量性的货币政策操作，改成以结构性的流动性对冲（逆回购、SLF、MLF等）为主，辅之以定向降准等措施，利率上也不断进行引导。但这只是权宜之计，结构性货币政策工具旨在进行短期流动性调节，以守住不发生系统性风险为底线，并不是货币政策调节的长效机制。

可以看出，随着金融全球化和金融深化，一方面，外资金融机构大量进入中国。这些机构大都实行混业经营，同时涉足银行、保险、证券等多个行业，且各个部分联系紧密。在国内，金融控股公司这种混业经营机构的出现和不断发展，使中国的银行与其他非金融市场间的界限越来越模糊。另一方面，在传统的分业经营模式下，中国“一行三会”金融监管机构之间职责界限不清，缺乏沟通和协调机制。尽管成立了三方联席会议制度，加强各方的信息资源分享和监管行动协调，但是实际上执行困难。这两个方面导致中国的金融监管体系出现监管盲区，并且同时出现

㊀ 2013年8月16日上午11点5分，上证指数出现大幅拉升，大盘1分钟内上涨超5%，最高涨幅5.62%，最高报2198.85点，盘中逼近2200点。下午2点，光大证券公告称策略投资部门自营业务在使用其独立的套利系统时出现问题。

监管过程脱节、多头和分散的情况。为了形成统一监管框架，统筹宏观审慎管理和微观审慎监管，第五次金融工作会议提出设立金稳委。

“1+1+3”统一监管体系逐步确立（2009 ～ 2017 年）——金稳委的设立标志着新监管框架最终形成。决策者对金稳委的定位体现了加强统一监管的整体思路。金稳委的工作重心是通过“统筹金融改革发展与监管，协调货币政策与金融监管相关事项，统筹协调金融监管重大事项，协调金融政策与相关财政政策、产业政策等”来防范金融风险、维护金融稳定。金稳委在新监管体系中处于中心地位，统筹、稳定、改革、发展是其基本职能。在新监管体系下，央行负责宏观审慎管理，“三会”负责微观审慎监管和行为监管，金稳委是央行与“三会”之间的协调机制。这样一来，有分工，有协作，金融监管的盲区和重叠区由金稳委统筹协调。在风险叠加和结构转型的当下，稳定是第一位的，旨在稳定的基础上求发展。金融促发展的根本在于打通金融与实体的隔离，让金融更好地服务于实体经济。金稳委的协调主要表现在三个方面：外部监管与金融机构内部监管的协调、国内与国外的协调以及监管机构之间的协调。

央行的监管职能也在加强，主要体现在构建宏观审慎管理体系上，从宏观、逆周期和跨市场的角度加强监测、评估和调节。实际上，央行早在 2009 年就提出了要加强宏观审慎管理。一方面积极稳妥推动货币政策框架从数量型调控为主向价格型调控为主逐步转型，创新多种货币政策工具，保持流动性基本稳定，不断增强利率的调控和传导能力，平衡货币政策与宏观审慎管理。另一方面逐步建立和完善宏观审慎管理框架。其一，央行2011年正式引入差别准备金动态调整机制，核心是金融机构的信贷扩张应与经济增长的合理需要及自身的资本水平等相匹配，也就是要求金融机构“有多大本钱就做多大生意”，不盲目扩张和过度加杠杆。针对金融市场和金融创新的快速发展，央行2016年起将差别准备金动态调整机制“升级”为宏观审慎评估体系（MPA），将更多金融活动和资产扩张行为纳入宏观审慎管理，从七大方面对金融机构的行为进行引导，实施逆周期调节；2017年将表外理财纳入MPA广义信贷指标范围，以引导金融机构加强表外业务的风险管理；2018年把同业存单纳入MPA同业负债占比指标考核。其二，央行将跨境资本流动纳入宏观审慎管理范畴，从外汇市场和跨境融资两个维度，以及市场加杠杆融资和以自有资金短期炒作两种行为模式入手，以公开、透明、市场化的手段进行逆周期调节，促进金融机构稳健经营，维护金融稳定。其三，央行继续加强房地产市场的宏观审慎管理，形成以因城施策差别化住房信贷政策为主要内容的住房金融宏观审慎政策框架。

从政策落实情况看，当前银行体系的流动性基本稳定，货币信贷和社会融资规模保持平稳增长，绝大多数银行业金融机构经营稳健，金融市场上的加杠杆和投机行为得到了一定程度的抑制，企业和居民的正常融资需求也得到了保障。货币政策和宏观审慎政策相互配合，为供给侧结构性改革营造了中性适度的货币金融环境，同时较好地防范了系统性金融风险，维护了金融稳定，有力促进了宏观经济的健康可持续发展。

未来，银保监会、证监会将更加注重微观审慎监管，包括对金融机构的功能监管、行为监管和竞争监管；关注金融机构的行为，注重对消费者的保护，强调对信息披露的监管；同时维护市场公平的竞争环境，不按机构类型设置业务准入门槛。金稳委、央行和“三会”在监管实践中并不是截然对立的。英国金融服务局作为统一监管机构，同时负责审慎监管和行为监管。这种模式的最大好处是将不同监管机构相同功能的监管合并在一起以提高效率，还可以更好地了解金融体系的风险。但综合监管的方法要求和央行保持密切协调，因为央行作为最后贷款人对维护市场稳定负有最终责任。

适度、全面和有效的金融监管是保护投资者基本权益、促进金融创新、降低交易成本、提高市场效率和防范金融风险的基础。按照党中央和国务院部署，金稳委是党中央、国务院面对金融市场的深刻变革设立的、用以维护金融稳定并促进经济发展的新机构。央行将继续健全货币政策和宏观审慎政策双支柱调控体系，继续完善宏观审慎政策框架，将更多金融活动、金融市场、金融机构和金融基础设施纳入宏观审慎政策的覆盖范围。银保监会、证监会在监管的最前线。俗话说“春江水暖鸭先知”，在这个金融创新不断的时代，专业类金融监督管理部门应该加强与业界的沟通，保持敏锐的嗅觉。改革与开放是既定国策，历史经验告诉我们改革与开放需要建立在稳健的制度建设上，只有金融监管得到加强，才有可能进一步深化金融改革和开放。新监管框架的确立将会开创中国金融改革与开放的新局面。

金融科技和网络寡头

过去10多年，全球企业界最亮眼的就是一批互联网2C端科技巨头公司，如美国的FAANG（美国的5大互联网巨头公司

Facebook、苹果、亚马逊、Netflix 和谷歌）。中国的超级数字巨头公司 AT（阿里巴巴和腾讯）则几乎横跨所有产业门类，国民手机中最常用的 5 款 App——微信、微博、拼多多、美团和天猫，两大互联网公司必占其一。微信、拼多多、美团隶属腾讯系，天猫、微博为阿里系。从高德、B 站到喜茶，从《金刚川》到永辉、万达，从蔚来、小鹏到链家，我们生活中为之停驻的品牌无不被阿里巴巴和腾讯覆盖。阿里巴巴和腾讯通过近年来 5000 亿～6000 亿元规模的投资并购，各自构筑起了 10 万亿市值生态圈，5 年间扩大了 10 倍。相比之下，上海市地方政府控制的上市公司总市值为 2.8 万亿元，深圳 300 余家上市公司总市值为 11 万亿元。可见，阿里巴巴与腾讯的资本能量甚至已能与一座一线城市比肩。阿里巴巴和腾讯两大 10 万亿元市值生态圈的成型均源于高强度投资。每在经营上赚取 100 元，腾讯会全部进行净投资，阿里巴巴会投出 80 元，亚马逊会投出 63 元，而谷歌、Facebook 会投出 55 元，微软只会投出 30 元。在全球 586 家独角兽公司中，腾讯系投资了将近 1/10，高达 52 家，仅次于红杉资本；阿里系投资了 44 家。相比之下，谷歌投资了 7 家，亚马逊投资了 2 家，苹果一家都没投。腾讯位列前 10 大股东的 41 家上市公司总市值高达 5.4 万亿元，超过腾讯自身 4.6 万亿元的市值。在中国前 30 大 App 中有七成隶属 AT 旗下，10 亿名中国网民的移动生活被 AT 合围。近 3 个财年里，阿里巴巴的投资收益分别高达 305 亿元、441 亿元、730 亿元，对净利润有将近一半的贡献。腾讯的账面浮盈更高，光是投资美团浮盈就超过 2000 亿元。话语权独大的物流平台菜鸟估值 1900 亿元，超过其服务的通达系（指四通一达，即申通快递、圆通速递、中通快递、百世汇通、韵达快递5家民营快递公司的合称）。在中国最富的500人中，与AT有股权合作关系的超过1/10，40岁以下的富人中有1/3来自阿里系、腾讯系。

与美国不同的是，中国互联网公司都高举普惠大旗，深入金融领域。以蚂蚁集团为例，蚂蚁集团最早起步于为淘宝推出的一款担保交易服务，即支付宝，主要是为了解决淘宝上买家和卖家间的信任问题。阿里巴巴的成功离不开支付宝的支持，同时随着阿里巴巴的成功，支付宝拥有了一大批活跃客户，使其可以依托大数据生态和金融科技实现商业模式创新，从一个支付平台转型为一家大型科技公司。蚂蚁集团的港股招股说明书上显示，其核心价值体现在以下三个方面：为消费者提供一站式消费和金融服务，包括网购、外卖、出行、娱乐和公共事业缴费等生活便民服务；为商家，尤其是小微企业提供信贷、理财服务和经营平台；为金融机构提供业务平台、技术支持和风控方案。不难看出，蚂蚁集团是一个集数字支付、数字金融和数字生活服务于一体的支付平台，主要支持消费的需求端和供应端，即蚂蚁集团是一家典型的大科技型公司。截至2020年6月，蚂蚁集团金融科技收入占总收入的63.4%，较2017年上涨约20%，其中微贷科技和保险科技收入占比有明显增长，从2017年的28.3%上升到了2020上半年的47.8%。

大型科技公司的兴起对推动我国金融业降低成本、提升效率、扩大服务范围、拓展金融服务有促进作用。有研究显示，大型科技公司的信贷业务对银行和其他信贷机构的业务具有补充作用。年轻的消费者因为缺少信用记录，有借款需求时难以从银行等金融机构获取资金。与此类似的是小微企业，由于财务情况不透明，小微企业很难从银行等金融机构获得贷款。由此，大型科技公司可以为这些群体提供资金。国际清算银行（BIS）对大型科技公司的信用评分模型的研究表明，传统金融机构（如银行）的信用评分模型并没有基于大数据的机器学习模型的预测效果好，但是对老客户的信用评分效果不亚于基于大数据的机器学习模型。这说明大型科技公司的大数据机器学习信用评分模型更适用于消费贷和小微企业贷等不需要建立长期关系，也不需要提供抵押物或证明偿债能力的场景。对于消费者和小微企业而言，蚂蚁集团确实提供了一个很好的、满足短时流动性需求的平台，填补了传统金融机构的不足。这为银行体系提供了一个未来的发展方向，那就是重视年轻群体和小微企业的资金需求，建立一个大数据生态系统，用机器学习模型评估年轻群体和小微企业的信用，为其提供合适的贷款渠道。

然而，大型科技公司的出现并没有从根本上改变金融业的本质特征，传统金融业面临的风险（如信用风险、流动性风险、期限和币种错配风险），以及一些总量和结构性问题仍然存在。数据技术是不是应对这些风险的万能灵药有待检验，是不是真的无须所谓的老古董《巴塞尔协议Ⅲ》中的资本充足率约束和保护就可以乘风破浪，也具有很大的不确定性。

与银行等传统金融机构不同，大型科技公司缺少吸纳客户存款的资金渠道，因此需要将银团贷款和证券化产品作为放贷的资金渠道。银团贷款是指不同银行和放贷机构给同一贷款人提供贷款，可以理解为是一种结构化产品。证券化产品则类似于债务抵押债券，也就是将贷款打包成证券卖给投资者。这些证券化产品同时也可以被设计成结构化产品来匹配不同投资者的风险偏好。如此看来，大型科技公司的放贷商业模式与 2008 年前外资银行的放贷模式有相似之处。蚂蚁集团的资产证券化（ABS）是否会在经济下行时引起类似雷曼兄弟破产造成的系统性风险释放，值得人们警惕。蚂蚁集团个人用户超 10 亿，机构用户超 8000 万家，数字支付交易规模达 118 万亿元；集团内跨行业、跨领域金融产品相互交错，关联性强，顺周期性更加显著，资产风险的隐蔽性与破坏性也更严重。而且蚂蚁集团的网络覆盖面宽，经营模式、算法趋同，服务对象常常是传统金融机构覆盖不到的长尾人群。这类客户通常缺乏较为专业的金融知识与投资决策能力，从众心理严重，当市场出现大的波动或者市场发生逆转状况时，容易出现群体非理性行为，致使长尾风险迅速扩大发散。

此外，大型科技公司的出现还会引发垄断、不公平竞争和隐私保护困境。大型科技公司凭借其技术优势掌握着大量数据，辅以互联网技术的外部性特征，已然在市场上占据了主导地位。大型科技公司从事金融业务不但使其原有业务的市场主导地位得以巩固，更使其新开设的金融业务更容易获得数据、信息和客户资源，从而迅速获得竞争优势甚至达到“赢者通吃”的地步。此外，大型科技公司不仅掌握着用户的社交、购物、网页浏览信息，以及账户、支付、存取款、金融资产持有和交易信息，还可通过面部识别、健康监测等将这些信息与消费者的生物信息紧密关联。一旦大型科技公司保管不当或遭受网络攻击导致数据泄露，他人稍加分析便可获得用户的精准画像，导致大量用户隐私泄露，进而造成重大财产损失，产生人身安全隐患。数据不仅仅是未来世界的“石油”，还可能是“核燃料”，因此数据垄断是一种终极垄断，几乎所有人都会生存在科技和资本巨头的阴影里。在美国，从 IBM 到微软、谷歌，科技巨头均受到反垄断相关法律的监管，并且受到来自欧盟日益严格的《通用数据保护条例》（GDPR）的制约。伴随着我国《反垄断法》（尤其是针对平台垄断的条例）的修订，AT 等互联网巨头市值 10 万多亿元的商业帝国会不会也受到类似的冲击？

人民币国际化：使命召唤还是刀锋之舞

对于人民币国际化的讨论，特别是关于是否应当尽快开放资本账户的争论再度白热化，先发生在社科院和央行之间，之后更多的知名学者也加入团战，目前形成僵局，谁也没有说服谁。支持理由主要有两条——货币竞争和倒逼改革，反对理由也主要有两条——资本套利和资本外逃，都有道理。这足以显示当前阶段，中国进一步改革开放的复杂性、系统性和其中利益关系的胶着程度。这十足就像一个戈耳迪之结（the gordian knot），谁来砍都“压力山大”（亚历山大砍断此结，成为亚洲霸主）。鉴于中国政策的高度实用主义倾向，厘清现阶段经济主要矛盾的主要方面非常重要，如果管得太死就大力推进，如果放得太乱就局部收缩，如果所有问题一起出现就守住底线。就事论事，对症下药，中国人工具实用主义的能力一直是毋庸置疑的。

应当说，好处不是那么显而易见。第一个好处是获取铸币权和取得货币竞争中的有利地位。本质上说，储备货币的一股独大和非储备货币的被动投放是全球金融危机的根源。中国作为全球第一的流动性供给大国，对美元的被动吞吐及由此产生的货币双重投放对全球金融和经济有巨大的影响。

众所周知，货币的创造有两个环节。一是基础货币环节，名义上由央行决定。由于外汇占款是中国基础货币的主要供给渠道，所以中国基础货币供应的最终数量其实是由美联储、热钱、（中国）央行的对冲努力（蓄水池）三部分共同决定的。二是广义货币环节，由存款构成，最终数量由贷款创造存款机制（商业银行的信贷能力）、贷款的抵押基础（居民房产、政府土地、企业资产）和存款准备金率共同决定（由央行决定，银保监会也会有贷存比之类的次级约束条件）。广义货币之外就是第三个环节的宏观流动性（在中国有一个不太确切的称呼叫社会融资总量），主要是加上影子银行，特别是通过银行同业批发市场形成的银行表外资产这部分。第二个环节的广义货币一度是中国金融体系的红与黑，痛并快乐；第三个环节的流动性泛滥则一度摧毁了美国的金融体系，现在又再度成为中国的麻烦。

2008 年之后，储备货币的优势地位不仅没被削弱，反而得到进一步强化，话语权更大。数量型货币宽松成为各发达经济体拉动经济复苏的主要着力点。无论是美联储的定量宽松货币政策，欧洲央行的长期再融资计划、直接货币交易，还是日本的超额量化宽松，国际货币超发成为常态并将持续很长一段时间。中心货币超发的外溢性使中国和其他新兴经济体受到长期的不利冲击，日益被动，包括承受原材料成本上涨、经常账户差额逆转、汇率急剧波动、国际资本冲击等。如果人民币国际化，就可以适当导出人民币（及外汇储备）货币“洪水”，同时挤压其他货币的滥发和操纵能力。从这个角度来看，人民币国际化是使命的召唤，是一项国家战略。它是对高强度货币竞争形势的正面回应，中国需要以人民币国际化为手段，提高自身在货币竞争强度日益提升的国际金融中的主动性。这是力图重塑国际货币金融秩序、扭转被动局面的一次主动进攻。

第二个好处或者说动机，归在“以开放促改革”的名义下。确实，货币的国际化就是在外部压力下倒逼新一轮改革的契机。如同在2001年，中国通过加入WTO与国际分工体系接轨，极大地推动了当年的体制改革。遥想当年，加入WTO前国人一直担忧“狼来了”，但当时认为必受影响的汽车等产业最后也没怎么样，反倒是备受呵护的电信等产业一直进步不大。

从本质上说，金融自由化是推动要素价格定价机制改革，利率、汇率是其中最基础也最核心的部分。这两个关键参数的变化将颠覆中国的传统增长模式，因为要素不再廉价，总成本领先和纯价格竞争战略可能被彻底抛弃。人民币国际化视这两种改革为题内应有之意，相互促进又相互掣肘，开放资本账户则是一把悬剑，督阵其后。同时，开放资本账户也可能有助于逐步消解中国自身的资产泡沫，约束中国虚拟经济部门的过度膨胀，压制人性中贪婪、力求快速致富的浮躁心态，使中国经济在流动性适量的环境下开始转型，实现平稳与可持续的增长。

这次我国政府也应该有类似的考虑，不同仅仅在于目标更为宏大，除了推动几乎停滞不前的经济体制等领域的深层次改革以外，中国还力图从一个规则适应者或者说与国际接轨者，变为一个规则动摇者或者缔造者。这有着高度的紧迫性，因为人民币国际化之路无疑是艰巨、复杂且充满挑战的，英美德日等国的历史经验佐证了这一点。即便现在出发，到达目的地也需要经历很长时间的艰难跋涉。从战术角度来看，人民币国际化之路是沿着贸易人民币、金砖人民币、马歇尔人民币、石油人民币、商品人民币、离岸（欧洲）人民币和地缘安全人民币逐级攀升、多点并进的过程。中国可以从地缘周边的突破逐一展开，积极布局。贸易的本币结算、金砖平行世界“小三驾马车”的安排、广泛的货币互换、IMF 份额的申索、香港等离岸中心建设都是目前的诸多有益尝试。

然而，坏处也近在咫尺。套利交易其实是储备货币流动性过剩下的蛋。它存在的基础是全球经济的双速或者多速增长，从而形成的利率和汇率双重利差。天量的储备货币在双重速度提供的压强差下，在全球金融市场上狼奔豕突，如水银泻地，无孔不入。本质上，套利交易也是一种走私行为，走私的对象是资本，因为资本的价格（收益率）是有差异的，新兴经济体一直都是高成长、高收益的，因而也是高风险的，所谓的利率平价（即汇率变动会抵消利差因素）从没有真正意义上成立过。其实无可厚非，获得更高的收益率本来就是资本的本性，不管是长期的海外直接投资还是短期的热钱，动机都是一致的。不过前者带来了真实的经济增长，后者往往会带来泡沫和随后的一地鸡毛。多少年来，多数经济体阻止这种短期资本流动获利的努力，几乎都是徒劳的。2015 年以来，我国监管层对来自香港的虚假贸易交易的打击也证实了这一点，资本管制和逃避管制始终是一个猫鼠游戏。很多人相信如果内地的资本藩篱扎得够高，就可以阻挡资本洪流的冲刷，但实际情况是自 2005 年人民币汇率单向升值以来，几乎所有内地的金融经济盛衰及资产价格的巨大起伏都是热钱造成的。

另一个担心是大规模资本外逃，特别是在美国 QE 退出的环境下。跌入中等收入陷阱的经济体有几个共同的特征，其中非常致命的就是对外高负债导致的国家清偿风险，以及由资本外逃引发的经济衰退导致的社会和政治不稳定。2015 年 6 月发生的两次在线压力测试（端午节和 6 月 20 日那周）就像在没有预告情况下，资本外逃的实弹演习，结果显示无人、无机构甚至无国家能够幸免。这次压力测试也告诉我们，就算热钱撤出导致基础货币迅速减少，央行的最后贷款人功能也是可以补上的，特别是准备金率还高达 20%！但问题的关键在于，疯狂的影子银行和商业银行膨胀的杠杆才是积累多年的火药，两根雷管——地方融资平台和地产泡沫还在“摇曳生姿”。如果这两个风险因素没有消除，那么资本外逃在极端环境下的后果就是爆发金融危机、中国金融危机和新兴经济体金融危机。

最糟糕的情形往往是外部的廉价热钱想进来，同时内部已经获利丰厚的资本想逃走，前者导致汇率升值，后者导致汇率贬值。这就会左右挨耳光，国民财富在汇率的剧烈起伏波动中被一次又一次地轮番洗劫。其实现在已经不容乐观，只不过资本账户管制就如同征收少量的托宾税[㊀]一样，多多少少增加了资本进出的成本。质疑者认为一旦取消管制，资本更会如鱼得水、如虎添翼、肆无忌惮。其实，我个人认为正反双方争执的关键分歧，其实是现有的资本管制是不是有效。反对方认为是有效的，而支持方觉得反正也都在暗地里大量进行了，还不如阳光化，开正门关偏门，将其纳入统计监督和税收管理体系等更有效的监管机制下。

我认为还是不可因噎废食，釜底抽薪是无奈之举，控制源头才是治本之策。流动性泛滥的外部源头是储备货币的霸权，内部源头是目前被动印钞机制下享受泡沫繁荣和财富重新分配既得

㊀　指对现货外汇交易课征全球统一的交易税。

利益的资本，它们可能随时都想离开。这也意味着开放资本账户在跟类似房地产联网、不动产登记和相应财产透明化方案赛跑，谁快谁赢，群众的眼睛是雪亮的。让决策者为难的是，如同昨日繁荣的源头正是今日罪恶的渊薮，解药可能也藏于毒药中。人民币国际化是着险棋（当年加入 WTO 又何尝不是），中国目前的经济情形犹如一个珍珑棋局，莫非只有大胆落子，才能绝地反击吗？我们必须看到这是一场刀锋上的平衡，一方面是流动性冲击，另一方面是改革倒逼，如果可以平安度过，中国必然有上位的机会，甚至可以把它视为一个大国成长必经的成人礼。

温室里学者的争论尽可以延续下去，但更重要的是市场要不断积累，不管是参与货币竞争，还是力挽资本狂流。拥有几万亿美元资产的全球最大主权基金加对冲基金被几只外来对冲基金（最大的桥水不过 1500 亿美元）搞得鸡飞狗跳、风声鹤唳、惶惶不可终日，不仅仅是可笑的、可悲的，更是可耻的。我国市场需要尽快积累全球宏观对冲方面的核心竞争能力，在关键时与对手一决高下。同时，经验教训也提示我们：整个宏观对冲市场的环境是由晴雨表式的厂商主导的，它们具有定价权，危急时刻会像鬣狗一样一拥而上，撕裂巨大又笨拙的对手，如同 1992 年的英国、1997 年的东南亚、2008 年的美国。所以获取经验的唯一方式就是在战斗中成长。当然，不少中资机构的表现确实让人很失望，学费交了不少，长进没多少，典型的“内战内行，外战外行”，提高的空间巨大。此外，我们也没必要神话发达经济体的金融能力，如果它们真的那么强大，也不会 2008 年搞出那么大的金融危机，5 家投行几乎全军覆没，10 年后又搞一次欧债危机，欧元几乎解体。这至少提醒我们，它们之间也远非铁板一块。

因此，我认为争论的焦点不应是人民币国际化的是与否，而是方法、进度、相对次序、配套条件、可控性和后备方案的技术细节。特别是一旦出现大规模资本外逃，是否有紧急制动机制（包括大额托宾税、临时管制或者直接叫停）和流动性应急补充机制。细节才是“魔鬼”出没的地方！

第四篇

新调控

重塑国家资产负债表

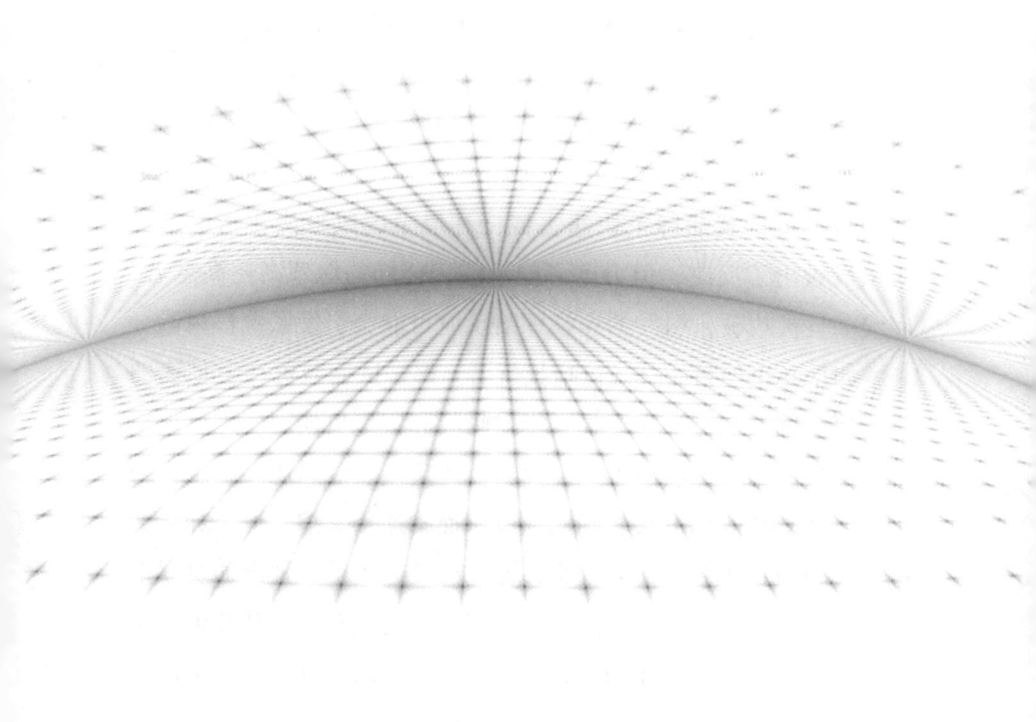

第 7 章　从杠杆乾坤大挪移到去杠杆

经济分阴阳。当经济处于阳面的时候，所有企业都只想一件事情，就是怎样去扩大生产，更多地投资、借债；但是当经济转向阴面的时候，特别是在通货紧缩环境下，名义利率减去负的通货膨胀率就是更加高昂的实际利率，因此所有人都在忙着还债，把杠杆尽快降下来。实际上在 2018 年 6 月初，资本市场用极端的形式演绎了快速去杠杆环境下的风险演化情况，货币当局做出了反应，但力度可能不够，杠杆的堰塞湖还高悬着，底线一旦被攻破，引发的连锁踩踏反应可能会引发系统性风险。

如果每个经济主体（包括投资者）都尝试缩减资产负债表的话，那金融系统也一样会收紧贷款政策和资产负债表。这就形成了一个负向循环，经济可能会面临资产负债表衰退风险。现在中国经济从 CPI 的标准来看确实还没有面临通货紧缩，但是如果看 PPI，以及 GDP 平减指数，那么可能已经进入了一种准通货紧缩的状态，处于阴阳一线牵的临界状态。因此，整个宏观政策就是希望能够把经济维持在阳面，在守住底线的同时进行宏观部门资产负债表的修复或者说调整。

中国经济是否已经整体进入所谓的资产负债表衰退过程了？

2008 ～ 2014 年，中国非金融部门的整体负债水平由 GDP 的 145% 上升到接近 220%，其中企业部门的债务由 GDP 的 90% 上升到 135%。如果跟发达经济体和大部分新兴经济体相比的话，总体来说不是最高的，但是这并不意味着中国宏观资产负债表的每一个部分都是健康的。现在的关键问题在于局部资产负债表确实出现了问题——特别是现在的地方（政府），再就是加了高杠杆及有过剩产能的部分企业部门可能面临资产负债表衰退的风险。

杠杆调控的九大移

如果不对上述这些部门进行清理的话，就很有可能形成僵尸平台、僵尸企业，以及连带的僵尸金融机构。这是日本失去的 20 年给世界的一个非常深刻的教训，中国必须主动做一些调整。用一个比较戏剧性的表述方式，就叫作中国宏观部门杠杆的乾坤大挪移。我们用它来形容整个资产负债表的修复和重新构造的过程，具体内容可以简单地叫作九大移。

（1）地方移中央，本质上是一个信用增级过程。中央的财权比较大，但是地方的事权比较大，很多本来应该由中央承担的事权都交给了地方。中央的资产负债表总体来看非常健康，能够发行或者代理发行项目债或者特别国债，把一部分符合标准的地方债务承接过来，而且中央的信用等级最高，所以融资成本最低。现在的财政政策谈不上积极，赤字率不到 3%，加杠杆的空间很大。

（2）平台移开行。其实地方之所以杠杆特别高，预算内的“吃饭财政”不是一个大问题，主要是因为城市化建设功能。融资平台是以土地为资本金的杠杆操作，一旦抵押品价格下降，一端是长期才能有微薄回报的基础设施资产，另一端则是短期的银行借贷和性价比更差的影子融资。因此，地方融资平台可以把债务转给以国家开发银行为代表的政策性银行（最大的中央融资平台），因为很多基础建设可能更多是由开发性金融机构或者政策性银行来执行的，所以对政策性银行进行大规模注资就意味着迅速放大它们承接地方债务或者地方基建资产的能力，使得政策性银行更能履行地方加杠杆的任务。

（3）财政移货币。这个争议非常大，很多人称之为“中国版QE”，真的是这样吗？大型经济体大多以自己国家的债务（或者准国债）作为基础货币的投放来源，我们觉得在2008年金融危机以后，资产负债表反正是要挪移的，央行的资产负债表目前也许是存放各种各样高风险资产最合适的地方。因此，我认为在这个中国式杠杆乾坤大挪移的过程中，如果央行不出手的话，那情形就很像一句英语谚语“hamlet without hamlet”（《王子复仇记》中没有王子哈姆雷特），这个戏就没法演下去啦！所以当时我们觉得央行一定要采取某种形式去承接这些债务，或者至少是暂时地、间接地去承接。特别要提到的是抵押补充贷款（PSL），所谓PSL就是由央行再贷款给国家开发银行，国家开发银行拿这个钱去做地方上的棚户区改造。棚户区改造本来属于地方事权，本应该是地方加杠杆做，但地方却在去杠杆，于是中央交给财政，而财政因为有年度预算约束也不能做，于是交给国家开发银行来做，国家开发银行也不是到市场上去发债直接融资，而是央行通过再贷款这种比较便宜和更为方便的方式把钱给它去做。这是地方移中央、平台移开行，更是财政移货币。目前地方债务可以纳入合格抵押品的范畴，为类似操作留下了接口。其实这也是2008

年金融危机以后全球央行都在做的一种尝试性操作，潮流如此，我觉得是完全可行或有必要的，而且央行只有在做这件事的时候弹性才是最大的。

只要没有明显超越主要的货币政策目标 M2，很难说央行放水。而且逆周期本来就是宏观政策的主要特征，不排除在未来经济恢复正常增长的时候，央行把资产负债表重新再还原回去，所以我觉得这个操作至少在宏观经济意义上对于 2017 年的行情是非常重要的。这说明哈姆雷特出场了，整个经济有可能被控制住，流动性至少在心理上对市场参与者而言开始变得宽松了。

（4）国企移民企。即混合所有制，包括改制重组、项目导入、引入战投、员工持股、资产证券化、设立基金等形式。它会使净资产收益率（return on equity，ROE）一般比较低的国企的杠杆向 ROE 比较高的民企转化，测算显示如果能够充分混合的话，就能拉动 GDP 额外两个百分点的增长。什么是改革的红利？这就是改革的红利。这里需要特别指出的是不论是民企还是国企，必要的破产、清算都是必需的，这样才能优化存量资源的配置。

（5）传统移新兴。传统行业通过“互联网 +”等各种形式进行改造，企业并购的量级从 2010 年开始明显上升，特别是涉及生物技术及健康、清洁技术、广义的信息技术、服务业等的并购大量出现。这是对经济存量的有力调整，有效地提升了传统行业的估值。

（6）政府移居民。放眼全球，中国的居民部门都是非常健康的。数据显示，截至 2012 年底，居民部门的总资产是 263 万亿元，而负债只有 16 万亿元。这得益于我们勤劳、勇敢又爱储蓄的中国居民。居民部门怎么加杠杆呢？例如，两融（即融资融券，特别是融资），就是借钱然后去买资产。2017 年底中国的融资规模是 3000 亿元，2018 年底差不多是 2 万亿元，杠杆加得非常猛。还有一个就是养老基金的入市，未来更多的国资归社保基金管理，地方养老保险也划归社保基金管理。从某种意义上说，这也是居民自己储蓄的钱，给社保基金管理也是购买更多的资产，也是居民获得更多资产及其收益的一种方式。

还有一种形式是 PPP，它通过调整公共产品的收费机制与价格水平，自己制造一个现金流给投资者，让民营企业在这个过程中有利可图。现在 PPP 在吸引民间投资方面被授予一个很大的权重，以前主要是没有一个成型的法律去推动 PPP 的执行，现在在国务院层次有了一个具体的运行方法，我们相信随着这个博弈框架日渐清晰，民资如果有稳定的收益回报并且能够得到足够的司法救济，参与地方建设和投资获取资产的动力也将不断地增强。

（7）商行移投行。这就是脱媒。世界上有两种金融体系，一种是以商业银行为主的金融体系，日本、德国、中国都是如此；另一种是以资本市场、投行为主的金融体系，如美国、以色列、英国。我国的商业银行现在算是一个夕阳产业，工农中建的利润均负增长，因为它们无法适应新常态里新需求、新供给的任何融资要求，不管是小微、民营、农业还是风险创业和创新，商业银行的支持都是相对较弱的。银行贷款需要财务报表，一般新成立的企业并没有完善的财务报表，所以需要对金融体系进行系统化的改造，使其适应新常态。在目前的市场状况下，商业银行会被投行攻击。如果不想被投行击败，商业银行就要变成投行，融入潮流里。商业银行投行化之后，原本的信贷机制会变成透明的资本市场的交易机制，快速降低成本。商银移投行的主要手段有IPO、信贷资产证券化、注册制等。以前商业银行主要支持有着硬财务报表数据的一些传统行业，现在看来投行或金融资本市场更能够支持新供给中的大多数行业或企业。有两个标志性的事件正在出现：一个是股票注册制，这会有力地驱动股权融资规模大扩张，资本的充实自然会导致企业杠杆率的下降；另一个是银行资产的证券化，现在股票的 IPO 注册制还没全面实现，银行的信贷资产证券化注册制就已经先放行了。

据测算，2008 年银行资产证券化产品包括 ABS、CLO 等，资产包总量差不多有 30 万亿元。问题在于谁来承接如此大规模的标准化债务呢？一个解决方法就是分拆商业银行的理财部门，把理财部门变成一个净值化管理的财富管理部门（类似公募基金）。如果可以全面实现，就差不多有 30 亿元左右的理财产品（存款）可以对接上述债券化产品。这意味着巨大的脱媒趋势，直接金融将得到快速发展。

（8）非标移标准。即通过证券化改造影子银行产品，减少信息不对称和交易成本。现在很多信托包括很多第三方理财也在纷纷谋求转型，把精力更多地投入到债券等标准化产品里。这就会使整个经济的融资成本得到有效降低，而且变得更加透明。注意这些都基于一个高效、稳定，由机构投资人主导，由长期价值投资理念驱动的有足够广度、深度和成熟度的资本市场。资本市场中长期仍然是经济的晴雨表，剧烈颠簸与其说是反映了经济转型的过程，不如说是反映了经济转型的愿望。新常态下新供给、新需求和新宏观调控都需要新思路和金融体系的全力支持，特别是多层次资本市场将起到降低经济整体杠杆率、提升资源配置效率、甄别好的企业和企业家等重要作用，大家自然期望很高。在未来中国的增长、创新和开放过程中，资本市场将起到决定性的作用，目前还处于粗放增长、压力测试和投资者教育的必经阶段，不过良好的宏观审慎政策和严密的事中、事后监管体系将优化交学费的过程，减轻负面效果。

（9）国内移国外。即通过人民币国际化，让人民币成为储备货币，获取铸币税。如果人民币成为储备货币，那么中国整个对外的资产负债表都会变成下面这种形式：海外资产的大部分是境外直接投资，就是海外直接投资大部分都是有效资产与股权（现在大部分是美债），海外负债的大部分是人民币国债或者准国债，这块的需求非常大。可以对比一下美国的资产负债表的全球角色，负债端提供极端廉价的美元国债，资产端通过跨国企业进行海外直接投资，美联储类似一家美元经营的商业银行，通过加海外杠杆获取更多的资产和收益。中国就是试图通过人民币国际化来为全球提供安全资产和廉价负债，用亚投行等新兴多边金融机构拉动私人资本一起对外投资，目前重点主要是亚欧经济一体化区域。有趣的是币种转换在何时以什么条件发生。开放资本账户绝对是惊险一跃，标志着中国将从战战兢兢的新兴经济体，转变为债多人不愁、拥有定价权的超级储备经济体，过程中需要不断动态评估和权衡责任、义务、利益和风险。美国就是走的这条路——债多人不愁，从一个新兴经济体变成一个大家都愿意借给它钱的超级储备经济体。这是惊险的一跃，其中蕴含着很多风险。如果能成功跨越，实现人民币国际化，中国就应该能成为一线强国。

我们必须把九大移放在一块看，也就是说应该把债务置换、

“中国版 QE”、注资政策性银行、注册制改革、加入 SDR，还有成立包括亚投行在内的多个新型国际金融机构放在一块看。浅层次它只是中国宏观债务如何可持续的问题，就是如何使债务通过资产负债表的修复变得有可持续性的问题；深层次的话，则是一个开放、转型、追赶的大国的核心经济模型是怎样构造及重构的，或者说超大开放、转型中的中央权威型经济体的财政和货币功能应该怎样构造的问题。

理解中国式杠杆：历史、演绎与未来

M2/GDP 与非金融部门总债务 / GDP 这两个指标，均可用来衡量一个经济体的宏观杠杆率，分母相同，但分子不同。M2 的主体为银行存款。根据货币内生创造机制——贷款创造存款，存款与银行信贷是等价的，但前提条件是不存在金融脱媒。在存在金融脱媒的情况下，商业银行通过资产转换，如将传统贷款转换为同业拆放、信托贷款、应收款项和证券投资，存款与贷款就会出现背离。非金融部门总债务相当于广义的存量社会融资规模，是流动性的归宿，除了银行信贷还包括直接融资、信托融资和广义基金等。对中国而言，银行仍然是主要的金融机构，M2 与非金融部门总债务交集的主体就是银行信贷。M2/GDP 与非金融部门总债务 /GDP 的“剪刀差”，即可视为金融脱媒的程度，也可看作影子银行活动的规模。

另外，这两个指标的倒数可以看作债务产出效率。如 GDP/非金融部门总债务可以看作实体经济部门每元债务的总产出，GDP/M2 表示一单位广义货币的总产出。指标上升表示债务产出效率在提高，反之则在下降。当非金融部门总债务 /GDP 下降时，表示债务产出效率在提高。

按照这两个宏观杠杆率指标的走势及其趋势，我们将21世纪前20年的中国经济走势分为三个时代——黄金时代、镀金时代和至暗时刻。

黄金时代：加入WTO至2008年金融危机——第二次世界大战后的1945～1969年为美国经济发展的黄金时代。以原子能、航空航天和计算机技术为代表的第三次科技革命诞生于美国；布雷顿森林体系确立了美元的国际货币地位；20世纪五六十年代，在凯恩斯需求管理政策的指引下，美国工业生产年平均增长4.6%，平均失业率为4.6%，CPI的年平均上涨率仅为2.5%。

自2001年底加入WTO以来，开放叠加改革的双引擎，助力了中国经济高速发展。其中，2003年第三季度到2008年第四季度的这5年时间，可以说是中国经济发展的黄金时代。M2/GDP与非金融部门总债务/GDP这两个宏观杠杆率指标同步下行，债务产出率不断提高。另一点值得注意的是，在这段时间内非金融部门总债务/GDP低于M2/GDP，之后在2009～2011年"4万亿"时期出现了反转。

2008年金融危机之前的故事相对比较简单。"入世"让中国成功加入全球产业链，得益于人口红利、市场红利与改革开放红利，一方面引进资本和技术，推动城市化，带动就业，提高居民收入和资产估值；另一方面出口制成品，积累外汇储备，扩展货币发行基础。这一切都是基于经济扩展的自发秩序的，所以是良性的。但是，2008年金融危机宣告了黄金时代的终结。

镀金时代：2008年金融危机至2016年10月——中国GDP

增速在 2007 年第二季度触顶，随即进入下行通道。这个时点与 2007 年次贷危机是重合的。早在 2006 年春季，美国金融机构的基本面就开始暴露出问题，并于 2007 年第二季度传染到欧盟、中国和日本等主要经济体。2007 ～ 2009 年是美国市场“半自发”出清的过程，私人部门通过破产清算逐步实现了去杠杆，还有一部分被国有化；宏观经济于 2009 年开始企稳，但宏观杠杆并未下行，原因在于 QE 直到 2014 年才逐步退出。根据 BIS 的数据，美国非金融部门总债务 /GDP 指标从 2010 年到 2017 年 9 月一直维持在 250% 左右。但中国呈现完全不一样的图景，这一切都要从 2008 年底推出的“4 万亿”计划说起。

考虑到市场自发出清可能引发经济硬着陆的风险，中国于 2008 年 11 月推出了“4 万亿”财政刺激计划，目的在于扩大内需，以应对外需的急剧萎缩。由于资金来源的主体是银行信贷，所以 2009 ～ 2011 年中国两个宏观杠杆率指标的走势基本重合，上升速度也是最快的。逻辑是一方面，银行信贷对应着实体部门的负债；另一方面，基于“贷款创造存款”的原理，信贷回流银行，形成银行的负债——存款。所以，两者的走势高度重合。这说明资金仍留在表内，并未出现金融脱媒。但 2011 年之后，情况发生了变化。这一切都是由于中国式的影子银行。

从 2009 年到 2016 年中，中国的影子银行从无到有，从小到大，大致经历了两个周期。第一个周期为 2009 ～ 2014 年，周期的顶点为 2010 年。此阶段，从资金来源看，银行理财拓展了商业银行的融资渠道，成为商业银行“揽存”的角力点。理财余额迅速上升，从 2009 年的 1.7 万亿元增加到了 2014 年底的 15 万亿元。从资金运用来看，社会融资规模的结构有所变化，信托贷款和委托贷款增速较快，构成了影子银行的核心范畴。第二个周期为 2015 年到 2016 年中。影子银行的规模继续膨胀，但结构有所变化。除了传统理财产品，银行间同业理财从无到有，2015 年初仅为 5600 亿元，但年底就达到 3 万亿元，到 2016 年，同业理财占理财产品余额的比重也超过 15%；同时，2013 年底开始发行的同业存单成为中小商业银行主动负债管理的新手段，大型商业银行和广义基金成为流动性供给的"影子央行"。2014 年同业存单规模较小，仅为 8976 亿元。但 2015 年和 2016 年新增发行量呈井喷式增长，分别增加至 5.3 万亿元和 13 万亿元，同比增幅分别为 490% 和 145%。

可以说，2009 ～ 2011 年的"4 万亿"计划是一剂"强心针"。虽然不可否认其对稳增长的支撑作用，但是对于目前宏观经济暴露的各类风险敞口，其副作用也是不可忽视的。影子银行是其中一个方面，致使了金融市场结构、融资结构和风险结构分化。它是金融抑制的产物，能够缓解实体部门的融资约束，但它的高杠杆、长资金链和各种错配也使其成为金融脆弱性的敏感区域。其后遗症就是对杠杆的清算——去杠杆。2015 年股市波动就是一次清算，但仍局限在金融市场内部。2015 年至 2016 年第三季度，宏观杠杆率仍在上升。自 2016 年第三季度开始，中国正式迎来去杠杆的至暗时刻。

至暗时刻：去杠杆三部曲

中国去杠杆实际上经历了三部曲：稳杠杆、移杠杆和去杠杆。稳杠杆的方式是堵，移杠杆的方式是疏，去杠杆的方式是破。体现在政策层面，首先是 2016 年国庆期间全国各地出台的房地产限购、限贷等政策，意在“堵”杠杆资金的去向，防止房地产泡沫越演越烈。其次是央行自 2017 年元旦开始利用结构性工具引导金融市场利率上行、降低调节频率，意在提高期限错配成本，降低风险偏好。这也是一种“堵”。最后，金融监管层层加码，设立金稳委作为金融监管的协调机构，搭建统一监管框架排除监管盲区，防止政策不对称导致的监管套利。在完善监管的基础上，原“一行三会”发布了资管新规，直指大资管行业“百万亿”资金，强力破刚兑、去嵌套。这是在“疏”。我们认为这是打中了影子银行的“七寸”，银行理财和券商资管都将面临整顿。至此，金融整顿针对的是金融市场上由于资金链叠加而形成的杠杆。金融市场流动性的收缩必然会使实体融资成本高企，可能与实体去杠杆是背道而驰的。

当前的政策困境在于首先要区分“好杠杆”与“坏杠杆”，其次在于如何把“坏杠杆”去掉？中央财经委于 2018 年 4 月 2 日首次在官方文件中提出了“结构性去杠杆”的概念和思路（但在理论界和政策的实际运用中，要更早一些），明确将国企中的“僵尸企业”列为重点，另外还有地方的债务问题。

截至 2017 年第三季度，非金融部门总债务 /GDP 的指标已经开始企稳，但 M2/GDP 指标最早在 2016 年第三季度就开始以较快的速度回落，两者的“剪刀差”呈现不断拉大的趋势。直观的解释是银行信贷下降的速度超过了非信贷类债务。这一点也可从金融机构存贷款余额同比增速下行得到证明。结合当时的金融监管和去杠杆政策，我们认为政策意图是使“剪刀差”不断收窄，而且正在逐步实现。原因在于，自 2017 年 7 月开始，社会融资存量和增量的同比增速均以较快速度下行，其中存量同比增速一直低于贷款余额同比增速，说明非信贷类融资规模正在逐步收缩。

去杠杆进入了下半场，即从金融去杠杆转向实体去杠杆，这时才是去杠杆的至暗时刻。资管新规预留的窗口期截止到2020年底。要想挤掉金融市场中由于资金嵌套和金融杠杆累积的“水分”，并去掉实体经济中的“坏杠杆”，不经历阵痛期是很难办到的。2017年4月底资管新规落地，5月金融市场便出现多重扰动，如债市信用违约事件频发、民间融资成本快速上升等。此阶段，货币政策对于流动性的把控注定是用来试错的。这突出了动态性质的宏观审慎管理的重要性。如前所述，用加息的方式去实体部门的杠杆会推升实体融资成本，在债务存量较大的情况下反而会迫使债务部门加杠杆。如果再叠加流动性收缩，结果就是债务违约和企业的破产清算。不破不立，以“破”的方式去杠杆，阵痛不可避免。这或许是在现有体制约束下不得已而为之的选择。

为了防止出现“谨慎悖论”和日本式的资产负债表衰退，央行扩充了MLF抵押品的范围，包括不低于AA级的小微企业、绿色和“三农”金融债券，AA+、AA级公司信用类债券，优质的小微企业贷款和绿色贷款。一方面可以释放一定量级的流动性，防止债市违约风险继续蔓延，给金融市场“压压惊”；另一方面还可以有针对性地增加小微企业、绿色和“三农”金融债务的流动性。这也是“结构性去杠杆”的内涵，政策背后将这些担保品划入了“好杠杆”之列。选择小微企业、绿色和“三农”金融债券意在控制规模，所以不应将其看作“中国版QE”，这只是去杠杆过程中的微调。

当时我们考虑到2018年6月欧洲央行会议可能讨论退出

QE，再叠加美联储的“双收缩”，我们认为为了平衡去杠杆和防风险，货币政策的可选组合是“松货币 + 紧信用 + 加息”。当然，“松货币”是相对意义上的“松”。

这种政策组合是采取逆向推导的方法得到的。去杠杆的良好愿景是：两个宏观杠杆率指标双双下行，且非金融部门总债务 / GDP 的下降速度更快。这说明相较于银行信贷类债务，非信贷类债务的下降速度更快。银行信贷对应着存款，存款即货币，所以松货币就是宽信贷。非信贷类债务对应着影子银行，是“紧”信用的目标区域，是金融脱媒的逆过程。同时，考虑到中美 10 年期国债利差已经来到 70bp 的历史低位，中国 2017 年初以来提前加息的空间已经被加压；加之 2018 年博鳌论坛开启的新一轮金融开放进程，资本项目的压力会越来越大，金融市场利率的上行压力也越来越大。但我们认为，在存贷款利率浮动的上下限均已放开的情况下，调整存贷款基准利率的必要性值得怀疑，意义也不大，反而会增加对金融市场和预期的扰动。

压缩影子银行和控制金融市场利率抬升，容易引发流动性危机，并进而演化为偿付危机，所以有必要通过银行渠道“松货币”。当然，这种“松”必定是流动性的精准投放，也就是定向宽松。可选的工具如定向降准，会定向扩充 MLF 的担保品范围。当然，除货币政策之外，财政政策也可以在缓解流动性风险方面有所作为，如减税就可以改善企业内部的自由现金流。

在 2018 年 5 月 15 日召开的全国政协专题协商会上，刘鹤副总理强调：“做生意是要有本钱的，借钱是要还的，投资是要承担风险的，做坏事是要付出代价的。”“做生意是要有本钱的”对应着《巴塞尔协议Ⅲ》提出的金融机构的资本金要求。也就是在去杠杆的背景下，金融机构要想继续扩大规模，唯一的途径就是充实权益资本。这也意味着长期而言，要发展多层次资本市场，推动间接融资向直接融资转换。企业资本结构的转换也是一种移杠杆。“借钱是要还的”剑指庞氏融资，一旦借新债还旧债的游戏玩不转了，结局就是“承担风险”，并“付出代价”——违约和清算。

总结起来，去杠杆有三部曲：稳、移、去。对应的政策三板斧为：堵、疏、破。除了政策应对，本次去杠杆还需要魄力，不能认怂，不能重蹈2013年钱荒和2014年经济增长走弱时的覆辙，否则必然积重难返。在出现困难时，可以缓一缓，把握进度，优化方法，但不能走回头路，再来一次刺激。杠杆是借出来的，从哪儿借的也要从哪儿还回去，加杠杆的“来路”就是去杠杆的“前路”。

现代货币理论

布雷顿森林体系的瓦解宣告了商品货币时代的终结和主权信用货币（法币）时代的到来，货币不再需要任何贵金属储备作为发行的基础。随着信息通信和数字技术的发展，货币的形态也在发生变化，主体不再表现为现钞，而是银行账户上的一串数字 银行存款，它构成了广义货币的主体。商品和金融交易等都可通过银行电子系统实现，故货币的“记账货币”职能备受推崇，并被认为是货币的本质属性。后凯恩斯学派经济学家、师承海曼·明斯基的兰德尔·雷就推崇这种现代货币理论（modern monetary theory，MMT）——指主权信用货币理论，是该理论的代表人物之一。但就我个人来看，这个现代货币理论既不现代，也不是全部关于货币的理论，更算不上是一个完整的理论。

历史上，由于信用缺失，政府发行债券需要有税收作为担保。当信用建立起来后，还需要依赖税收发行国债吗？政府的税收如何得以保证？如果社会中存在大量失业和企业破产现象，像 20 世纪二三十年代的大萧条那样，或者像新冠肺炎疫情一样，企业停工停产，居民居家隔离，又或者像辜朝明所说的，经济处在资产负债表衰退阶段中，私人部门（非金融企业和家庭）都以债务最小化为目标，人们的投资和消费需求严重不足，政府税收就随之锐减。按照“税收驱动国债”的逻辑，政府的逆周期政策将无法展开。这显然与实践不一致。

现代货币理论（modern monetary theory，MMT）方法论的基础是存量 - 流量一致（stock-flow consistent，SFC）分析，从宏观各部门的资产负债表和现金流量表的动态关系来解释经济运行的逻辑。存量产生流量，流量叠加存量，各部门资产负债表的变化是存量和流量相互作用的结果。从宏观会计学原理来看，一个部门的金融资产必然是另一个（或几个）部门的负债。同时，对于单个部门而言，每笔交易都会同时等量地记录在资产负债表两侧，在任何时点资产负债表都是平衡的。所以，SFC 是建立在实物与金融交易遵循的等价原则之上的。无论是单笔交易形成的资金流量关系，还是由一笔一笔的交易形成的单个部门和各部门间资产负债表的存量关系，都需要满足 SFC 的一致性规则。

部门存量 - 流量的一致性

在经济开放条件下，实体经济可被分为 4 个部门：政府部门、非金融企业部门、家庭部门和国外部门，其中非金融企业部门和家庭部门被统称为（国内）私人部门。在任一时间期限内，如1年，4个部门的盈余或赤字相加必然等于零，不可能出现4个部门同时实现盈余或赤字的情况，一个部门的盈余必然对应另一个或多个部门的赤字。

基于SFC，MMT的支持者认为，只有政府部门处于赤字状态，私人部门才能保持盈余。故他们主张在主权货币体系下，应该由政府部门加杠杆（即债务），因为政府不会破产，私人部门加杠杆会导致金融业不稳定。在不引起通胀的情况下，可通过“财政赤字货币化”为政府实施“就业保障/最终雇主”计划进行融资。当然，在充分就业的情况下，就没必要如此了。所以，上述主张大多适用于非充分就业状态。在此状态下，政府支出的通胀风险也较小。兰德尔·雷认为，2008年金融危机和欧债危机之后的政策都是在实践MMT。

一个理想的经济系统有相对平衡的政府部门和国外部门，以及盈余的家庭部门和赤字的非金融企业部门。我们可以认为这是一个正常的组合，但这种正常的组合只出现在经济周期里的一个阶段中。在经济泡沫化阶段，私人部门往往处于赤字状态，或家庭部门基本没有储蓄，如2008年金融危机爆发之前的美国。在日本，最为典型的事实是从20世纪80年代初开始，国外部门便始终处于赤字状态，即资本净流出。1990年泡沫经济破裂后，日本陷入资产负债表衰退阶段，非金融企业部门从原来的赤字部门转为盈余部门，并保持至今；家庭部门盈余规模相对下降。整体而言，日本非金融企业部门处于盈余状态。但政府始终处于“借钱”状态，并呈现出一定的周期性。在每次遇到危机时，政府的财政赤字就会增加。特别是在亚洲金融危机期间，日本政府的财政赤字率一度突破10%。在安倍晋三上台后，日本政府的财政赤字率才显著收窄。

美国的经济系统结构与日本不尽相同。20世纪80年代中期以来，美国的国外部门一直处于盈余状态。但2008年金融危机爆发之后，美国国外部门的盈余规模开始收缩。美国的家庭部门盈余在2008年金融危机爆发前的30年间持续下降，前10年基本保持平衡，前2年基本处于赤字状态，目前已恢复至20世纪80年代的水平。美国非金融企业部门从20世纪末的小幅赤字状态转为2008年金融危机爆发之前的盈余状态。在后危机时代，美国家庭部门的盈余基本保持平衡，但波动性加大。美国政府部门的赤字与日本政府部门的赤字有较高的相似性，随经济周期的变化呈现出显著的周期性。

QE是MMT的实践

长期以来，QE被认为是日本首创的，始于2001年3月19日。这实际上是人们的一个错误认识。如果将QE定义为中央银行在二级市场上购买国债，那么量化宽松这种行为自央行诞生以来便有了，且自白芝浩以来便被认定具有一定的合法性。英格兰银行是为英国国王筹集军费诞生的。它以股份制银行的身份于1878年首次在一级市场上拍得政府债券。美联储公开市场委员会（FOMC）也是在如何管理国债的一系列讨论中成立的。早在大萧条期间，美国政府颁布的《1932年银行法》就授权美联储在公开市场上购买国债。即使是日本银行，也早在1932年11月25日就开始在一级市场上认购国债，再将其在二级市场上售出。

历史上，每当央行失去独立性，为财政赤字印钞票时，都引发了政府债务的积累和通货膨胀，几乎很少有例外。正是由于历史的教训，央行需要保持独立性才成了人们的一种共识。1937年，美国联邦银行首次声明将购买国债的目的限定在稳定国债价格上。1951年，美国财政部与美联储联合发表声明，美联储不再承担稳定国债的任务。针对1932年在一级市场上认购国债的行为，《日本银行百年史》（第四卷）记载："昭和七年秋，本行同意认购国债。这是不久之后剥夺本行作为央行功能的第一步。从这一意义上来讲，实在是很遗憾。"同时，日本认为认购国债是历史上最大的失败。不过，直到1999年，由央行管理日本国债的制度才逐步建立。

2008年金融危机之后，世界似乎出现了历史性倒退。各国的央行购买了大量证券，QE在全球范围内铺开，政府杠杆率、广义货币、央行资产负债表及其持有的政府债券规模都达到了新高度（见图7-1）。3次QE的实行使得美联储的资产负债表规模从危机前的不到1万亿美元增加到了4.5万亿美元，高于第二次世界大战时期的资产负债表规模，在峰值时占GDP的比例超过14%。2017年10月美国开始的缩表（即资产负债表缩小）仅持续了不到两年，总规模约0.8万亿美元，之后就开启了新一轮的扩表（即资产负债表扩大）。受新冠肺炎疫情影响，美联储宣称无限度购买国债，使美国的总资产规模快速膨胀到7万亿美元，当前仍在以每天60亿美元的规模增加。2017年，美联储持有的国债规模占GDP的比例已经达到36.8%，占国债余额的30%，为当时有史以来的最高纪录。

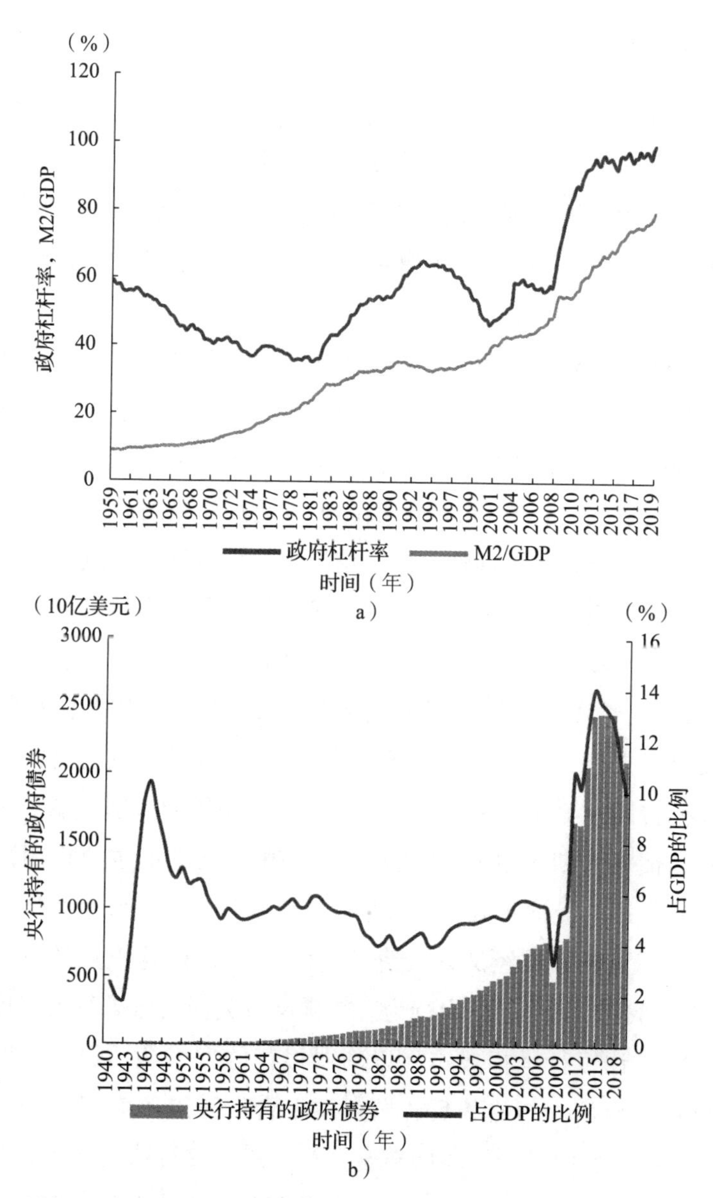

图 7-1　美国的政府杠杆率、广义货币与央行持有的政府债券

资料来源：CEIC。

反思 MMT 的实践

与历史经验不同的是，持续扩大的政府赤字和央行海量的资金流动性投放并没有带来通货膨胀。这让主流宏观经济学学者陷入了尴尬的境地，因为他们曾反对 QE，认为其会引发通胀。主流宏观经济学在过去 10 年遭到了广泛批评，这是 MMT 兴起的背景。

实际上，MMT 仍在重复凯恩斯与哈耶克之争，前者着眼于危机之后有效需求不足，认为政府应该采取扩张的货币与财政政策，刺激私人部门的需求，以公共部门开支弥补私人部门需求的不足。当然，凯恩斯和 MMT 实际上都更加注重财政政策的积极作用，尤其是在“流动性陷阱”情况下。后者则强调危机爆发的原因，认为正是因为积极的财政政策和宽松的货币政策导致了下一次危机的爆发，故主张让市场自发出清。

显然，“我们仍然是凯恩斯主义者”。尤其是政客，在危机爆发时做点什么，总比什么都不做显得政治正确。这也是富兰克林·德拉诺·罗斯福和赫伯特·克拉克·胡佛的区别。瑞·达利欧在《债务周期》中说：“政治在经济萧条时期的主要作用是阻碍实施合理的经济政策，或者采取极端政策。这些政策会造成重大风险，可能导致经济萧条情况恶化。”达利欧这里指的就是胡佛在大萧条初期的不作为行为。胡佛反对美国政府进行大规模直接救济，让银行承担成本，以削弱银行的方式惩罚银行，即让市场自发出清。与之相反，罗斯福上台后开展了大刀阔斧的改革，让银行暂时歇业，关闭黄金兑换窗口，宣布私人储藏黄金非法，颁布《1933 年银行法》授予财政部和美联储空前的权力。多重利好使得道琼斯指数反弹 116%。在 2008 年金融危机中，美联储前主席本·伯南克（研究经济大萧条的专家）与另外两位“救火队长”亨利·保尔森和蒂莫西·盖特纳，通过一系列超常规干预手段成功挽救了美国经济，避免其走向崩溃。因此，他们在新书《灭火：美国金融危机及其教训》中激烈宣扬，一旦金融市场“着火”了，美联储应在第一时间“救火”。

换个视角来看，如果说后危机时代的政策是 MMT 的实践，那么效果如何呢？它可能避免了另一场经济大萧条，但即使是表现最好的美国，也只是实现了经济弱复苏。特朗普号称自己实现了美国历史上最长时间的经济繁荣，此言非虚。直到受到新冠肺炎疫情冲击，美国本次的经济复苏期已经达到 130 个月，超过了 20 世纪 90 年代美国“大稳健”时期的 120 个月。实际上，美国经济经历的是一场弱复苏，相比于大萧条时期，政府政策起到了托底作用。而在 20 世纪二三十年代的大萧条期间，美国经济运行类似自由落体运动，在出清之后经历了强势复苏，并在第二次世界大战期间再次刺激了经济。如果我们将大萧条与 2008 年的金融危机做比较，在危机发生之后的第 12 年，大萧条的复苏程度显著更高。类似的故事也发生在日本。1990 年，日本房地产泡沫破裂后，虽然房地产和股市价格大幅下滑，但是 GDP 并未显著收缩。这些事实似乎既可以作为支持 MMT 的证据，也可以看作 MMT 实践的失败。

如果将 1973 年布雷顿森林体系的瓦解视为主权货币时代的开端，那么从危机发生的频率和社会贫富分化的程度来看，这个时代的我们并不应该比生活在金本位时代的人有多少优越感，或者说这种优越感只属于一小部分人。政府与私人部门债务的积累、短期资本流动的扰动、汇率波动性的提升、全球失衡的加剧，以及不同类型的金融风险的频发，都不同程度地与主权货币制度有关联。GDP、失业和通胀等实体经济变量的波动性确实因为逆周期调节政策（如财政赤字扩张）降低，但金融周期被拉长，经济金融化和泡沫化显著提升，金融的不稳定性加剧，债务危机、货币危机和银行危机等发生的频率显著提高。每一次危机都有财富再分配效应——社会财富向收入较高的阶层集中，收入较低的阶层更加贫穷，这种贫富分化反过来又加重了家庭部门的债务负担。因此，自大萧条以来，富人阶层的储蓄成了财政赤字融资的重要来源。

美国经济周期与金融周期如图 7-2 所示。

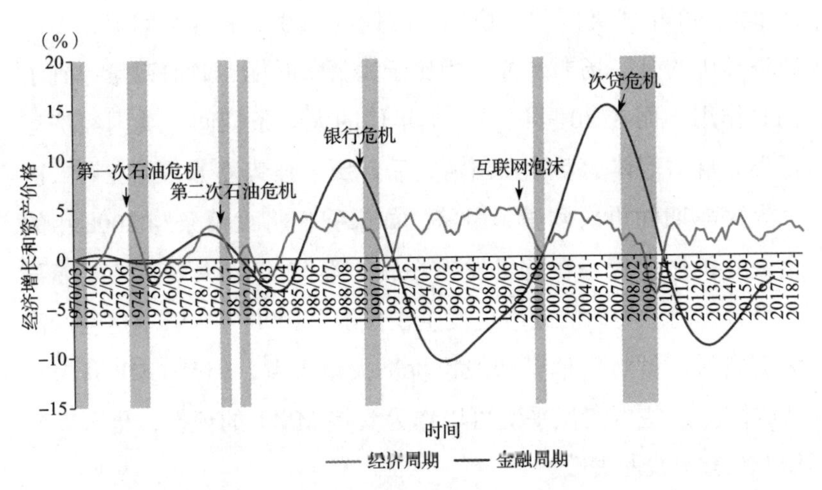

图 7-2 美国经济周期与金融周期

资料来源：Borio，2018。

历史上，如光荣革命之后的英国，其政府债务积累是因为有了财政纪律，而现在政府债务积累只是因为某种“金融炼金术”被发明了。

MMT 应该反思的是，其提出的政策“药方”是解决了问题，还是制造了更多问题。如果说 MMT 在全球范围内已经被实践了，那么我们认为效果并不理想。因为全球的需求侧不仅没有得到提振，反而更加萎缩。目前，通胀风险虽然比较低，但是资产价格泡沫“按下葫芦起了瓢”。而且，所谓通胀风险低是预期，只是近 10 年线性化的前瞻。货币化是通胀的必要条件之一，等其他必要条件齐备了，通胀随时可能发生。魏玛共和国的纸马克、20 世纪八九十年代拉丁美洲地区的债务危机、中华民国政府的金圆券和新中国 20 世纪 90 年代前后的两次大通胀，哪一次不是以“货币化”为前提的？所以，讨论 MMT 在中国的适用性和可行性，应谨慎为之。

历史上，为战争筹资是政府起初发行国债的主要目的。一个政府的税收体系几乎都是应偿债的需求建立起来的，并且在税收体系建立的过程中征税范围逐步扩展，税收从临时性逐渐变为恒久性。政府财政收支和债务负担在战争与和平状态的转换中有涨有落。为了给将来的财政赤字融资腾出空间，并降低融资成本，每次战争结束后，政府都要清偿债务，加强预算管理。在开放经济条件下，金本位制和国际金融市场的定价机制约束着财政赤字、国债积累和债务货币化的政治倾向。财政纪律是构建国家信用的基础性条件，集中表现为货币政策与财政政策的关系，即货币与国债的关系。

当下，中国正在讨论“财政赤字货币化”的可行性和合理性。这个讨论本身就意味着中国在金融改革中取得了进步，因为在《中国人民银行法》第二十九条之前，关于央行要不要在一级市场购买国债的学术争鸣是不会发生的。千百年来的历史经验和教训一再证明，保持财政纪律和中央银行货币政策的独立性至关重要，尤其是在当今主权信用货币体系下。这是一个原则问题。

低利率是发达的表现，也是发达的诅咒（天花板）。如果将资本主义看作资本自我增值的过程，零利率或者负利率就意味着资本不再增值，在慢性自杀、自我消散。主要原因是如果财政化货币供给使得资产泡沫成为庞氏骗局，解决贫富分化的手段最终成为加剧分化的工具，那么资本主义可能正在逐渐走向终结。

所有的困境都源于现有分配格局下资本和产能的双重过剩，适当的差距会带来创新和追赶动力，过大的差距则会引发阶层固化和民粹兴起。UBI 是 0 次分配，前置于第一次的按要素（效率）分配；第二次税收分配被规避；第三次分配在美国进步时代（1890 ～ 1920 年）后就相当边缘。

纠正这两种过剩只能靠危机，但会导致大量失业和信用收紧，这时货币政策和财政政策只有再度挺身而出，甚至出现连体婴版本 MMT，再度推升资本泡沫和刺激产能过剩，且进一步恶化财富分配结构。可能泡沫、零利息、零增长、零通货膨胀会是稳态和终局，间或有文明和体制间的冲突。

第五篇

新分配

共同富裕与精准扶贫

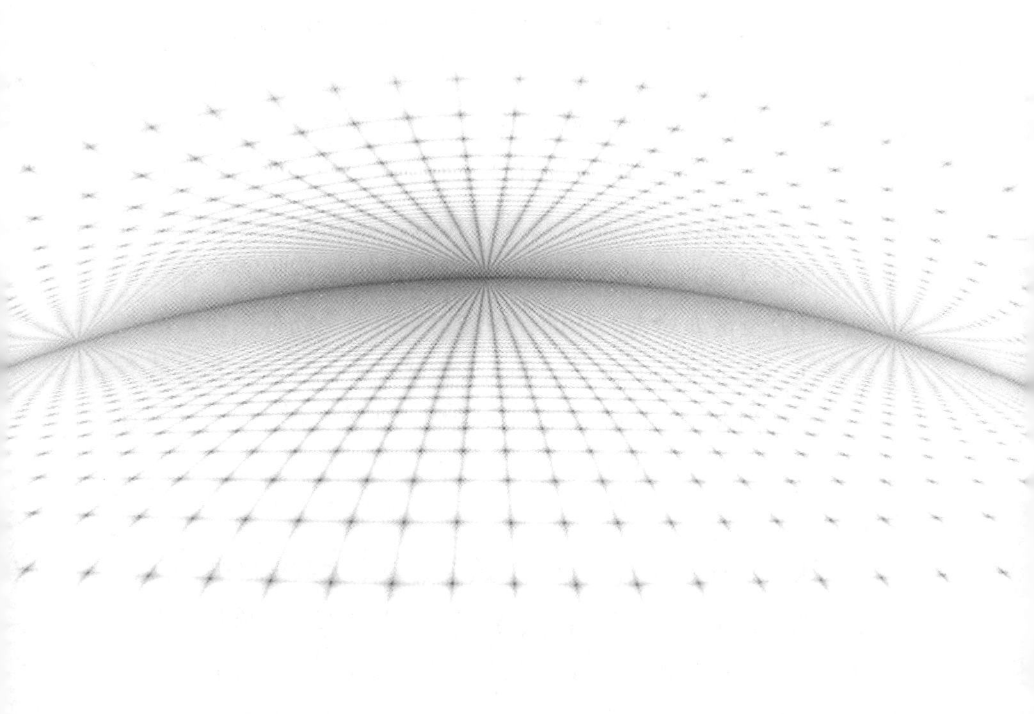

第8章　世界重回镀金时代

2014年11月12日下午，上海陆家嘴的很多金融人士手里都拿着厚厚的《21世纪资本论》一书，等待亲临中国的作者托马斯·皮凯蒂签名。

一时间全球街头巷尾的知识分子都在谈论这本书，好像阳光下真的有什么新鲜事一样。这真是一个了不起的发现，似乎大家都感觉不到贫富一直在越演越烈分化着，或者说一直装作不知道——原来库兹涅茨曲线不过是库兹涅茨幻觉。所谓“涓滴效应”也终究是富人伪善的托词，因为资本由始至终都在切走最大块的蛋糕。这不仅令人沮丧，更令人惶惑甚至惊恐。这其实是个无比严肃的问题——这究竟是不是一个“拼爹”的时代，改变命运是靠自己努力还是靠政府觉醒，是靠改革、改良还是靠革命和暴力？

我认为《21世纪资本论》本质上是一本大数据之书，没有太多的理论，作者就是列出一个事实。除非你有更高质量和更多数量的相关数据，否则要辩驳他的主要结论几乎是不可能完成的任务。皮凯蒂教授的新书实际上只做了一个结论——资本主义在它过去300年长长的进化历史里面，只有在第二次世界大战以后的那二三十年内是名不副实的，其他时间都可以称得上实至名归。资本主义，资本肯定是要占上风的，否则怎么对得起这个名称呢？第二次世界大战后那个短暂的时段，仅从财富分配角度来看的话，研究样本中的这些西方发达国家可能更适合被称为社会主义国家，但那确确实实又是所谓战后资本主义的黄金时代。所以更为适当的问题也许应当是——为什么这些年份是如此特立独行？是什么样的政策导致了这样的结果？对它的评价应该是正面的还是负面的？

镀金时代与伟大的盖茨比

不妨以《21 世纪资本论》一书中的典型——以美国为例，来回顾一下那段历史。大致从南北战争结束以后的 1870 年到第一次世界大战开始之前的 1910 年左右，被称为美国历史上的（长）镀金时代。政治上，联邦政权不再为两个利益相对的政治集团分享，而是由新兴的工业资产阶级独揽。在漫长的镀金岁月中，民主党在国会中只有两段短暂的时期取得了议席上的优势，产生过三位总统。经济上，美国工商金融业的崛起代表了汉密尔顿的理念在实践中取得了胜利。高速的工业化和城市化横扫北美大陆，工业的成长与移民潮成为美国历史上这个时期的典型特征。钢铁的生产量急速增加，电灯、电话、汽车等新发明层出不穷。尤其是铁路的发展，让西部丰富的资源得以源源不断运送到东部，整个美国呈现一片欣欣向荣的景象，但经济增长与繁荣的同时也产生了复杂而矛盾的后果和副产品。

令人目眩神迷的高速经济增长在带来物质享受满足的同时，其阴暗面也一样让人触目惊心。在市场化环境下，人（劳动力）

和自然（土地、资源、环境）都成了可交易的商品和生产要素。这极大地改变了社会的面貌和人们的价值取向，留下了无数“后遗症”，最明显的就是贫富分化。一方面，财富的巨大增长伴随着史无前例的财富集中，富有而且影响力巨大的工业及金融有产阶层开始出现。马克·吐温之所以把这个时代称为镀金时代，是因为有许多人在这个时期里成为巨富，因为富有而过着金色的生活。例如，洛克菲勒因石油致富，卡内基因钢铁致富——靠低买高卖的手段赚取大量利润，迅速积累了巨额财富，被称为“强盗大亨”。另一方面，在工业化的过程中，“自由工人”发现他们实际上没有自由，已经沦为工资奴隶，工作条件非常恶劣、工作时间长、缺乏劳动安全保障。例如，在某钢铁厂中有 2300 多名工人死于事故，平均每年死亡 130 多人。此外，还有成千上万的工人在生产中受伤致残，没有任何补偿。女工的待遇更加糟糕，尽管工作的时间一样长，但她们的工资比男工低得多。某报纸曾经以“都市女奴隶”为题，系列报道了某市的“血汗工厂”中极度恶劣的工作环境。此外，滥用童工的问题也很普遍。同样，在乡村，市场变革开始将广大的农民置于一个他们自己无法预测更无法控制的国内和国际市场的不确定环境中，任何价格的波动都会让农民失去他们在传统农业社会曾经拥有的控制能力。在那些代表着新型生产方式的垄断大企业面前，农民经常发现自己软弱无力，成为被任意剥夺的对象。在这一时期，出现了一个生活在贫困边缘的无产阶层。在最高峰时，占人口总数 1/8 的民众生活在极度的贫困中；而在另一个极端，占人口总数 1% 的富人拥有美国财富的 87%，社会的贫富悬殊已到了非常危险的状况，无论是城市还是农村都开始爆发激烈的冲突。当时有学者评论道：“无可争议地说，世界上任何地方的贫富差距都没有这里大。”如果想对“镀金时代”有最形象的理解，建议可以去看一部叫作《了不起的盖茨比》的电影——在纽约长岛的别墅区中，新贵“土豪”每天都在无数的烟火、香槟和疯狂的彻夜狂欢中挥金如土，而从长岛去往纽约市中心的路上，尘土飞扬，到处是烟囱，到处是贫民窟，无数被侮辱和损害的人居住在那里。

进步主义和罗斯福新政

在镀金时代的后期，大多数美国人开始改变对于美好社会和无为政府的传统信念，他们发现经济增长伴随着越来越严重的贫困、剥削、污染、精神空虚、混乱与腐败，自由主义理想彻底落空。这时以城市中产阶级为核心掀起了一场创新国家和政府体制的运动，人们试图弥补过度放任的资本主义带来的破坏。从 1900 年的巴黎世界博览会到 1942 年伦敦《贝弗里奇报告》，从两次世界大战到罗斯福新政，进步主义者（包括学者、新闻工作者、总统本人甚至部分巨富）积极进行了各种关系民生的社会政策尝试。这其中包括社会保险、城市规划、市政服务、农村合作社和住房改革等方面，通过协商、妥协和主动发挥政府的作用来改良市场经济和资本主义，这段历史被称为进步时代的进步主义运动，可能也算是美国版的“全面深化改革”。

但进步和改变来得迟缓而且充满波折。老罗斯福在执政时期成功使“政府在经济生活中应该发挥作用”这个核心命题变成了国家理念。尽管总统的行政权力得以加强，并开始获得越来越多可以影响整个国家经济和政治方向的权力，但社会结构的自我修正仍不能扭转镀金时代的大趋势，主流舆论基本上还是反对政府干预。但这些改革确实为后续衣钵相传的（小）罗斯福新政的推行做好了铺垫。罗斯福新政有很多方面的内容，不管是凯恩斯主义还是战争繁荣。美国雄起有着自己的幸运之处，但罗斯福新政的一个重要意义在于以税收为核心手段拉近了各收入阶层的所得。这极大地改变了自由资本主义时期贯穿始终的收入不平等情况。1913 年美国开征个人所得税，在罗斯福新政期间，随着各主要所得渠道的税率大幅提高，美国富人阶层的实际税负水平也因此大幅抬升。其结果是基尼系数迅速下滑，从 1937 年的 0.44 下降到 1953 年的 0.36。在罗斯福新政 14 年间，收入最高的前 10% 纳税主体的收入占比从开始时的 46% 迅速降低到第二次世界大战后的 33% 左右，最富有的 1% 人群的收入占比从 15.6% 下降到 11.3%。这些指标在里根政府上台前的近 30 年里一直保持稳定。

罗斯福新政极大地影响了美国的政治和社会结构，民主党在国会中的议席数和影响力大大提升。罗斯福新政的长期影响使第二次世界大战以后大多数人有机会受益于经济增长黄金时代（1950 ～ 1973 年）的成果。在这段时期，美国绝大部分人的实际收入水平有了实质性而且快速的提升，而高收入阶层的收入提升相对缓慢。总体上说，尽管没有被战火侵扰到，但是通过非常幸运且不间断的进步主义的社会改良，以及随后的罗斯福新政，美国有意识地抑制了贫富分化的扩大，战时共产主义性质的政策又极大化了这些努力的效果。因此不论是在财富存量上，还是在收入流量的分配上，美国相对镀金时代的缓和政策终于在第二次世界大战后修成了社会和谐与经济持续增长的正果。

欧洲的调整方式则更为简单粗暴，它缺乏进步主义的缓冲改良阶段，直接由镀金时代跑步进入了两次世界大战。战争和革命毁掉了大部分积累的资本存量，让整个社会重新回到共同的起跑点上，所以战争和革命历来就是恢复平等最快、最有效但也最残暴和痛苦的方法。第二次世界大战后欧洲经历了类似美国的财富和收入分配的收敛过程，皮凯蒂的解释是来自苏联社会主义制度的竞争压力，当时世界的潮流是继续执行有利于一般社会大众的大缓和政策。根据皮凯蒂的描述，1946 ～ 1948 年，联军治下的德国的税率一度高达 90%（日本也一样）。这并不是为了惩罚德国，而是因为美国本土税率也是 90%。其背后的原因肯定是不想在一个民主社会中把财富集中在为数不多的几个精英人士手上。通过这种亲劳工大众远资本精英的“大压缩”政策，在第二次世界大战后短短 20 年时间中，西方国家迅速创造了大量的中产阶级，中产阶层的崛起带来了社会的稳定和谐及战后的黄金岁月。热爱自由、民主和平等的善良的人们一度乐观地相信劳动已经驯服了资本，民主社会驾驭了资本主义，又为政府改进了市场原教旨主义，直到新自由主义的再度复辟。

重回镀金时代和民粹兴起

1973 年底爆发了为期两年的、第二次世界大战后最为严重的一次经济危机，从此黄金时代宣告结束，被长期停滞代替。政治的转向逐渐发生，共和党再度占据上风（克鲁格曼的政治源起的解释指向了美国的原罪——黑人问题，这很有趣）。当新自由主义回到整个政策或者世界的核心的时候，就像电影慢动作回放给我们看一遍，重回镀金时代已经不可避免。

大规模减税开始了，里根减税计划的要点是：①将个人所得税税率一律减少 25%；②对企业给予加速折旧以减少税负。紧接着美国通过了历史上具有划时代意义的税制改革方案：个人所得税和公司所得税的最高税率从 50% 和 46% 下降到 28% 和 34%。小布什就职不到 20 天就提出 10 年减税 1.6 万亿美元的计划，主要包括简化个人所得税制，将五档所得税体系（15%、28%、31%、36%、39.6%）调整为四档（10%、15%、25%、33%）；将儿童课税扣除由每名儿童 500 美元加倍至 1000 美元；减轻"婚姻惩罚"，恢复双收入家庭 10% 的税收抵免；废除遗产税；扩大慈善捐助扣除的范围；使研究和实验的税收抵免永久化。其中最引人注目的是将红利税率降低 50% 以上，这意味着减税的好处几乎全部流向最富裕的纳税人，因为他们的收入中红利所占比例最大。根据美国税务政策中心的计算，减税计划 64% 的好处将流向 5% 的最富裕纳税人，所以才会有巴菲特说他缴纳的个税还不如秘书多这种事情出现。

长期以来比较公平的收入分配状态被彻底打破了，高收入阶层的收入占比稳步提升，受益最明显的是 1% 最富裕的人。从 1990 年开始，随着资本市场的蓬勃发展和长期的牛市，这 1% 最富裕的人的实际收入快速上升。20 世纪 70 年代末以来，美国的贫富差距急剧加大，基尼系数达到了 0.47 的高水平。1979 ～ 2005 年，美国最富裕的 1% 人群的税后收入增长了 176%，最富裕的 20% 人群增长了 69%，处于中等收入的 60% 人群增长了 20%，而收入最低的 20% 人群只增长了 6%。1979 年美国最富裕的 20% 人群的年收入是收入最低的 20% 人群的大约 8 倍，21 世纪 10 年代已上升到近 15 倍。这些事实随着皮凯蒂的研究已经变得众所周知了。

新自由主义的崛起无论在经济上多么具有效率，在财富分配的公平性方面也显然是存在问题的。更为棘手的是它应对分化问题的新解决手段——美国各政党为了获取选民支持，不断承诺更高的社会福利（力图掩盖拉大的收入鸿沟），民粹思维迅速膨胀，但福利的增加具有不可逆性，且大部分依靠巨额负债、货币发行和转嫁海外来实现。大量的居民部门与国家财政和贸易赤字一起，堆积出天文量级的债务膨胀，拉动了经济的狂飙突进，也最终导致了全球失衡和 2008 年金融危机。

显然，现在世界的潮流就是重回镀金时代，因为资本积累造成的不平等分配是常态，所以真正合适的问题是：为什么西方会在 1950 ～ 1970 年有一次明显的收入分配差距缩小的机会？资本必然是力图占优的，特别是从长期来看更应该这样。除非充耳不闻，熟视无睹，否则《21 世纪资本论》提供的历史资料和经验教训就不能被轻轻地一笔带过，市场经济和民主政治这对“历史的终结者”可能会再次被深度质疑。我一直不愿写这个书评就是因为这应该属于常识，如果对美国的镀金时代和进步时代的历史做了一些功课的话。

对皮凯蒂《21 世纪资本论》最有力的批评是关于财富流动性的问题，即财富积累的一部分原因是创新源源不断地涌现，给予这些创新者以最高奖励似乎是理所当然的，如我们见到的耀眼的财富明星比尔·盖茨、孙正义等科技新贵。这确实给予了美式资本主义以额外的正义感——尽管他们的出现肯定恶化了社会分配的格局，但这应当是市场经济和资本主义“能够承受之重”，因为熊彼特式的创新和企业家精神原本就是资本主义进化的核心。皮凯蒂并没有否认这个事实，资本主义的最大卖点确实是这个，它也确实是效率和动力的源泉。他的点仅仅在于，不幸的是流动性可能真的没那么重要。一方面，世家的财富才真正是冰山一角下更为巨大的部分；另一方面，这些新的财富一旦积累下来，就和其他资本没有什么不同了，即坐享其成甚至可能形成垄断，阻碍创新。同样灰暗的是，随着金融经济全球化和资本市场崛起的金融高级人士和大型跨国企业的CEO也在其中坐收渔人之利。这可能也是不断泡沫化的虚拟经济的一个主要构成部分。结论是不管资本选择谁做代言人，它们都永远在加速繁衍，永远在吸收新血液，永远拿走最大块的蛋糕。（还有一个更为“庸俗”的问题，是按照经典金融学的理论提出的：资本高收益是不是因为承担了高风险呢？是不是不能只看净值，还要看夏普比率呢？）

中国的投影和特殊之处

那么问题就来了，从全球比较的角度，制造贫富差距的“技术”哪家强呢？是欧美，是拉美，还是中国呢？在私下的讨论中，皮凯蒂的回答有点出人意料——居然是中东国家，但仔细想想也在情理之中。但皮凯蒂也承认中国的数据难以获得，而且有其特殊性。

我的看法是，先必须承认中国经济增长的全球意义，尤其是在财富分配领域。别忘了在改革开放的前40年中，中国的贫困人口从之前的6亿多（当时的总人口是8亿）降低到目前的3000多万。按照中国自己的减贫标准，这是人类减贫史上了不起的奇迹和贡献。换句话说，中国作为一个整体的崛起（也包括其他新兴经济体）确实极大地改变了世界财富分配的巨大差距，毫无疑问可圈可点、可歌可泣。但在这些经济体内部呢？那又是另外一幅完全不同的场景。

如果把皮凯蒂的问题投射到中国身上就会出现问题——一个明显的悖论就是，中国是一个社会主义国家，而且有着大量的国资和国企，但数据显示中国正在经历一个剧烈的贫富分化过程，为什么一个社会主义国家能够在短短 30 多年里把衡量贫富差距的基尼系数从 0.17 提高到 0.61（这是基于收入计算的基尼系数，根据 2010 年西南财经大学中国家庭金融调查与研究中心的数据；北京大学中国社会科学调查中心在 2014 年 7 月的《中国民生发展报告 2014》中称，中国的财产不平等程度在迅速升高：1995 年基于财产的基尼系数为 0.45，2012 年为 0.73）。

个人认为，中国的贫富差距和发达国家的贫富差距形成的原因可能有着很大不同，或者更准确地说，贡献因素的权重可能有很大的不同。西方国家的财富差距可能主要就是皮凯蒂所言的 *r* 大于 *g* 的问题引起的，但是中国主要不是这个问题，至少目前来看这还不是最大的问题。仍然用数据说话，从 2007 ～ 2017 年的数据来看，中国居民部门的净资产增速与名义 GDP 增速趋势保持一致，但居民净资产增速波动幅度更大。中国居民持有的净资产总额由 2004 年的 68 万亿元上升至 2013 年的 263 万亿元，年均增长 18%，而同期名义 GDP 则由 2004 年的 16 万亿元上升到 2012 年的 52 万亿元，年均增长 16%，居民净资产增速高于名义 GDP 增速 1.7 个百分点。这告诉我们至少在总量的意义上 *r* 不是比 *g* 大很多。居民净资产与名义 GDP 的比值也基本稳定在 4.6 左右。从年增速看，居民净资产增速的波动幅度大于同期名义 GDP 增速。在 2005 ～ 2012 年，名义 GDP 增速波动的上限为 22.88%，下限为 8.55%，而同期居民净资产增速波动的上限为 27.25%，下限为 6.31%（莫非真是高风险高收益）。

因为所有数据都是根据当年现价进行计算的，所以资产价格的波动可能是一个重要的影响因素，即可能存在泡沫或者货币幻觉。进一步剖析，短期来看，中国居民净资产增速与M2增速趋同，近期存量比值保持稳定。2005 ～ 2011年，除2008年外（资产价格下跌较快，当年金融资产增速为10.78%，实物资产增速仅为4.35%），其他年份中国居民持有净资产的增速变动方向均与同期M2增速变动方向保持一致，并且随着时间推移，中国居民持有净资产的增幅变动与M2增幅变动越来越趋同。2009 ～ 2011年，中国M2的增速由27.68%下降到19.72%再到13.61%，同期中国居民净资产的增速则下降到14.58%，2012年居民净资产增速和M2增速分别为14.35%、13.83%。拉长一点来看，结论会更加明显，值得对照的是中国M2 1987 ～ 2017年中的年化增长速度差不多是20%以上（即差不多310倍，同期GDP差不多90倍），但这个时间段的大部分财富数据不可得，不过料想应该是跑不过广义货币（广义购买力）的增长速度的。从总量增长角度，广义的QE似乎扮演更重要的角色。那么问题来了，QE在多大程度上导致了贫富差距的拉大呢？

中国经济一直是投资先行，资本积累优先，所以资本的份额是最大的并不奇怪。理论上，政府的资本积累应该大部分是取之于民用之于民的，民间资本积累的速度如此之快确实值得反省——贫富分化来得如此之快和剧烈。这里面应该有很多中国独特的，也就是体制性的原因。这里我们尝试给出一个系统性的解释：中国这40多年的经济高速增长与"金融深化"（这里指经济货币化）并肩同行，大致可以把其定义为国家和居民的原始积累过程。财富的增长一方面得益于用GDP衡量的每年新增产出；

另一方面得益于原来很多没有市场价值的生产要素的资本化（如土地和矿山）；最后还得益于财富或者说资产价值的重估，反正积累的源头不是利润就是资本增值。快速原始积累的秘密在于，它是运用三个特定的“剪刀差”来完成的。第一个是来自农产品和工业品价格的“剪刀差”；第二个是来自农业用地同房地产用地价格之间的“剪刀差”（这可以推广到垄断要素定价）；第三个是一级市场的原始股跟二级市场的流通股价格之间的“剪刀差”。这些超额利润既是财富积累的来源，也是财富分配分化的重要基础。

总体而言，利润的积累总是平淡的，估值飞跃才是真正的推动力，套用投资界较俗的术语就是（财富和资产）价格等于盈利乘以市盈率（$P=EPS \times PE$）。先来看近期造富最热门的互联网新贵模式，无疑这是中国式（其实也是全球）财富积累最阳光和最有朝气的一种形式。这类公司很多在产生利润方面乏善可陈，但在估值方面遥遥领先。例如，谷歌在上市时市盈率为 35 倍，Facebook 达到了 44 倍，亚马逊为几百倍，BAT 则为 40 ～ 60 倍。这类分化其实是基于资本市场的情绪和泡沫的。不过中国的一个更为典型的财富积累和分化的故事通常是这样的：在城市化过程中，政府征收了原驻民的一块土地，象征性地做了些补偿，然后招拍挂卖给开发商，开发商把房子高价卖给了投资者，投资者的房子价格在 10 几年里涨了 10 几倍，如果还借用了银行信用杠杆的话，那几乎就是空手套白狼式的暴利了。这其中开发商和投资者的财富都有大幅度增值，相对而言原驻民和其他没有持有这项资产的投资者则被远远地丢在了后面。这个财富分化的典型模式里面牵涉到至少四个分化环节——城乡二元分割结构、要素价格垄断性（土地制度）定价（制度性倾斜）、信贷资源可得性、货币供应与资产泡沫。关键是哪个因素才是影响中国的财富分配最大的呢？

我认为，可能主要还是广义QE，即货币宽松的力量。为配套市场经济的货币，中国也在进行经济的货币化和资产的资本化。因为上述所有资产价格都是按照当年现价估计的，所以背后总有隆隆作响的印钞机的声音。因此更加重要而且真正有趣的问题其实是，在一个广义货币年均增长20%的长期的货币幻觉中，财富是如何增长和被分配的。这就需要我们拥有更深入的洞察力。这同日本的情形很像，在皮凯蒂的书里1970～2010年的明细比较图中，日本的财富分化速度是让人印象特别深刻的，它冲高得非常快，远超其他经济体，但到1990年经济泡沫崩溃的时候又下跌得非常快，足见泡沫在财富分化时的力度。此外还有一项研究也佐证了这一结论。该研究显示，2010年中国的收入基尼系数达到了0.48，但其中地区差距贡献达到了0.25。这个比例超过了美国和巴西这两个收入不平等程度较高的国家。这说明中国收入不平等最主要的拉动因素是地区间的收入差距，但在地区内部收入不平等程度反而不是很高。一个合理的推论就是，比起收入，家庭财富水平受到地域的影响更大，特别是由于财富包含了房产这一地域价格差异极大的资产（毕竟房产占到中国居民财富的60%以上）。其实，地区差距可能只是资产泡沫的一种表现形态而已。

需要注意的是，这种估值推动对所有类别的资产都成立（大致就是股票、房产）。多数阳光的富豪持有公司的股权，而且相对透明和容易计量（胡润富豪榜），但房地产就比较难测度了。无论如何，以利润积累为辅和以估值提升为主（提升杠杆的能力也很重要）可能是中国财富故事的主干。当然，这些都是在现有制度下合法的积累方式。还有一种坏的可行的积累形式，那就是腐败和权钱交易。

改革的起点——人均资产占有量基本是差不多的，考虑到中国式原始积累令人瞠目结舌的速率，在土地（包括矿产资源）、国企等公共资产的资本化过程中可能存在重大的漏损。事实就是土地、房产和矿产开发及基础设施建设等是官员贪腐的高发区。工程招投标和设备采购、企业上市并购是常见的利益输送管道。皮凯蒂也提到这种最坏的情形——公共资本向私人资本转移，这种漏损的大部分可能都被特殊利益集团俘获了。例如，俄罗斯的一些金融寡头免费拿到一些国有的资本，如自然资源等进行积累。中国台湾在 20 世纪 90 年代的自由化也是如此，过程是暗箱操作的，结果可以想象。从中国大陆近期落马官员的犯罪金额和层级来看，他们攫取国家与社会资源的能力正在上升，很可能已经成为中国居民财富分配的强大主体。发展型腐败（即所谓的润滑剂式腐败）可能正在恶化为掠夺型和垄断型腐败（即赢者通吃）。

实际上这些因素都会带来财富不公平，但究竟是资产泡沫、不平等的土地和户籍制度，还是贪腐是导致贫富分化的最大原因？只有找到这个原因，才能对症下药。问题的答案并非那么显而易见，但必须找到答案，免得所有中国的资本都因为“原罪”这个词对号入座，总感觉头上有把悬剑，瑟瑟发抖寝食难安。这势必不利于经济的中长期可持续增长和社会稳定。

所以中国的财富积累和分化的皮凯蒂式的解释，是不是这样理解更加可靠一些？在整个经济货币化和经济市场化的过程中，有人凭借利润的日常积累。但同时有大量要素需要市场化，即资产资本化，在资产资本化的过程中出现了系统性漏失，体制缺陷使一部分人优先或者低价取得了这些资产。在资产泡沫化甚至泡沫全球化（套息）的过程中，他们的财富积累如火箭般发射了出去，把差距迅速拉大了（这对于私人和国有资本同样成立，我们的国家资产负债表研究显示了这些关键证据）。在上面提到的三种积累方式中，前者可能是小儿科，后两者更像火箭发射，尤其是第二种（因为房产的价值超过 100 万亿元，资本市场还是小不少），特别是最近 10 年。本质上说中国这个年轻的半市场化的经济体迅速通过了经济货币化、资产资本化、资本泡沫化，最后还赶上泡沫全球化的快车，在天文量级流动性供应的推波助澜下，财富鸿沟最终出现了。不妨说得更直白一点，中国社会的资本平均的 r 不会明显大过 g，但是某些类型的资产，如高市盈率的股权、一线城市的房地产，r 则大幅超过了 g，只要大量拥有这些类别的资产就能够雄踞于中国财富金字塔的顶端。

中国未来的分配趋势

如果把《21 世纪资本论》投影到中国现实的话，你指望可以得到什么样的结论和政策建议呢？无论如何，中国进步主义的改革日程表里总少不了规范权力、约束垄断、消除二元结构、终结腐败这些必然要件。这些无疑会让这个社会在两次分配的程序上更加公平合理，特别是消除不受制约的绝对的资本和不受监督的绝对的权力（它们始终是全民公敌），以及最坏的两者的结合。

在这个基础上，可以讨论皮凯蒂的建议。例如，全球范围的遗产税、财产税在任何地方无疑都是难题，因为财富加权力在一个“正常的”社会中也通常最具有发言权。如果它还有立法权，即制定规则的权力，它就肯定会把这个规则做得向自己倾斜。另外资本也会用脚投票，在一个此起彼伏的全球激烈竞争的环境中，它们的流动性非常之高，会难以避免地四处逃逸。中国只有积极参与到全球治理结构的优化过程中，才能找到可行的应对之策。不过对于当下的中国，更紧迫的可能还是第一步，也就是皮凯蒂反复强调的透明度问题——征税的讨论当然可以继续下去，但无论如何要先把不动产登记制度搞定了再说，其难度好像真的与一场针对既得利益的革命差不多。不过在依法治国的大势所趋之下，搞清楚家底的不动产登记法律一定会尽快成型。房产税也预计会在 2021 年底前成型，而房产税的尽头就是遗产税，相信也会在未来 10 年内出现。这会全面改变中国的财富分配格局和大类资产配置行为，不可不察。

中国一直宣称要借鉴人类文明成果，立足于本国国情，摸索自己的模式，寻找到一条新路。在财富分配如此古老的领域，如果老路是平均主义，邪路是两极分化，那么新路应该是什么？人类总是试图用自己的智慧寻求可以避免仇恨、冲突、战争等的求解方法。尽管这个问题可能并没有，也不需要有最终的解决方案，只要能够相对缓和就可以了，贫富差距不能再恶化了。众所周知，一个巨大的中产阶层才是政治、社会、经济、文化稳定和可持续的基石。应当说，正在全力推进的中国的全面深化改革使我们在破解“皮凯蒂困境”方面有了最有利的机遇窗口。如果中国真的能够吸取中外文化的可行经验，并融合社会主义的分配原则，或许有机会走出来，成功经验也必将有益于全球其他国家共同的未来。

在与皮凯蒂对话的最后环节，大家明显感受到了中国问题的复杂性可能会激起皮凯蒂进一步研究的兴趣。如果皮凯蒂打算再写一本与中国财富分配有关的新书，我建议的题目是“权力与资本”，刘胜军的是“市场经济与公平”，李迅雷的是“中国的私有化道路”，皮凯蒂自己觉得也许是“资本和民主”。

有趣的是，当我离开会场时，一位来自华东师大的外籍教授拦住了我，我们应该是第一次见面，他问我：你的政治立场是什么？

大致的政治光谱如下：极左——左——进步主义，大政府，穷人，多种族，公平（马克思、桑德斯、沃伦、罗斯福）——中左（奥巴马、拜登）——中产——中右（彭博、希拉里）——富豪，效率，寡头权贵，白人，大企业华尔街，自由主义，保守主义（小政府，里根、布什、哈耶克）——右——极右，法西斯——一致对外（美国优先，川普）。

一般在当下中国，人们初次见面不太会第一个问这样的问题。但这真是一个好问题。因为他对我的评论感到困惑，我的立场很简单（也许会被贴保守自由主义的标签），竞争会提升效率，差距会提供动力，但一旦过头结果必然就是社会的对立、敌视和持续的动荡。因为这本书，与其让左右再次分裂，还不如说让他们更加容易找到共同的底线。精英也好，民粹也罢，适度就行。是的，一部分人已经先富了起来，不管是“机遇”“能力”还是QE，那么接下来呢？说好的共同富裕呢？无论如何，在新一轮的财税、土地、户籍和混合所有制改革等这些利益再次分配的重大关头，共同的底线应该是透明和公开。

第六篇

新投资

在黑天鹅湖中和鲨鱼游泳

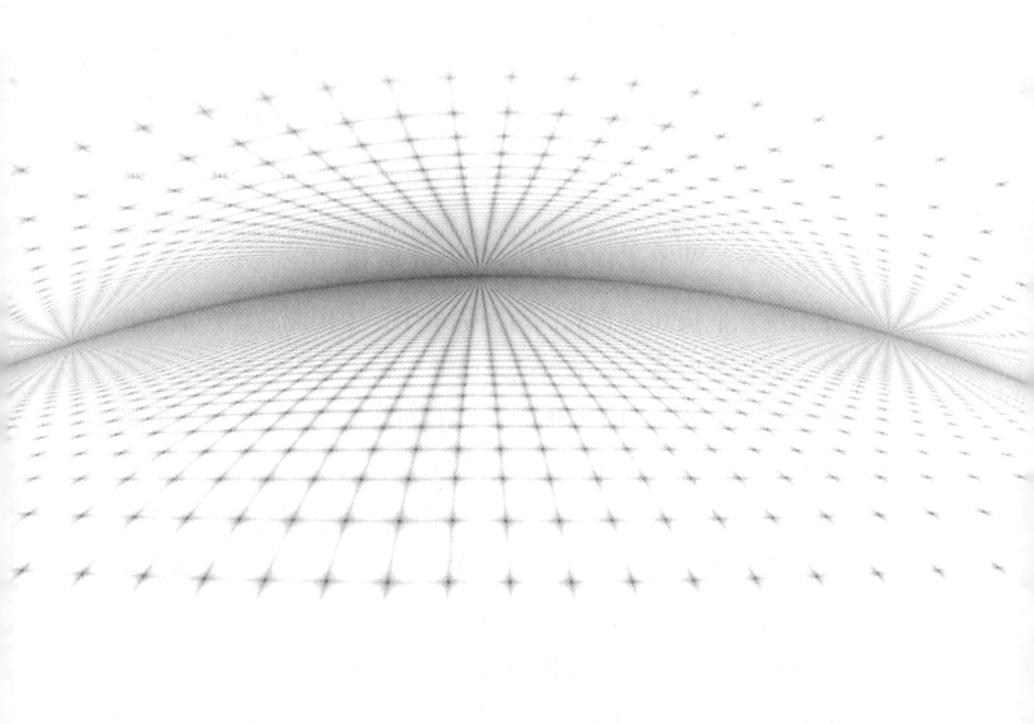

第 9 章 投资全球：后危机时代

水啊水，到处都是水；却无一滴解我焦渴。

——古舟子咏

流动性正在创造前所未有的分化，还是催生造福所有人的史诗级创新，张力和竞赛始终贯穿。

东南亚危机和次贷危机

在东南亚危机和次贷危机两次危机中，中国制造的产能和积累的外汇储备都扮演着关键角色。回顾历史才能预见未来。

20 世纪 90 年代中国的崛起多少有些偶然，开始于 1978 年的改革开放是中国融入世界生产体系的最初尝试。尽管中国是比亚洲四小龙出现还晚的后来者，但是中国廉价的土地、劳动力等生产要素迅速被西方资本利用。FDI 进入中国，实体产业逐渐向中国转移。西方一开始试图把中国纳入国际分工体系，一方面为它们提供消费品，另一方面提供销售市场和投资利润，但中国在代工的微薄利润中默默开始了和平的原始积累。从 OEM 到 ODM 再到出口全面替代的过程很简单，中国贸易走的是绝对优势路线。在积累初期，一般加工贸易，特别是转口贸易的附加值非常低。经过大约 10 ～ 15 年的代工学习，中国的民营资本和国有资本，也就是民族产业开始陆续毕业，开始进口替代并模仿生产，再出口替代，最终有自己的品牌，有些领域还有了自主创新能力。在同国外产品全面展开竞争时，中国制造的低端产品一度几乎全胜。

与已经有一些技术和资本积累的亚洲四小龙不同，中国在改革开放的初期与东南亚其他同样处于原始积累阶段的发展中国家一样，出口产品的相互替代性很高。在国际市场的这个区间内，亚洲经济体面对的是一条需求弹性较低的需求曲线，而拥有丰富自然资源和接近无限劳动力供给的中国几乎将新兴亚洲的出口供给曲线拉伸为一条弹性无限的直线。这种教科书式的市场结构将依赖出口的亚洲经济体逼入了“囚徒困境”。谁贬值谁就能占领市场份额，除非有经济实力和领导能力的国家能够得到区域承认，用其货币作为区域内子货币的“名义锚”，否则“竞争性贬值”和区域福利牺牲将是必然的结果。

事实就是如此，1985 年《广场协议》揭示了日元傀儡货币的本质，中国和印度的经济能级未达到要求，亚洲四小龙的经济规模和制度安排也难当大任。实际上，亚洲在整个 20 世纪都没有出现一个核心货币。亚洲的发展中经济体陷入两难的选择，要么继续钉住汇率，忍受竞争力下降的痛苦，要么对美元贬值，忍受福利损失，使得处于产业升级阶段的欧美国家成为最大的受益者。钉住汇率会失去国际市场份额，导致经济增长放缓，本币高估；贬值虽然可以增加出口数量，却会导致出口获汇金额下降，国内价格水平上行。亚洲的出口锦标赛是以新兴亚洲的福利损失和对发达国家产业替代加快为双重结果的。这个阶段实际上是新兴的亚洲经济体在国际市场上的第一次角力，拼的是资源的储量和价格、劳动力成本和供给。

1994年1月，人民币一次贬值近50%。即使考虑当时外汇调剂市场较高的交易权重，这次汇率并轨的实质贬值幅度也不低于20%。毫无悬念地，以此为标志，中国取得了阶段性胜利。之前一起选择竞争性贬值的菲律宾、印度和印尼等国纷纷转为固定汇率制；像泰国和马来西亚这样一直选择固定汇率的经济体，则由于本币高估最严重成为亚洲金融危机中投机资本开始攻击的对象。

可以说，中国的改革开放打乱了整个东亚的经济甚至地缘政治秩序。中国对国际原始资本的渴求使一种奇特的积累方式产生。这种方式以中国独一无二的劳动力和资源优势为支撑，使中国在中低端产品市场上击败了亚洲的其他发展中经济体，逼迫后者改变竞争战略和发展路径，从而根本上重构了亚洲的竞争格局。

随后亚洲的发展更有戏剧性，作为亚洲四小龙的新加坡和中国香港，考虑到经济容量和自身特点，大力发展生产型服务业与金融业，走向了成为国际贸易中心和离岸金融中心的道路。韩国向日本学习，将更多的劳动和资本密集型产业与低附加值生产环节转移到了中国大陆。中国台湾则一边升级自己的产业结构，一边从与中国大陆的直接投资和贸易往来中获益。

东南亚的选择则糟糕得多，退出贬值游戏的部分东南亚国家从20世纪80年代末开始先后高估了自身金融体系的能力，开放了资本账户，并选择了并不牢靠的固定汇率制度。这种选择本意在于培育一个稳健而有效的金融部门，保持汇兑环境的稳定，并改变增长方式，以求在亚洲的竞争中重整优势。但是，在90年代初的几年中，这些东南亚国家的国际竞争力已经明显下降，在本币明显被高估的情形下，许多国家仍坚守固定汇率制度，再加上它们不合时宜地放松了资本账户管制，特别是大胆地开放了短期跨境资本流动，使得大量投机资本进入原本就脆弱的资本市场和房地产领域，过度自信和过早打开资本大门为金融危机埋下了祸根。

对于其后的亚洲金融危机，日本也难辞其咎：如果说东南亚国家与自身经济实力不符的汇率制度安排是这场危机的基本面因素的话，廉价的日元则是这场危机的货币面因素。为了应对不断升值的日元，防止输入型通货紧缩和经济下滑，从1991年开始，日本央行开始逐步调低基准利率。在美国也不断降息的情况下，这似乎没有任何问题。但是，从1994年开始，美联储为了调节美国经济过高的通货膨胀屡次加息，并长期将联邦基金利率维持在5%以上。同时，日本仍然奉行低利率政策，在催生地产泡沫的同时，还为那些想参与外汇套利交易的人提供了天赐良机。从1995年中到2000年末，日美基准利率的利差约为5%，日元兑美元汇率升水稳定地反映了这个差距。随着1996年开始的日元贬值趋势，当时流向东南亚国家的日元海外贷款保守估计就有2600亿美元。短期套利投资者只要能够从日本抽出资本，投向新兴市场，就能获得丰厚利润。可以说，资本从日本向其东南亚邻国的流动，以及这些新兴市场本身的吸引力，共同造就了1997年以前东南亚国家的经济泡沫，也构成了亚洲金融危机的货币面因素。

一方面，在国际炒家攻击东南亚货币时，日元为其提供了廉价的弹药。事实上，自从1995年日元利率接近零点以来，日元长期是国际货币市场中的拆入货币。另一方面，日元大量流入东南亚国家，恶化了这些新兴市场“双重错配”的致命隐患。其一是东南亚市场“短期借入，长期投资”的期限错配，其二是“贷外汇（美元或日元），投资本国货币”的币种错配。当危机时期资本逆流时，这种错配导致的资金链断裂马上恶化了实体经济，直接导致产出下降。可以说，低利率的日元是亚洲金融危机的催化剂。

该来的迟早会来，对冲基金的大佬1992年在英国和1995年在墨西哥尝到甜头以后，在1997年便将矛头指向了制度安排与基本面不符的东南亚国家，第一个牺牲者就是有悠久固定汇率历史的泰国。1997年2月初，国际投资机构掀起抛售泰铢风潮，引起泰国经济动荡。泰国的外汇储备在对冲基金的冲击下很快耗尽，即使有东南亚各国央行的联合支持，泰国还是没能支撑下去。同年7月2日，泰国央行突然宣布放弃已坚持14年的固定汇率制度，实行有管理的浮动汇率制，随后泰铢便开始大幅贬值。

在泰铢放弃抵抗以后，东南亚国家的固定汇率制度就像多米诺骨牌，在对冲基金的攻击下一个个倒下。菲律宾比索、印度尼西亚卢比、马来西亚林吉特相继成为国际炒家的目标。1997年8月，马来西亚放弃保卫林吉特的努力；同月，菲律宾比索也遭抛售；就连一向坚挺的新加坡元也受到冲击。最惨的是印度尼西亚，它虽然受危机影响最晚，但是受到冲击最为严重。

1997年的货币面冲击仅仅是开始，危机在1998年深化并开始传染。1998 年初，印度尼西亚金融风暴再起，面对有史以来最严重的经济衰退，1 月印度尼西亚卢比兑美元突破 10 000 大关，IMF 为印度尼西亚开出的药方未能取得预期效果。2 月，印度尼西亚政府宣布将实行以美元为基准的联系汇率制以稳定印度尼西亚卢比，这种极不负责的举动遭到 IMF 及欧美的一致反对。IMF 扬言将撤回对印度尼西亚的援助，导致印度尼西亚陷入经济政治双危机，2 月印度尼西亚卢比兑美元再次跌破 10 000 大关。受其影响，东南亚汇市再起波澜，其他 4 个 ASEAN–5（指东南亚国家联盟的 5 个创始成员国）国家的货币纷纷下跌。4 月印度尼西亚同 IMF 就一份新的经济改革方案达成协议后，国际炒家依然不依不饶，直到 IMF 最后的救市方案在 7 月底基本到位后，东南亚汇市才暂告平静。

不过，对冲基金在这次危机中最大的误算就是中国，这也成为这场货币战争的转折点。香港回归作为中国改革开放成功的里程碑式事件，代表着内地和香港这两个经济体的初步实质融合。对冲基金在这种重大政治事件的时点附近挑战中国政府的底线是很不明智的——为了中国的核心利益，“一国两制”不会允许任何失败。1998 年 8 月初，美国股市动荡、日元汇率持续下跌之际，国际炒家对香港发动了新一轮进攻，恒生指数一路跌破 6600 点。香港特别行政区政府予以回击，金融管理局动用外汇基金进入股市和期货市场，吸纳国际炒家抛售的港币，将汇率稳定在 7.75HKD/USD 的水平上。为了保护香港的联系汇率制，内地向香港注入了大量的外汇资本，而同时坚定地宣布人民币不会贬值。经过近 1 个月的苦斗，国际炒家损失惨重，未实现把香港作为“超级提款机”的企图。当然，杀敌一千，自伤八百，金融管理局迅速提高的拆借利率对实体经济和资本市场形成了强力负面冲击，股指期货策略的失误使投资者和保卫者胜负各半。在中国香港失利的同时，国际炒家在俄罗斯更遭惨败。终于在1999年，这场历时两年的亚洲噩梦结束了。

危机期间，大量资本从金融领域和实业领域撤出东南亚，导致了严重的产业萎缩；货币大幅贬值从根本上恶化了经济体的货币环境，导致这些经济体通货膨胀高企，经济、政治动荡。在受危机影响最深的1998年，整个东南亚的实际GDP收缩了7.4%，受伤最深的印度尼西亚甚至倒退到了1995年的产出水平。这次危机的影响是长远的，除了经济规模较小的越南和菲律宾外，印度尼西亚、泰国和马来西亚在这次危机后的10年中，经济增长从未超过危机前10年的平均水平。

这场金融危机其实是一场被西方对冲基金利用了的亚洲发展中国家的“窝里斗”，日元在其中起到了相当负面的作用，而中国通过积极的财政政策刺激经济，以改革开放20年来积蓄的国际竞争力和储备资本为基础，在人民币不贬值的承诺下，挺过了这场危机，并真正成为亚洲的火车头。更重要的是，人民币在区域内树立了威信，东南亚国家联盟中的一些小规模经济体开始向中国靠拢。

2007年次贷危机来临。回顾一下这10年的危机和反危机历程颇有借鉴意义。这场由美国次级抵押贷款市场动荡引起的金融危机于2007年8月席卷美国、欧盟和日本等世界主要金融市场，并最终在2008年9月演变成全球金融危机。此后，主要经济体采取了大规模的扩张政策来应对。2009年底人们认为危机逐渐远去，全球已进入“后危机时代”，而就在此时，以希腊主权债务危机为源头的欧债危机初露锋芒，危机随即越演越烈，并经历了发展、蔓延、升级等阶段，最终演变为欧债危机。2011年8月，当市场还在关注卷土重来的欧债危机时，由标普下调美国AAA级长期主权债务评级引发的美债危机震惊世界。

面对重重困难，发达经济体一再使用货币宽松的工具。自2008年金融危机以来，美联储共出台了三轮量化宽松政策，总共购买资产约3.9万亿美元；欧洲央行先后开展长期再融资操作，推出直接货币交易计划，并于2015年3月全面启动量化宽松的政策；英国和日本央行多次扩大资产购买计划。这些政策引发了国际金融市场的剧烈动荡。

从根源看，次贷危机、欧债危机、美债危机这三次危机都是由2007年之前"失衡的全球化"即全球化3.0造成的，全球化其实并不神秘，也不会一马平川或者高潮不断，它也会停滞、消退甚至崩溃。从近代历史来看，全球化已经经历了三波浪潮，分别是全球化1.0即大航海时代，全球化2.0即英国和英镑时代，全球化3.0即美国和美元时代；也经历了三次重大贸易和经济失衡，分别是中英失衡、欧美失衡、亚美失衡，具体表现为实体经济和金融经济"两种失衡"。第三次尤其表现为美国全球化与美元全球化带来的失衡。

世界实体经济失衡包括各国内部失衡和外部失衡。内部失衡表现为：以美国和欧债危机最严重的葡萄牙、意大利、爱尔兰、希腊和西班牙五国为代表的经济体长期超前消费、收不抵支——政府部门收入小于支出，私人部门储蓄小于消费；以亚洲为代表的国家勤劳工作、积极储蓄。外部失衡表现为：以美国为代表的经济体长期贸易逆差、美元流出，以中国为代表的经济体长期贸易顺差、积累美元。

世界金融经济失衡是国际货币金融体系失衡导致的，包括两个层面：全球范围的“中心－外围”失衡和区域范围的“中心－外围”失衡。全球范围的“中心－外围”失衡是指美国利用其在国际货币金融体系的中心地位，在全世界范围内以很低的成本获得资源，使实体经济失衡得以持续、放大，而外围国家被美国牵制。

区域范围的“中心－外围”失衡的代表是欧元区，中心国（德国、法国）反而被外围国牵制：由于共用一种货币和同一基准利率，在危机发生时，中心国需要承担更多维护货币区稳定的责任。虽然欧元区统一了货币，但是无法协调财政，“后进拖累先进”的机制使中心国被外围国牵制。

次贷危机和美债危机反映了世界的“东西失衡”。研究数据表明：以中国为代表的发展中国家（“东”）是出口导向型，以美国为代表的发达国家（“西”）是过度消费型。欧债危机反映了欧元区的“南北失衡”：以 PIIGS 为代表的南欧国家（“南”）是超前消费型；以德国为代表的北欧国家（“北”）是勤劳工作型，过去 10 多来年工资上涨幅度不大，保持了出口的成本优势。

“两种失衡”同时带来了国家、企业、个人、中央银行等不同部门资产负债表的变化。次贷危机爆发后我们重新审视，发现金融危机更像是连锁店的逐渐扩张。

首先，这个连锁店的第一家分店是在美国开的，主要原因是美国的居民部门的资产负债表全线崩溃，因为杠杆太高。其次，这个危机连锁店开到了欧洲，表现为欧债危机，也意味着欧洲国家资产负债表的崩溃，因为财政的杠杆太高。最后，金融危机又来到新兴市场，新兴市场借入了大量的储备型货币，同时拿出相应的本币来支持。一旦美联储加息，这些资本会疯狂逃离新兴市场，这就可能引发货币危机。在这个过程中，不断膨胀的央行资产负债表最终将面临“审判”。

全球化是将各国联系为“一个世界”的重要动力。从全球宏观来看，危机前的全球化是“失衡的全球化”。它的重要特征是全球实体经济与金融经济联系日益紧密下带来的“两种失衡”，在一定程度上引发了三次危机。

但是，在 2007 年次贷危机，特别是 2008 年金融危机之后，我们看到的是逐渐显现的逆全球化现象。其传导机制表现为：全球实体经济与金融经济“两种失衡”导致金融危机，并发展为局部的经济危机。在应对危机的过程中，部分国家出现了贸易保护主义与经济民粹主义，这又抑制了全球化，推动“失衡的全球化”向逆全球化转变。

从这个意义上说，逆全球化趋势的真正触发点是 2007 年次贷危机，在经历了 2008 年金融危机及之后的欧债危机、美债危机后，不断升级到新的阶段，并于 2016 年底因特朗普的当选而“显性化”了。当前，逆全球化现象逐渐显现，表现包括贸易保护主义抬头、全球贸易增速连年下滑、全球经济复苏脆弱且不均衡、多边贸易体系规则被部分边缘化以及近年来一系列“黑天鹅事件”的发生。逆全球化进一步导致贸易投资减速，拖累世界经济增长，导致世界经济复苏乏力。

伴随各国经济复苏进程的不平衡，主要经济体的货币政策取向开始分化。2014 年，美联储于 1 月正式实施“削减量化宽松规模”计划，并于 10 月底结束资产购买计划，宣告始于 2008 年的三轮量化宽松政策正式结束。与美国相反，日本实施了力度空前的量化宽松货币政策；欧元区积极筹备和实施量化宽松货币政策；发展中国家纷纷提高基准利率。2015 年，由于主要经济体的经济发展差异，货币政策进一步分化：欧洲央行于 3 月全面开启量化宽松货币政策，日本持续量化宽松货币政策，大部分新兴国家都处在降息通道。与此相反，美国于当年 12 月 16 日实施了自 2006 年以来的首次加息。

主要经济体货币政策分化具有负面的溢出效应，对全球经济产生了一定的不利影响。2015 年，新兴市场经济体增长明显放缓，金融脆弱性提高。新兴市场货币持续贬值，摩根大通新兴市场货币指数下挫超过 12%。本轮贬值浪潮在一定程度上体现了美国货币政策转向的溢出效应。当前，美联储加息及欧日量化宽松等政策分化带来的负面溢出效应，仍在给发展中国家和全球带来新的挑战。

金融危机：学习到什么

自 2008 年雷曼兄弟破产算起，金融危机的发生至今已有 10 多年。在这期间，对于金融危机为什么发生、危机后的复苏为什么如此艰难、非常规货币政策的得失，以及金融与实体经济的关系等问题，学界和政策层面进行了持续和全面的探讨，目的就是防止金融危机再次发生。本轮金融危机的一个特点是全球化。一方面，罗格夫和伯南克等著名经济学家都认为全球失衡是本轮金融危机的主要原因；另一方面，危机爆发后，各个国家在货币政策与金融监管方面加强沟通，积极协调行动，以避免政策外溢效应。正是认识到了失衡是危机爆发的原因，各国才为建立新秩序而不停努力。本节首先梳理导致全球失衡的原因，而后从金融监管、货币政策和财政政策三方面总结全球经济“新秩序”的主要内容。

全球失衡：所谓全球失衡，是指在全球范围内出现的主权国家经常账户长期不平衡的现象。这种失衡现象自 20 世纪 70 年代布雷顿森林体系瓦解以来不断加剧，正是其严重性和持续性最终导致了金融危机。

新兴市场经济体系通过汇率贬值、金融抑制和劳动力成本优势等实现了经常账户长期盈余（以中国为代表），对应的就是发达国家的经常账户赤字（以美国为代表，最高时美国的总赤字占全球总赤字的近 75%）。在这个过程中，新兴市场国家积累了大量外汇资产（主要是美元资产），又通过购买发达国家金融资产的方式回流资金。一方面，这使发达国家资产价格上涨；另一方面，发达国家通过 FDI 的形式加大了对新兴市场国家的投资，从而实现了资金的全球配置，以及风险的全球配置。但这个循环是不可持续的，发达国家资产价格泡沫不断膨胀和债务不断累积会导致金融不稳定，伴随着可贷资金供求关系和资金成本的动态变化，循环终将断裂。

失衡对于金融危机来说是原因，但是它本身也作为一个结果存在，即全球失衡是内生的。从国民账户体系来看，对于一个开放经济体，经常账户盈余和国内储蓄超过投资的部分是对应的，即：

$$CA = S - I = (S_p - I_p) + (S_g - I_g)$$

其中 CA 是经常账户盈余或赤字，S 指储蓄，I 为投资，下角标 p 和 g 分别指私人部门和政府部门，同时私人部门又包括居民部门和企业部门。所以，一个国家对外部门中的经常账户盈余（或赤字）是与国内实体经济部门的储蓄 – 投资状况相照应的，即国内的“储蓄过剩”与经常账户盈余相对应。首先，就居民部门来说，新兴市场国家由于和发达国家在人口结构、文化因素和金融约束等方面的差异，所以居民储蓄大于投资，显著的代表就是中国的高储蓄率现象。其次，对于企业部门，其目标函数是利润最大化，国家间资本实际回报率及金融市场发展程度的差异导致了发展中国家企业的“强迫储蓄”行为。最后，对于政府部门而言，以美国为代表的发达国家利用其国际货币地位，发行政府债券吸收发展中国家的货币储备，实现了私人部门和政府部门的“双赤字”。

所以说，全球失衡自身作为一个结果，是新的全球化 3.0 背景下全球分工和南北两个世界发展战略的差异与美元主导的后布雷顿森林体系的矛盾的外在表现，即单极的货币体系与分工的叠加之间的矛盾。全球化分工的“中心 – 外围”格局在短期内是不变的，消费国 – 生产国 – 资源国的模式也是不变的，变化的只是各自阵营中的队员。不同国家经济发展速度和战略的差异是永恒的。所有这些因素都使失衡或成为全球化的常态。所以，如何将失衡维持在可控的范围内，以及实现从失衡到再平衡的顺利过渡，应成为新秩序的主要内容。

金融监管：加强金融监管已成为全球“新共识”，同时强调宏观审慎管理是理论和实践创新。

货币政策：如果说非常规货币政策为本轮危机（2008 年）提供了一个缓冲带，那它同时也是使全球经济复苏陷入泥潭的“湿地”。2008 年后，全球央行开启流动性竞赛模式，天文量级的货币投放使经济增速在短时间内企稳，如美国早在2009年就停止了下跌趋势。但它实行的是一种以邻为壑的政策，博弈的结果就是流动性竞赛及流动性陷阱。美联储是全球流动性的源头，影响着全球央行的货币政策节奏。随着经济复苏步伐稳固，美联储最早退出量化宽松政策，也最早开始加息，2018年更是加息与缩表同步进行，标志着全球流动性拐点的到来。

非常规货币政策不可持续已成为共识，但货币政策的"新常态"仍然存在争议。斯坦福大学教授泰勒认为，本次危机的一个教训是，货币政策应该回归到一个可以预测的、以规则为基础的框架内，因为规则对于防范错误，以及危机爆发后采取好的措施都有着不可估量的价值。他认为正是因为美联储在危机前背离了泰勒规则，将利率维持在较低的水平，才导致了信贷和房地产价格膨胀。"工具规则"有助于指导政策决策，但由于缺乏透明度，不适合与公众交流。而目标制框架可以提高央行与公众的沟通效率，也符合委托人（政府与公众）应监督代理人（央行）的激励约束。伯南克是目标制的坚定支持者，但在本轮危机以后，他也认为目标制并不能有效防范系统风险，为此应该采取一个更平衡的框架。另外，货币政策除了应关注实体经济层面，还应该维护金融稳定。这一点主要体现在将宏观审慎管理纳入宏观政策框架，如中国就强调建立货币政策与宏观审慎管理双支柱框架，以维护金融体系的稳定和防范金融系统性风险。

财政政策：如凯恩斯主义者所言，货币政策受到零利率下限和流动性陷阱的制约，对于刺激有效需求的效果并不明显，这一点已经被危机后的全球复苏进程证明。为此，从货币政策向财政政策转化成为新趋势。以特朗普减税为代表，美国开始推行紧货币与松财政政策组合，减税的主要目的在于刺激居民和企业投资，以及吸引外商直接投资。但政策能否达预期还要看主要大国的博弈，风险点在于如果不达预期，美国政府的财政收支状况将会恶化。

主流经济学家一致认为，将公共债务保持在一个比较谨慎的水平是一个合理的长期目标。因为实证证据表明，公共债务的积压会导致很多问题，包括低经济增速、代际公平和政府公信力等。所以，预算平衡规则被认为是财政政策可持续性的重要标准之一。显然，这与勒纳提出的“功能财政”思路是相左的，后凯恩斯学派的经济学家是奉行“功能财政”的主要代表之一，如明斯基、兰德尔·雷等。他们从资产负债表的角度指出，公共部门和私人部门是一种此消彼长的关系，即私人部门的盈余就是公共部门的赤字，反之，公共部门的盈余就是私人部门的赤字。所以，公共财政要想维持宏观经济的稳定，必须保持足够大的财政基数，即“大政府”。“大政府”的边界在哪里？恐怕也很难有标准答案。所以，危机后的财政政策最多只是凯恩斯主义的再次复兴，以明斯基为代表的后凯恩斯主义阵营开始为更多人重视，仅此而已。

总而言之，无论是理论还是实践层面，都没有出现重大的创新，更多的是在原有的基础上打补丁。理论层面，主流理论仍然是在一般均衡框架下加入金融摩擦和资产价格波动，却没有对“失衡”给予更多关注；实践层面，虽然人们逐渐在货币政策应关注资产价格、维护金融稳定问题上取得一致，但是对于如何协调政策框架内的各项目标，以及“新常态”下的货币政策是否只是对原有框架的回归等问题还在争论。宏观审慎监管或许是最突出的“创新”，但如何使其发挥应有的作用，各国仍在探索。除此以外，金融监管被提到了一个历史新高度，但是众说纷纭的“新常态”下的“新秩序”好像并没有什么新的内容。

随着美国特朗普新政、英国脱欧、地缘摩擦等频频出现，现实显得越发“骨感”，我有一种不安的预感，2008年后各国除了会投放更多流动性以外，各方面取得的进展十分有限。全球正在经历一个三高三低的状态，一方面是高央行资产负债表规模、实体经济高负债或者杠杆率、风险资产价格历史新高，另一方面是低波动率、低通货膨胀率、低增长和贸易水平。

过去10多年恐怕是人类历史上货币幻觉最严重的时期，看看那些核心资产的价格膨胀程度，看看全球财富分化的程度，让人不寒而栗。所谓宏观审慎政策，即降低宏观杠杆水平的努力似乎是唯一的进展，但仔细看看有几个大型经济体的宏观杠杆真正被控制住了？传说中用天文量级的流动性浇灌出来的史诗级创新呢？苹果倒是更新到X代了。比特币算吗？理论创新呢？每次重大金融经济危机都有思想巨人的出现和重大的经济学理论突破，一如马克思、凯恩斯、弗里德曼带来闪电光芒，而现在我们只看到左右两派吵吵嚷嚷相互指责，民族主义、民粹主义日益亢奋，流动性如此充沛，思想如此贫乏成为最鲜明的对比。

准确来说，我们正处在从美元和美国主导下的全球化3.0的旧秩序到全球化4.0的过渡期，以中国为代表的新兴市场国家均希望在重建货币与贸易新秩序中有更多的话语权。这是一个漫长的博弈过程，在一个灰犀牛与黑天鹅并存的时代，博弈的均衡在哪里仍存在较大的不确定性。10多年过去了，现在全球金融体系有三高一低的特征：一，全球主要央行的资产负债表规模达到有史以来最高；二，大型经济体的杠杆率（负债率）达到有史以来最高；三，主要风险资产的价格，如房价和股价几乎也处于创纪录的新高。但确实是有一低，即风险资产的波动率指数历史最低。世界会变得更好吗？还是在酝酿更大的风险？未来几年，必有分晓！

中国投资全球：重构对外资产负债表

对外开放和融入全球化 3.0 带来的技术、市场和资源等红利始终是中国经济快速增长的重要动力。中共十八届三中全会《决定》强调："适应经济全球化新形势，必须推动对内对外开放相互促进、引进来和走出去更好结合，促进国际国内要素有序自由流动、资源高效配置、市场深度融合，加快培育参与和引领国际经济合作竞争新优势，以开放促改革。"在 1978 年改革开放、2001 年加入 WTO 以后，中国目前站在第三波开放大浪潮的起点，与过往两次最大的不同在于，过去中国的实力相对较弱，只是全球化规则的适应者；这次中国则与全球全面对接，力图从规则的接受者变成动摇者，并在全球化 4.0 的体系中扮演更重要的角色。

一方面，中国目前的综合国力与在前两次开放之初时的已不可同日而语，进一步开放的试错成本与规划难度都很高；另一方面，本轮开放伴随着中国国际影响力的加速提升，必然会受到美国等全球化旧制度维护者的挟制——这意味着全面而系统地规划总战略十分重要。这里我们重点讨论投资方面。

总体上看，中国现状是储备占比过大，收益率不匹配。2004 ～ 2014 年，中国的对外资产、负债和净资产规模都保持着较快的扩张速度：总资产从 9291 亿美元增长到 6.4 万亿美元，年化复合增长率为 21.3%；负债从 6527 亿美元增加到 4.63 万亿美元，复合增长率为 21.6%；净资产从 2764 亿美元增加到 1.78 万亿美元，复合增长率为 20.4%。从时序来看，2008 年以前增速较高，且资产增速高于负债增速，2008 年以后增速有所放缓，但负债增速高于资产增速。横向比较，中国是 G20 中对外净资产规模最大的经济体之一，2013 年中国的对外净资产规模占全球 GDP 的 2.6%，仅次于日本的 4.1%。

2002 ～ 2014 年，中国的对外资产中外汇储备一直处于主导地位，规模从 2004 年的 6099 亿美元增长到 2014 年的 3.9 万亿美元。这一方面源于中国"大推进"战略下长期、持续的双顺差，在结售汇制度下带来外汇储备的逐渐堆积；另一方面中国的居民部门和企业部门对外投资能力较弱，且投资渠道有限，对外难以形成收益较高的投资，中国对外直接投资的规模和占比相对较小。截至 2014 年末，中国的外汇储备资产为 38 990 亿美元，占全部对外资产的 60.8%。横向比较的话，可以发现中国和德国、沙特等生产型和资源型经济体正是最主要的资本输出国，而美国是最主要的资本输入国，其背后的支撑就是美元的国际货币地位。

负债方面，外商直接投资是中国负债的主要组成部分，占 60% 左右；证券投资占 10% 左右，主要是股权证券；而其他投资占 30% 左右。从时序趋势判断，上述三项的占比相对稳定。外债方面，从中国不同期限外债的状况看，短期外债占比持续上升，目前短期外债占总外债的比重接近 80%。但是，相对于目前的经济总量和外汇储备规模，中国的外债压力较小。

虽然中国是最大的对外净资产国之一，但是外汇储备主导的资产结构使其资产端与负债端的收益率 / 成本严重不匹配。从2009年开始，在经常项目中，表征对外负债成本的投资收益流出就大于表征对外资产收益的投资收益流入。过去10多年来，中国的对外投资收益率在3%～4%的低水平，明显低于对外负债5.5%～8%的成本。

中国的对外净资产收益率为负的原因有两方面。第一，投资能力不足，其中直接投资资产收益率大幅低于直接负债收益率，债务投资资产收益率也比负债端收益率低，虽然股票投资资产收益率比负债高，但是由于受到资产价格波动影响，这一正的净资产负债收益率并不是持续的，波动较大。第二，资产负债结构不对称，资产端以低收益的债务投资为主，负债端以高收益的直接投资为主。在资产端，所占份额不断上升的直接投资收益率也非常低，进一步加剧了净资产收益率的下降。

与中国相反，美国作为全球最大的对外净负债国，外部资产收益率稳定高于负债成本，1990年之后，两国的利差稳定在4%左右。中国是全球的廉价资金提供者之一，而美国是这些资金的主要接受者，廉价流动性泛滥和美联储对长端利率失控，成为美国次贷危机的主要原因和全球化3.0崩溃的催化剂。综上所述，对外大规模净投资、外汇储备主导资产和资产与负债收益率不匹配是中国对外资产负债表的现状和主要问题。

随着人民币国际化和中国在全球化4.0体系中崛起，从对外资产负债表的角度，中国未来是变成美国这样的净负债国，还是保持目前的趋势，如日本一样继续做一个对外净资产国呢？很难想象中国的对外资产负债表会随着人民币的国际化而像美国那样背负大规模净负债，虽然随着人民币外流，必须以更多的资产值对接这些人民币，从而创生对外负债。中国也很难像年老而富有的日本那样，继续维持对外净资产，这有总量的差异，也有结构和发展阶段的差异。2014年，中国对外净资产占GDP的比重仅为17.1%，而日本高达75.2%，且与中国“藏汇于国”的特征不同，虽然外汇储备规模也很大，但是富裕的日本是典型的“藏汇于民”：2014年底其对外净资产私人部门持有占比为80.8%，公共部门持有占比仅为19.2%。至少在未来较长一段时间内，中国依然将处于金融周期的下半场，通过外部加杠杆对冲内部转杠杆的影响是十分必要的，在这之前加快推进资本项目可兑换是重要前提。

随着人民币汇率形成机制的改革，中国的货币当局对外汇市场的干预程度和干预方向都有明显变化，其结果是外汇储备从快速积累到停止积累，然后切换到了短期消耗。主要受此影响，预计未来中国对外净资产规模增速会明显下行。因此，一方面中国加快推进资本项目可兑换，提高对外负债水平；另一方面，中国有效且战略性地使用外汇储备，提高资产收益率；最终，对外净资产规模下行。这是可能性最大的情况。

中国对外的资产和负债如何动态变化？如何提高中国对外资产的收益率，降低对外负债的成本，有效利用外部杠杆发展经济，对冲国内处于金融周期下半场下行阶段的影响？我们将对中国对外资产负债表的主要项目——直接投资、证券与其他投资、储备资产分别进行分析和展望，并以此勾勒出中国对外资产负债表演变的趋势轮廓。

中国目前正在进入海外直接投资大扩张时代。商务部最新公布的数据显示，2018 年上半年，我国共对全球 155 个国家和地区的 4797 家境外企业进行了非金融类直接投资，累计实现投资 5802.8 亿元，同比增长 58.7%。对外投资主要流向商务服务业、制造业、批发和零售业、采矿业，其中流向装备制造业 120.4 亿美元，是 2017 年同期的 5.4 倍，国际产能合作呈现良好势头。

全球跨境直接投资在全球化 3.0 时期蓬勃发展，主要承担了产业与技术转移的功能。在“冷战”时期，马歇尔计划是最具代表性的直接投资和支援计划，这里面有美国地缘布局的因素。其后的产业转移更多是微观企业基于区位理论选择的结果，背后的驱动有市场、成本、资源等要素。全球规模的再分工和其背后的规模效应使特定产业在各区域集聚，直接投资扮演了重要的角色。

从存量来看，全球直接投资有明显的导向性和区域集中的特征。截至 2013 年底，全球 27.9 万亿美元的直接投资存量中，经济一体化程度最高的欧洲内部就占了 10 万亿美元，其实其中很多欧元区和欧盟国家间的直接投资可以理解为经济体“内部”的投资；柏林墙倒塌后，西欧也对部分东欧国家进行了大量的直接投资。除此之外，中北美和欧洲这两个相对发达区域之间的投资规模也较大，存量规模为 5.1 万亿美元。另外，东亚是各区域中对外部直接投资吸收较高的区域，但 3.9 万亿美元的存量规模中仍然有 1.8 万亿美元来自内部，主要来自日本产业对亚洲四小龙的转移，以及之后亚洲发达经济体产业向中国的转移。

从趋势上看，1990 年以来，新兴与发展中经济体在直接投资方面的重要性稳步提高，流入规模在 2013 年全球占比已达到 53.6%，流出规模占比达到 32.2%，存量占比达到 33.3%。驱动未来全球跨境直接投资变动的主要因素依然是全球分工布局和相关投资协议的加强：一方面，一些资源密集型和劳动密集型的产业会进一步从先发新兴经济体向后发新兴经济体和欠发达国家转移；另一方面，美国主导的新一代TTIP和TISA等投资贸易协定，将强化发达经济体之间的投资自由化程度。

中国作为生产型经济体随着规模扩张，对海外资源的需求不断提升。过去几年，其对外直接投资的增速显著快于外商直接投资。以海外承包工程完成营业额为例，中国主要的工程输出集中在地缘亲近的亚洲和资源丰富、开发不足且风险较高的非洲。

从存量来看，基于自身对资源的需要，以往中国的海外投资多集中于能源领域。2005年至2014年6月，以所有100万美元以上的项目为统计样本，中国总的ODI投资额是8700亿美元，其中能源投资达到3960亿美元，占比达到45.5%；对金属与矿产资源的投资为1240亿美元，占比为14.2%。

在新全球化进程中，中国的对外直接投资将会快速提升，除了输出资本换取资源外，还有以“一带一路”为平台进行的“基建稳增长”和“产能换安全”战略。因此在直接投资领域，随着以资源安全与地缘拓展为主线的对外承包工程、产能和资本输出蓬勃发展，中国ODI的规模终将超过FDI，中国也将从直接投资净输入国变为输出国。

再来看证券投资方面，尤其是资本账户开放的影响。证券与其他投资的趋势分析难度相对较高，因为这类跨境投资的资金流波动大，易反复。要理解中国对外的证券与其他投资趋势，主要的切入点有两个方面：一是全球金融周期不同步导致的杠杆调整差别，二是中国资本账户本身的开放速度。

各经济体金融周期的分化决定了其内外部杠杆调整的差别，经济体对外购买债券和贷款本质上是帮助其他经济体加杠杆。一般来说，处于金融周期上行阶段的经济体信贷扩张较快，倾向于吸收外部资本；而处于金融周期下行阶段的经济体更多地会向外输出资本，寻找海外的投资机会。但如果考虑到家庭、非金融企业及公共部门的杠杆调整，特别是发达经济体普遍采取的量化宽松措施，实际情况要更复杂一些。

根据国际清算银行的研究框架，实际信贷指数、信贷对 GDP 的比例及实际房价指数是度量金融周期的较好指标，从中可以发现全球主要经济体的金融周期有明显分化。截至 2014 年末，美国本轮金融周期见底，可能处在新一轮周期的蓄势甚至初始阶段。欧元区本轮金融周期到达顶点时间比美国晚，当前还处于金融周期的下行阶段。日本处于金融周期漫长而温和的上半场，中国本轮金融周期在 2013 年达到顶点，并步入下半场。如果说 2008 年金融危机爆发后是新兴经济体通过加杠杆来应对发达经济体私人部门去杠杆的冲击的话，那么其后发达经济体的分化和恢复不同步在很大程度上与其金融周期有关。

中长期展望，从金融周期的角度理解，未来中国会加大对海外债务资产的持有量；而美国迈入加息周期后，会进入新一轮资本输入周期，特别是债务类资金；日本的金融周期比较平缓，对外债权投资变化不大；而欧元区主要受财政整固的影响，全球对其债权类资产的配置还在下降过程中。

债权资产主要包括信贷和债券两类。对于跨境信贷，一方面，目前中国对该项目资本的监管还比较严；另一方面，全球商业银行的资产负债表或在上轮危机的冲击中严重受损，或在危机修复的过程中严重透支，整体信贷增速一直非常弱。即使在最乐观的假设下，预计未来全球信贷也仅会进入弱复苏状态，难以出现 2007 年之前那样的信贷大扩张周期。仅信贷方面，发达经济体中日本、英国和欧元区虽然先后恢复了信贷净增长，但是最早实行量化宽松和信贷恢复正增长的美国信贷出现了下行趋势。另外，大部分跨境信贷是针对企业部门的，而这部分实际需求未来也相对疲弱。考虑到跨境信贷对中国未来中期资本流动影响较小，这里不对其进行结构和深度研究，把重点放在债券方面。

要理解全球债券投资资金，甚至股权投资资金的中长期流动，必须对在过去一段较长的时间造成全球流动性泛滥、低利率常态的量化宽松及其影响进行比较系统的分析。美联储的货币政策能否顺利正常化？美元加息周期重启的影响如何？实体经济的恢复对量化宽松依赖程度如何？

量化宽松之所以成为美国、日本、英国、欧洲等发达经济体先后普遍采取的宽松政策手段，除了利率已降无可降的流动性陷阱困境外，量化宽松确实可以比较迅速地以公共部门资产负债表为代价，直接或间接地修复金融部门、居民部门、非金融企业的资产负债表。

2008 年 8 月以来，发达经济体的央行先后通过量化宽松扩表，公共部门的净债务率也快速提升，其间虽然有欧元区边缘国家遭遇主权债务危机，也有新兴经济体受到大量投机资本的冲刷，但这确实为发达经济体的私人部门去杠杆赢得了时间。这段时间发达经济体的经常账户也有不同程度的改善。

对消费占 GDP 更重要地位的发达国家而言，私人部门中家庭部门的去杠杆化比非金融企业更重要，确实下行幅度也更明显，特别是对于英国和美国而言。即使是主权债务压力较大的欧元区边缘国家，2011 ～ 2012 年财政整固开始后，家庭和非金融企业的杠杆率也开始有不同程度的下降，预计其未来进一步的下降依然离不开欧洲央行持续量化宽松的支持。

美元进入加息周期会拉大日美和欧美的利差，使资本流入美国，抬升美国经济外部杠杆和私人部门杠杆。一方面，日本长期零利率，量化宽松的力度依然很大，瑞士和欧元区部分国家的主权债务甚至出现了负利率。另一方面，2015 年 12 月美联储正式重启加息周期，当时我们预期 2016 ～ 2017 年是加息频率最高的两年。随着美元指数上升，如果美联储结束长期量化宽松，并在 10 年后再次开启加息周期的话，美元资产，特别是美国的证券类资产在全球的相对吸引力会有所提高；美国的私人部门杠杆，特别是家庭部门杠杆可能会进入回升的通道。

量化宽松带来的金融资产价格提升与去杠杆化对发达经济体家庭部门的金融净资产率提升是十分重要的，金融净资产率的提升带来的财富效应和货币幻觉则是消费回升的关键因素。讽刺的是，量化宽松维持的庞氏骗局对发达经济体的消费复苏是不可或缺的一环。

以下通过贡献拆分，分析通货膨胀、经济增长、债务净发行与核销、资产增长与增值等因素，对主要发达经济体 2007 ～ 2014 年家庭部门的金融净资产率变动的影响。首先，除了部分欧元区核心国家和希腊，大部分发达经济体家庭部门的金融净资产率在这段时间都有不同程度的提升，主要经济体中美国和日本提升最明显。其次，经济增长对金融净资产率的改善效果不明显，通货膨胀的改善效果更明显一些，因为通货膨胀一般不改变负债的名义价值，却经常抬升资产的名义价值。需要注意的是，量化宽松在这段时间对维持通货膨胀和对抗通货紧缩本身也发挥了重要作用。再次，综合考虑新债净发行和债务核销的话，其对金融净资产率的整体影响并不明显。最后，也是最重要的是，量化宽松导致的金融资产总现值的上升是绝大部分经济体家庭金融净资产率提升的重要驱动因素。在美国和英国，资产价值重估对指标的正面影响甚至超过了经济增长、通货膨胀、债务核销这几个因素影响的总和。

所以量化宽松对发达经济体的家庭部门金融净资产率的改善十分重要，也是其消费复苏与经济改善的重要推动力。若美联储加息和货币政策正常化导致资产价格反转和私人部门杠杆率快速提升，那么消费的恢复将会变得十分脆弱。另外，虽然就业和经济的改善与实际工资率增速提升是美联储加息的主要支撑，但是美国比较疲弱的核心——通货膨胀，可能会成为后续加息过程的重要掣肘。

从这个角度理解，只有技术进步明显和供给侧有实际改善，经济体经济的恢复才相对稳固，其最终体现出的劳动生产率改善，一方面可以更有效地提高国际竞争力，改善外部账户差额；另一方面也能更有效地支持家庭部门实际收入提升。从劳动生产率回升来看，G7 的成员国中只有美国还不错，明显超过了危机前的平均水平，意大利比较弱，其他国家差距并不明显。

综上所述，金融周期下半场决定了中国国内资金趋势上会加大对海外债券资产的配置。然而，由于发达经济体量化宽松的分化，特别是美联储货币政策的正常化和加息有可能会有反复，从中长期来看，购买高评级发达国家的主权债务仍要忍受低收益率甚至负利率；而购买新兴市场债务则面临流动性和价格风险，性价比不高。因此，无论是外汇储备投资还是私人部门对外投资，趋势性地降低对债权类资产的配置比例，提升直接投资与其他高收益类型投资的比例是十分必要且重要的。

对中国而言，研究跨境证券投资绕不开资本账户开放的问题。在外汇储备主导下，中国对境外证券资产的持有规模虽名列全球第九，但私人部门对外的证券投资占全部对外资产的比例从2006年开始就稳步下降，最近几年仅保持在4%左右的水平；其中股权投资从2012年以来占比稳定在2.5%左右的低水平。另外，在合格境外机构投资者迅速发展的影响下，外资对国内股权的投资占比较高，一直维持在7%～10%的水平。

近几年中国QFII/RQFII、深港通/沪港通等渠道开放额度提高，在快速推进的背景下，中国资本市场开放较快，虽然2015年开始推行QDII2制度，但是整体上在民间证券跨境投资方面，中国长期是资本净流入国。由于跨境股权投资本身波动性大，特别是在杠杆资金影响下2015年A股市场大幅波动后，虽然资本市场开放的方向没有变，但是在执行的过程中决策层和监管层肯定会更加谨慎。虽然短期有美元加息升值、人民币贬值的压力，但是海外对中国的证券投资，随着证券市场改革的加速、合格境外投资者制度的发展，以及中国将A股纳入MSCI指数的诉求越来越明确，中长期增速仍将保持高位。预计股权投资在中国对外负债中的占比在2020年将达到15%左右。

数字货币：星辰大海还是终极霸权

Libra类的数字货币是非商品的、非主权的超级货币形态。

如果数据是未来最大的资产，那么数字货币一定是未来的终极货币形式。数字货币必将最终成为新一轮技术革命产生的新经济和新（数据）资产的价值量度、支付手段、财富储备与世界货币。如果由其任意发展，它的发展趋势或许是先干掉小国货币，再干掉小数字货币，之后干掉（跨境银行端）支付系统，最后干掉霸权货币。屠龙的勇士或许变为最终的巨龙。

数字货币诞生之前的货币我们都很熟悉，要么是商品货币，如黄金、白银，要么是法币（主权货币）。新的数字货币如果只是比特币，基于算法的话，目前它的总量有限，影响可控。但如果像 Libra 或者央行主权货币大规模发行的话，事情就很不一样了。

这些数字货币是真正全新的基于算法或者信任的共识的东西，还基于有形的传统的积累，不过是数字升级，是完全不同的路径。未来货币的主流一定是数字货币，只是不确定它究竟是央行的主权延伸，还是 Libra 这种商业的，或者全部开源或者全部去中心的，更像最初货币的私人货币。

区块链也就有十多年的历史，金银本位和法币本位有很多问题。坦率地说，非主权的金银其实也是（传统商品货币，需要共识，也有数量限制），Libra 也是，但是它们基于的派生体系不一样。Libra 是一种妥协，它必须要征得现有利益主体的同意才能往更高的层次发展，但总有一天会脱离它的母体。数字货币大概率是这样的发展趋势。

每一种货币都要有自己的理论基础，才能支撑整个金融逻辑的进化。比如，金银很简单，一个简单的货币数量论，再加上所谓的黄金运输点，我们既能搞定汇率，又能搞定利率。但是从信用货币或者主权货币开始就完全变异了。这种变异带来的影响实在是太大了，人类现在没有办法控制它（对应的微观定价理论应该如何进化，也是巨大挑战）。

信用货币是双重构架，理论上高能的货币是由货币控制者央行来决定的，但是广义货币是基于动物精神的，怎么样创造它？M2 实际上是内生的。一旦出现危机，央行肯定会挺身而出，因为那个时候整个市场全被吓坏了，只能走凯恩斯道路，其实现在还是这样子——大部分所谓货币政策都是控制信用总量（杠杆的）。在现代货币理论下，债务与货币同源，往下走，在全世界采用主权信用货币情况下，我们看到更多的是什么呢？是货币的幻觉、资产的泡沫，要么最终进入庞氏骗局，要么通货膨胀（产能不足）、泡沫破灭（一再出现）甚至国家破产（除非大而不倒）。只不过这个骗局可能是主权经济体在玩。

现在债务积累的状态，以及过去十多年拯救危机的方法是很荒谬的。过去的危机是因为在 2008 年之前放了太多货币，而拯救危机的方式是释放更多货币，大家都知道现在整个经济要进入新一轮衰退，但所做的唯一动作是什么？是继续放水。什么叫疯狂？就是不断重复做一件事情，但又期望不同的结果，全球正在这个方向上越走越远。

理论甚至也做出了迎合，成为权力的奴仆。人们发明了所谓现代货币理论（MMT），有了 MMT，最终的底线就全没有了，只要没有通胀，只要中国制造还在为世界不断地提供产能，印钞就是没有极限的。

因为我们现在整个信用理论的基础，债务跟货币是同源的，信用创造了债务，所以它产生的结果要么是通胀（德国在 1923

年遇到的情况，因为产能不足)，要么是泡沫破灭（这当然会不断地出现)，以及国家的破产。除非是全球货币，也就是全球储备的主权货币，像美元，大家都知道美国现在的债务巨大，为什么没问题呢？因为没有选择，我们不能选宇宙币吧，美国是最大的、最后的全球“贷款人”。

我们现在的问题，坦率地说，是由于一个非常错误的著名恒等式。在信用经济体里，广义货币 M2=GDP+CPI+ 资产 CPI，这是经典的谬误。

很简单的道理，我们觉得似乎大部分 M2 都应该被我们的 GDP+CPI，就是名义的产出消化掉，剩下来的部分进入泡沫领域。M2 与名义 GDP 增速的差，人们大致认为它可能会进入泡沫领域，其实并不是。因为这样看，每年只有额外 5% 的货币供应会进入泡沫领域。有证据显示，在 M2 里，10% 进入 GDP 的创生，10% 进入 CPI，80% 进入资产价格。一般的认知其实是一个重大的谬误。

可以想见，当名义 GDP 增长还在 8.5% 左右，M2 的值变成 8% 的时候，会出现各种各样的金融乱象，包括跑路违约和资产价格缩水。跑路的原因并不是央行还发出数字货币，而是流动性快速缩紧。你最初看到的是金融市场的反应和去泡沫化，对实体经济当然也有连带伤害。

所以我们被困在这样一个错误的信用经济模型或者公式里，更重要的是我们可能生活在一个巨大的货币幻觉里。这个货币幻觉来自信用系统或者自身膨胀的速度。在过去 40 多年里，中国经济体膨胀了 240 多倍，是很了不起的奇迹。大家穿的、用的，这些物质财富我们创造了 200 多倍，同时投放出来的货币高达

1000多倍。这就是经典的信用货币带来的困境，发达经济体也是如此。

为什么所谓货币中性理论一开始就错了？因为货币绝对不可能是中性的，从短期来看和从长期来看都不是。如果货币真的只是交易的媒介，那么谈货币中性是合适的，但货币怎么可能只是交易的媒介呢？如果货币不是中性的，宏观经济学的基础就没有了，而且没有公允的法则去判断谁能够得到最大的财富，一定会引起分化，但是技术精英或者新的科技会带来更好的世界吗？在回答这个问题的时候要特别小心。如果各国货币当局不太靠谱的话，那么类似Facebook这样的互联网巨头企业就会更靠谱一点吗？

Libra会伪装得更可靠一点，基于什么呢？基于SDR（特别提款权），也就是所谓的ESDR（电子特别提款权）。用不用分布式技术？它会用，它强调5年以后会交出来使用，现在它基于自己的网络、自己的用户，再加上100个大玩家实际上构成了一个联盟链。它跟现实的妥协在于拿了现实资产作为抵押1 : 1发行。按我个人的理解，它就是定义了Move的语言，不断地移动一些资产包，但这个移动可能会在算法上带来优势，也就是它很难出现很多漏洞，如凭空消失或者被攻击。当然，这取决于那个年轻的程序员写的计算机语言有多么美妙，现在看来未必比现有的区块链技术进展更优。

但是100家企业发行的基于多个币种的ESDR就比几个大国一起发行的SDR更加靠谱吗？大家知道SDR基本上完了，它除了用于顶级国家之间的小部分清算，后来也没什么其他用处。因为到了危机的时候大家索性就抛弃SDR，直接上强力币种的互换就完了，美元做了互换，人民币也在做。

如果 Libra 成功，就是一个分水岭，将创造一个终极的企业帝国。它做到的就是去掉主权的政治中心化，强化商业中心，它会成为 Libra 最优货币区（类似欧元）。我们认为一开始它一定小心翼翼地听从监管的安排，但 1 : 1 的复制仅仅是开始，创造货币早晚会来临，品格再良好的私人中央银行也会试图获取铸币税。理想主义会让位于现实利益。如果由其任意发展，它未来的趋势一定是先干掉小国货币，再干掉小数字货币，再干掉（跨境银行端）支付系统，最终干掉霸权货币，成为全球的私人央行。

但是它不稳定，不稳定不仅来自其架构的不稳定，也就是它采用哪几种货币来构成 SDR 的篮子，更重要的是如果 Facebook 发行了，估计谷歌也会发行，腾讯、阿里巴巴也会发行，而且估计当局也会支持它们发行，这样又变成了多种货币区在网络空间中不断地竞争。就像几千种区块链货币在不断地竞争，最终取决于联盟链究竟有多大，底层的应用场景究竟有多么广泛，以及最后的贷款人究竟是谁，如同不同经济体之间实力差异变化带来的汇率波动，哪怕都采用一样的数字货币基础技术。这个场景，好像跟哈耶克在《货币的非国家化》中描述的情形有些相似。

目前 Facebook 拥有 5000 亿美元市值大而不倒，但是我们也看到过原来市值很大的公司，最后消失变零的情况，那时候找谁去兑现呢？如果说数字货币最终会取代实体货币黄金白银，也取代主权货币，其挑战的就是现有货币当局和背后重大的利益分布。当然，我们认为也许算法（数学）代表一种更高层级的、大家能共用的语言，网络也是这样，它更多是一种信任机制，信任机制恐怕也是一种算法和凝聚共识的叙事。

原来我们基于真金白银的原始状态，后来基于主权发行的信任，现在明显都已经辜负了我们，难道数字货币就能不辜负我们了？实际上，所有技术精英都会有自己的盘算，不管他们伪装得多么普惠或者具有人本精神。Libra 也可能会屈服于资本的诉求和精英内心黑暗的部分。这都需要我们保持警觉。

关键的变化会出现在哪里？假设未来 Libra 能够通过各种各样的监管并开始慢慢地运营，开始用户的转化，我们觉得第五年才是真正的关键，因为它承诺在第五年的时候将放弃中心化，变成非许可链，交出控制权，变成真正意义上的比特币或者算法货币。这个时候可能是一个巨大的分水岭的开始。如果它真的交出控制权，它的权力并不足以让大家担心，因为它都已经公开了，没有私利，但是在这样一个转换的关头会出现什么样的问题？如同央行推出数字货币会引发什么样的重大变化，我们要小心地观察。

我们应该如何应对？首先，就像 SDR 一样，中国可以要求更多的份额，因为有 100 个节点，那你愿不愿意放中国重要的节点在这里。1000 万美元 1 个，可以先占个坑。不是说普惠、开放，最后奔向分布式网络吗，那能不能开放给中国人？这是测试它理想纯度非常好的试金石。

其次，当然百度、阿里巴巴、腾讯、京东可以创造自己的 Libra，为什么这次引起了全球央行比较激烈的反应呢？中国现在变得非常开放，中国可能会让中国的互联网巨头和央行，来发行中国全社交、全部应用场景的一个数字货币。Libra 找的那 24 个节点企业，基本上都是关键领域内的非传统金融巨头，如打车场景、信用卡场景、汇款场景。当然，我们也有强有力的电商场景、社交场景、汇兑场景，这些就是形成了数字货币需要的更多应用的良好的生态结构。

另外，在长三角地区，因为有比较充分的金融基础设施和实体产业，因此有非常多的应用场景，可不可以学习创造 Libra？选择非互联网巨头，来自实业产业的企业发起的数字货币联盟，或者产业与金融的联盟区块链。因为它们有更实在的应用场景（如在供应链、票据、征信、证券化、土地确权等方面）。提供充分的应用场景，可以让这样一个数字货币先按照联盟链 2B 的方式运营起来，再假定 10 年以后开放给其他关键的玩家或者变成完全去中心化的数字货币系统。

最后，就是央行数字货币，其实它就是主权 Libra。它实际上主要应该是 M0，为什么主要控制 M0 取代现金呢？很简单，M2 还是让市场决定，交给经济体、交给商业银行自己管。M0 已经有很多东西可以做了，如点对点的交易、合规问题、反洗钱问题，负利率问题甚至都可以试验解决。如果立即插手到更高的货币派生层次，可能会引发央行对所有经济体进行计划经济式的全面的点对点控制。这令人难以想象且没有必要，而且其实它也没有能力做到这一点。但是很可能在不久的将来，央行数字货币就不仅仅只是 M0，也可能是 M2 甚至财政和再分配的一种工具（如作为 UBI 统一基本收入或者精准扶贫的支付手段），以及人民币国际化的一种全新载体。

央行数字货币是央行在面临以下四个挑战后的一种应对。

一是 Big Bank。在原有的商业银行数据化中，货币政策传导存在问题，没有达到预期要求。

二是 Big Tech。数字货币出现不稳定或新的系统性风险，不管是 Libra 还是中国的第三方支付都如此。

三是 Big Country，即大国间的货币竞争。这也是人民币国际化的底层逻辑。

四是 Big Fiscal，即大财政。我们对央行数字货币比较敏感，主要是关注未来财政和货币政策是否会进行较高量级的连通。举个例子，若每个人都可以使用央行的数字货币，理论上每个人在央行都有 1 个账户，对应的货币投放就可以进行，那么扶贫的时候，是否可以直接给账户打入 1000 元的数字货币？这就是 UBI，同样是向民众发钱，若通过商业银行层层发放可能需要很多手续，包括磨损等，通过这种方式会更加便捷。当然，这里需要定义规则。

未来不排除央行要依靠数字货币来保持经济增长、维持金融系统稳定、防范系统性风险，又要实现其特有的结构化功能（如支持小微），并且满足全球投资货币或货币竞争的需求。

所以我们要用更开放的眼光看待数字货币问题。以前的坚船利炮，现在的数字货币，其本质都是关于科技与产业革命的力量竞争，所以必须在技术上做更多的投入和创新。在全球货币竞争方面，如人民币做国际化，也不光要做人民币向海外的应用，还要做到它的数字化应用。还可以考虑 SDR 或者 ESDR 方案，不仅仅只走人民币这条线，多储备币种的接受度可能会更高些，这样人民币才能既国际化，也数字化、科技化、网络化。目前，Libra 篮子里的 5 种货币包括美元（50%）、欧元（18%）、日元（14%）、英镑（11%）和新加坡元（7%），就是没有人民币。据称是考虑到了中美关系，这样更容易获得美国当局的“通行证”。显然 Libra 的发行超越了主权，这一稳定币和现有的货币体系相补充，支持美元或者以美元为主要挂钩货币，会强化现有货币市场格局。也就是说美国是在用科技的力量来加强其主权货币的能力，因为 Libra 隐含的最后贷款人仍然是美联储，货币天然就是权力的象征。

如果只是空谈数字货币，并不能创造更多的价值，还是要让金融回归实体，特别是对产业进行支持。在中国过去 70 年的经验里，最大的成功应该说是完成了第一次和第二次工业革命。中国是否能够继续成功取决于如何引发新一轮的技术和产业革命，并在此过程中完成中国经济的转型和升级。在新一轮工业革命中，究竟什么会成为必备的金融基础设施？我相信算法也好，存储也好，算力也好，带宽也好，在 5G、量子计算等技术进步之下都可以解决，数字货币将最终成为新一轮的技术革命产生的新经济和新（数据）资产的价值量度、支付手段、财富储备与世界货币，未来的新世界一定属于数字货币。

第10章 投资中国：战胜印钞机

未来，我们是做时间的朋友，还是做印钞机的朋友？是做悲观主义者，还是做凯恩斯说的“长期看我们都会死”的乐观主义者？市场经济创造的究竟是价值还是流动性繁荣？是水大、鱼大，还是“泡泡”更大？我想，未来定是风大、浪大，坑更大。未来，成功者是地产大亨、科技新贵还是制造工匠？投资者是乔治·索罗斯、沃伦·巴菲特还是人工智能量化算法？中国在过去的40多年里，物价呈6倍上升，实际经济呈300倍增长，居民收入呈400倍提高，货币供应呈1500倍增加。中国股票市值60万亿元，M2超200万亿元，债务积累达270万亿元，房地产估值约400万亿元。未来10年，中国的核心资产是什么，在哪里？预见未来还是创造未来？未来，如何战胜印钞机将是困扰每个投资者的巨大难题。

从宏观的角度来看，赚钱的方式就三种，一种是挣经济增长的钱，一种是挣印钞机的钱，还有就是挣隔壁老王的钱。在某种程度上，我们都生活在货币幻觉下，以及私人债务、公共债务、银行信用创造的庞氏骗局中。全球GDP不过70万亿美元，M2为65万亿美元（GDP的92%），而各种债务价值100万亿美元

（GDP 的 1.4 倍），各种金融衍生产品的名义价值达到 640 万亿美元（GDP 的 9.1 倍）。

从历史来看，任何国家其实从来也没有真正清偿过它们的债务。信用本位以后，各主要存续经济体的负债率就一直在上升，它们央行的资产负债表也在不断膨胀。除借新债还旧债以外，通常消解债务的方法就是通货膨胀，使本代或者下代居民来承担债务成本。有储备货币发行权的国家还可以向外国人转嫁成本，只要再融资成本没高过钞票印刷成本太多的话，这个游戏就可以一直玩下去。

我们总想搞清楚一个现代经济和金融的关键问题，1 单位的货币投放能够带来多少经济增长，同时又会产生多少资产价格的泡沫。前者带来经济周期，后者带来金融周期。金融跟实体的关系，就是广义货币 M2 与名义 GDP 之间的关系，一开始可能是 1 比 1 的关系（甚至不用），慢慢地变成 2 比 1，或者说是一半去实体经济，一半去资产价格，现在可能是 1 单位的 M2，0.2 单位的去实体，0.8 单位的去泡沫，表示为公式就是：

M2（水，货币供应）– 名义 GDP（鱼，现价财富）
= 过剩的流动性（“泡泡”）

这是一个经典的错误公式，实际情况没那么简单和线性，而是 M2 = 20%（GDP）+ 80%（“泡泡”），所以金融周期越发明显，实体周期萎靡不振。这种货币供应是内生的吗？通货膨胀扮演什么角色（会不会卷土重来）？更为深入的问题是为什么会有大稳健时代，全球化在其中扮演什么角色，泰勒规则是不是就是装糊涂，为什么这个时代以 2008 年金融危机告终，维持总体存量资产价格水平（其实是维持可流通部分的价格）需要多少货币供应，突破什么临界点会带来负反馈甚至崩溃（资产负债表衰退）？可能新的货币政策传导路径是这样的，流动性—泡沫—财富效应—IPO（创业创新）造富效应—房屋建设—可选消费—拉动经济。会不会现代货币经济的终点就是货币幻觉、资产泡沫、贫富分化和庞氏骗局？数字货币会终结这一切吗？如同数据垄断是终极垄断（数字化生产生活生存的必然结果），流动性幻觉也是终极泡沫的来源。设想主要经济体的货币供应再多几个 0 会怎样？这些问题都是关于数字的操纵。

越放水越渴的原因是有限流量被用来支撑无限存量的价值重估。其实交易价格仅仅是边际动量的体现，价值重估不过是数字幻觉，流量一释放即变为存量，分母越大分子越小，所以流量停滞之时，就是存量崩溃之日。

流动性为什么会不足，不是一直在超额供应流动性吗？因为存量和流量的差别。新增加的货币供应一直是财富效应的边际推手。当它无法拉动巨大的不参与交易换手但虚增估值的大部分存量资产时，行情焦灼；当市场恐慌性下跌时，因为获利或者想保住获利的这些资产都参与抛售，增加的流动性根本不够（除非无限量供应），特别是其中的大部分头寸本来就靠杠杆（借债）支撑，流动性黑洞导致的崩溃开始。这些资产包括股票、房子、债券等，疫情导致的经济暂停使得很多用来加杠杆融资的现金流消失，企业停摆、工资减少、失业破产增加等成为导火索。

投资本质是在资本市场（不同品种）和房地产市场（不同区域）瓜分流动性（不同币种）。在鼓励长期投资的众多话术里，最可笑的应该是做时间的朋友。在增长几乎全部为负，利率几乎为 0 的环境下，2020 年全球资产价格创下新高，如今投资本质是做印钞机的朋友，否则必定被梦想窒息。因此，看起来水大、鱼大，但实际上“泡泡”更大；未来风大、浪大，可能坑也巨大。

货币幻觉和资产泡沫：镀金时代 40 年

2018 年 5 月中国的 M2 突破了 170 万亿元，大家终于发现中国似乎是全球经济体中最能印刷货币的那个。这其中有一个误解，源于中国特殊的货币供应方式。一般而言，政府并不可以随意开动印钞机，央行的货币发行必须有相应的资产做支撑，具体只能存在于三个渠道：其一，对应政府的债权（一般都是本国国债），这是以政府的税收征管权作为发行保障的；其二，对应金融机构的再贷款，这是以金融机构的盈利能力作为保障的；其三，外汇占款，央行在发行本币兑换等值外币的同时具有了对国外商品的要求权。因此央行的货币发行机制本质上是资产创造货币，与商业银行用负债创造货币的机制完全相反。

改革开放以来，中国的流动性演进大致分为四个阶段。第一阶段的主题是“经济货币化”（1979 ～ 1991 年），在这一阶段中原来的计划经济和实物配给被货币交换和商品贸易全面替代，迅速扩大了对货币的交易需求。第二阶段的主题是“资产资本化”（1992 ～ 1997 年），标志之一是上交所和深交所的建立，另一个则是房地产市场的出现。1998 年 7 月，国务院宣布全面停止住房实物分配，实行住房分配货币化，中国就此进入波澜壮阔的房地产时代。这些资产开始大量吸附流动性，出现了所谓“失踪的货币”这一奇特现象，即货币供应虽多，但通货膨胀不是很高。第三阶段的主题是“资本泡沫化”和继续资产资本化（1998 ～ 2004 年），1998 年央行取消对国有商业银行的贷款限额控制，实行资产负债比例管理，商业银行释放流动性的大门就此完全打开，紧随其后的入世、股改、大型国企上市都需要大量流动性资金的支持。特别是，据不完全统计，这些年来地方政府累计获得20万亿元以上的土地出让收入，这就是撬动天量信贷和货币的资本金来源。第四阶段的主题是“泡沫全球化”（2005～2011年），2005年人民币对美元再次打开升值窗口，随后全球经济和资产泡沫同步升腾，然后跌落深渊，危机迅速出现了两波——2008年私人部门、2010～2011年公共部门。全球各经济体之间存在高度的同步性，目前还都在衰退复苏的泥潭中艰难跋涉。短短30年时间，中国经济在流动性战车上一路狂奔，无暇他顾，电闪雷鸣般地经历了发达市场上百年演化的经济货币化、资产资本化、资本泡沫化和泡沫全球化的全过程。1985～2011年，中国M2的年复合增长率高达21.67%，决策者、监管者、投资者还有普通民众无一不瞠目结舌、目眩神迷。

对于中国这样的非储备货币国，外汇占款无疑是经济全球化以后流动性急速扩张的源泉。从1994年开始，中国的外汇储备呈现第一次增长高峰，一方面由于国际收支双顺差的态势在当年得以确立，另一方面当年实行了汇率并轨，改革之后外汇向央行集中。因此，中国一度采用的强制结售汇制度最终形成了奇特的流动性供给机制。美元一旦结售汇，就形成了所谓的双重投放：一方面，在中国这些美元兑换为人民币基础货币，或者说美元成为中国货币投放的基础，中国人民银行就相当于美联储的一个大储备区分行，货币政策多年被劫持，其能做的就是不断对冲再对冲。2002年是一个分水岭，在此之前中国外汇资产占比还出现过下降态势，在此之后则呈直线上升态势。这实际上表明，中国人民银行在 2002 年之后就缺乏足够的工具进行资产内部的冲销操作了。中国人民银行 2003 年开始被动发行央票冲销，后来不断提升准备金进行更廉价也更有效的对冲。即便如此，流动性总量仍然不断膨胀，进而刺激资产价格和投机情绪。这时出现了人民币的“对外升值、对内贬值”，以及所谓的流动性过剩现象。人民币之所以对外升值，是因为热钱围城和定向投赌，对内贬值则是被迫进行货币投放和冲销不力的结果。我们还记忆犹新，2003 ～ 2007 年似是中国制造和贸易最“甜蜜”的时刻，也是全球资本豪赌人民币升值的最高峰。2005 年重新打开的升值窗口就如同总攻的集结号，全球套息交易产生的热钱滚滚而来，房产价格和股票价格扶摇直上。另外，强制结汇产生的美元储备成为中国人民银行的资产，由外汇管理局负责日常管理和投资。由于中国的外汇储备投资渠道狭窄，大量的美元储备被用于购买美国国债。2008 年危机以后，市场把美联储直接购买国债的行为叫作量化宽松。从这一点上看，不管美联储愿不愿意，中国人民银行都在很早以前就一直买入美国国债了，相当于中国（还有日本、东南亚、石油国等）向美国不断投放美元基础货币，替美联储执行量化宽松政策。这就是美元的双重投放和循环膨胀，它在中国和美国创造出了双重信用——不同仅仅在于，美国人得到了廉价的信贷可以不断挥霍消费，中国得到更多的货币进行投资和生产，G2 相互需要、“相濡以沫”，真是一个完美的循环。直到泡沫全球化，货币总量多到可以推动中美两国各自的房地产价格和股票价格失控，形成 2008 年金融危机。这其实就是所谓全球失衡的真相和金融危机的根源。中国的流动性其实不过是全球流动性的一个镜像，这也是理解世界经济和金融市场运行规律的新范式。

正如格雷斯顿所说，受恋爱愚弄的人甚至还没有因钻研货币本质而受愚弄的人多。一旦流动性被证实是经济分析中的重要元素，那么很多我们传统的经济学理论都将需要做出改变。

在实践中，宏观流动性对各种资产价格的影响是深远的，虽然遵循最简单的相对定价的市盈率分析框架：*P*=*EPS*（*P*/*E*），或者绝对定价的 DCF 模型：*V*=*EPS*/（1+*r*），资产价格的推动因素不外乎盈利上升或者估值提升。流动性膨胀不仅从估值角度推动资产价格，或者通过降低贴现率来吹大现值，在推动盈利增长方面也功劳巨大。不论是资源性企业，如有色煤炭，还是资产密集型企业，如泡沫丰富的房地产，以及高杠杆率企业，如银行，EPS 大部分都是由流动性堆积出来的。面对这波巨大的流动性狂潮，除了冬虫夏草可以勉强跑赢外，几乎所有投资者都是输家，被印钞机打得满地找牙。对于草根级的普通老百姓而言，逆袭的唯一机会就是尽量买更多的房子，还要通过加杠杆（贷款）来实现。这种近似本能的选择也是目前房价居高不下的原因。

展望未来，中国流动性的供给机制（从外汇占款到再贷款、以中国国债为基础的公开市场操作）和供给水平（从 22% 到 8%）都将会有重大变化发生，特别是当人民币开始双向波动时。10 余年主动加被动（存在“善意”的忽视）的流动性盛宴可能要谢幕了。流动性的转折点意味着大变革时代即将来临，涉及经济发展模式的改良、货币供应方式的调整、资本管制政策的变化、人民币国际化的布局，以及资本市场投资理念和风格的转变。转型、脱钩和去杠杆化将成为未来一段时间经济和市场运作的题中之意。但是决意刺破房地产泡沫的决策者必须特别小心，当系统性风险来袭时，其实是没有 B 计划的。这么多年来针对中国房价的堂吉诃德式的攻击之所以没有任何效果，是因为面对的对手是每个以卖地为生的城市的地方政府和每个慷慨资助地方政府与买房人的整个商业银行体系。它们和地产商一起都通过同一条“脐带”相连，而这条“脐带”中流动的“血液”就是央行源源不断发行出来的货币。这同 2008 年金融危机前夜的形势没什么差别。最终掌握唯一钥匙的就是央行的看门人，此项责任特别重大。一个货币管理者能青史留名或者说善始善终，不仅仅是因为在危难关头其可以放出流动性，还在于其是否能够收回流动性，后者同样需要巨大的智慧和勇气。

从“漂亮 50”到隐形冠军：创业板 2013

2013 年 6 月 15 日，国足合肥惨败（1∶5 输给泰国）以后，有人开玩笑说：中国转型成功与男足世界杯争冠，哪个更加困难？这确实是个好问题，两者应该都是中国梦的构成内容吧。对于前者，我们倒是理性乐观。作为市场人士，我们自然会讨论假若转型来临该如何投资市场。2013 年 A 股的走势或许能提供一些线索。

2013 年创业板指数和中小板指数远远跑赢主板指数，市场风格极度偏向中小盘股票。随着创业板的强势上涨，市场也纠结于其上涨是否合理，是否存在泡沫，会不会发生风格切换。我们在 7 月 9 日明确认为其上涨具有合理性，未来仍然可获得成长性溢价，建议自下而上配置创业板个股。此后创业板继续强势上涨超 10%，基本符合我们判断。

为什么我们会坚持看好呢？实际上，自 2012 年 12 月 4 日指数见底至 2013 年 7 月 12 日，创业板指数累计上涨 85%，创业板综指上涨70%。在创业板指数成分股中，涨幅超过指数的有35只，平均涨幅达168%，我们将其定义为“创业新蓝筹”。这35只个股在创业板指数涨幅中的贡献度达到78%，在创业板综指的上涨中贡献度达到53%，可以说这35家公司引领了创业板的大幅上涨。这35只个股占所有创业板355家公司的比重约为10%，与我们平时所谈论的大约只有5%～10%的个股能够穿越牛熊的比例也相差不大。

问题是，这些股票真的很贵吗？从估值来看，2013年底创业板指数的PE（动态PE仅为34倍）在50倍左右，相当于2011年的水平，比2010年的最高水平70～80倍低不少。但由于创业板设立时间过短，估值纵向对比意义不大，而且高估值源于高成长，因此考察PEG指标（市盈率相对盈利增长比率）更有意义。

这35家公司的代表性较为明显，2013年第一季度公布的净利润增速和2013年整体预测净利润增速基本保持在50%左右。从PEG的角度来看，上一个观察点（2013年7月8日）预测PEG在0.85左右，沪深300的2013年预测PEG也是0.85左右。也就是说，它们处在估值与成长的同一条无差异曲线上，创业板估值并没有明显高估。当时的数据显示，35只“创业新蓝筹”的PEG提升到了0.95左右，在2013年7月8日至12日这几天快速上涨了约10%。这也与创业板指数的上涨幅度相符合，说明这35只“创业新蓝筹”很好地代表了创业板指数的上涨。

事实上，这些“创业新蓝筹”的平均PEG从2013年初的0.5附近逐步向1回归（2012年净利润增速为28%，2013年初PE约为30倍，按此增速计算的PEG约为1.1，2013年的业绩当时预测上调至50%左右），并且在2013年7月1日至12日中逐步超越沪深 300，充分代表了市场对代表转型方向的成长股的偏好在逐步增加，在业绩预测明显下调之前仍给予其一定的成长性溢价。

鉴于 PEG 都根据预期计算所得，因此最为核心的问题就落实到成长性的探讨上。2013 年的中报是否符合增长预期至关重要，这也是一个关键的证伪时刻。这 35 家公司第一季度业绩增长率为 49%，全年预测为 50% 左右，也就是说至少从一季报来看，35 家公司的业绩基本符合预期。我认为从 2013 年全年来看，35 家公司大幅低于预期的概率并不高。原因有四：

（1）大部分创业板公司是 2010 年、2011 年上市的，经过 1 ～ 2 年的业绩沉淀，2013 年很可能迎来拐点。

（2）募集的资金陆续投产，到了发挥效益的阶段。据 Wind 的数据统计，创业板公司募投项目已投入资金占募集资金超过 60%，大部分项目已进入投产期。

（3）解禁临近，释放业绩的动力很足。35 只股票中有 23 只个股的大非（占比较大的非流通股）在 2012 年底至 2013 年解禁，上市公司释放业绩的动力更为充分。

（4）并购重组，充实业绩。据统计，A 股上市公司的并购案数量在 2013 年第二季度出现了大幅上升，环比第一季度上升 50%，其中创业板并购数量的增速是最快的，第二季度增加近 70%。由于经济增长趋缓，各产业将面临产业集中度提升的要求，而创业板公司现金储备较好，随着募投项目集中投产释放，将有更多动力进行并购。并购往往是企业提高市场占有率、提高产业链上下游整合度的重要手段，因此对于企业的未来经营甚至是当下的业绩都会有影响。

截至2013年7月15日，创业板公司基本上都发布了中报业绩预告。我们统计了35家公司当时的中报业绩预告，整体来看，35家公司的净利润在29.8亿～33.6亿元，业绩增长范围为33.4%～50.4%，基本符合全年预期。整个创业板的业绩预增-6%～10%，再次验证核心股票带动指数上涨是具有一定业绩支撑的。具体来看，约一半公司的业绩符合预期或超预期，剩下的个股业绩未达到预期的原因存在一定差异性，如上半年并购后尚未完成并表、项目结算周期集中在下半年等，业绩明显低于预期的有3家，占比不到10%。

尽管2013年小盘股热点貌似与2010年如出一辙——主题投资风格盛行，热点的轮动都与经济转型的大方向相关，但是它们有一点不同——2010年那次转型是虚的，这次应该更可靠一些。一个可以类比的案例是所谓“漂亮50”——20世纪70年代，美国经济也经历了潜在增速下降阶段和转型期，与中国2013年的情况非常类似。以标普500为大盘股样本指数，以纳斯达克为小盘股样本指数，小盘股在潜在增速下降初期阶段跑赢大盘股，在转型的中期大幅跑输，在成功转型后又再次跑赢。从整个阶段来看，表现出的更多是小盘股的高弹性。在此期间，美国股票市场也出现了一批受市场青睐的成长股。

2012年底，我判断2013年宏观经济和市场的格局大体是新常态（经济减速波动并缺乏弹性）、求改革（星星点点，深秋季进入高潮）、追寻隐形冠军（找主题和转型受益）。所谓隐形冠军，指细分行业中隐藏的“看不见的冠军”，它们或拥有先进的业务模式，或占据独特的竞争利基市场，或拥有较高的技术壁垒——它们有可能成长为参天巨木。在经济适度增长、货币中性的新常态中，行业将趋于分化，符合政策方向、业务模式领先或利基市场占优的隐形冠军将脱颖而出。你想想这是不是也对应了官方的口径——稳增长、促改革、调结构呢？当然，这里面可能有业绩地雷，但从大趋势上来看，市值从传统行业向新兴行业的切换不可避免，从 PEG 上仍然可给予其适当的成长溢价。如果给予创业板公司 10% ～ 20% 的并购和转型溢价，即核心股票的 PEG 修复至 1.1 ～ 1.2，就会拉动创业板指数（在 2013 年 7 月 12 日的基础上）继续上涨 15% ～ 25%。之后，我们就建议大家警惕泡沫和风险了。

市场其实是很聪明和有效的，这也倒映出一个缺乏弹性、在转型中受到磨难的经济体和投资者的心路历程。市场也在不断尝试风格切换，特别是对于跌幅过大的强周期板块，每当有些宏观政策松动的猜测，或者数据略微有些起色，就躁动不已，但始终切换得不太成功。

逆风而行：全球及中国宏观经济 2017

2016 年对于中国金融市场而言，可谓是漫长的一年，它以股票市场的两次熔断开始，年关将近则以债券的猛烈下跌收尾，其间还经历了黑色风暴，即以煤炭为代表的大宗商品价格的激烈跌宕。“人无贬基”（人民币并没有中长期贬值的基础），但短期人民币对美元的中间价格一度接近 7，最后一二线核心城市的房地产价格大幅上涨，强力政策再度出台。

全球经济也不省心，各主要经济体仍然处于缓慢复苏进程中，但是来自政治层面的变化带来很多不确定性。2016 年英国脱欧公投及美国大选两大事件带来的市场动荡增加了全球经济形势的复杂性。2016年可谓黑天鹅湖之年，如果是一只或两只黑天鹅，你可以说是世界错了，但是如果看到的全都是黑天鹅的话，那可能不是世界错了，而是你认识这个世界的方法错了。当然，如果两个都错了，那就没办法了。

美国经济总体保持向上势头。2016年第三季度美国GDP环比折年率上升至3.2%，显示经济仍具有充足的增长潜力。11月美国PMI指数达到53.2的年内高点，消费保持稳定，私人投资继续上升，并且净出口数据经过一段时间的负增长之后呈现出正增长。这些动力为美国经济复苏提供了强有力的支撑。随之而来的是12月美联储进行了2008年金融危机以来的第二次加息，符合市场预期，但是2017年加息提速的预测超出市场预期，也显示了美联储对经济复苏的乐观预判。

特朗普的当选超出了大家的预期，不过整体政策基调偏务实，重点关注就业、基建和移民等经济利益问题。特朗普推出减税及基础设施投资计划，进一步强化经济增长的预期，继续维持较低利率的必要性大大减弱。从货币政策转向扩张性的财政政策，可能会推升通货膨胀，从而进一步加速美联储加息的进程。加息进程的加快可能进一步吸引资金回流美国，加剧汇率与贸易之争，给全球局势带来新的冲击。当然，美元指数的上行和美债利率的上行将隐含一部分加息的效果。美国10年期国债利率从1.8上升到2.3，已经相当于加息了两次。大规模财政刺激将带来更多赤字，也将压制加息的实际操作空间。

欧洲经济缓慢复苏且QE无效。欧元区2016年第三季度GDP季调环比折年率增长1.4%，复苏动能仍然偏弱。生产端维持扩张趋势，但出口与消费保持低迷。通货紧缩压力仍存，就业有所恢复。日益频发的恐怖袭击极大打击了欧元区的投资者及消费者信心，欧洲经济复苏仍困难重重。但由于几无降息空间，宽松政策边际效用递减，欧洲央行对进一步扩大宽松保持谨慎。2016年12月欧洲央行在维持利率不变的同时，对QE实施了“延期缩量”的举措，类似于“QE Taper”（量化宽松渐进式缩减），即“以时间换空间”。同时，面对美联储加息引发的资本流动冲击，欧洲央行其实也无能为力。

在民粹主义抬头和逆全球化趋势背景下，风险主要来自欧洲的政局。欧洲的状况就是不进则“溃”，在政治上，如果想让欧盟达到更紧密的一体化，只能做三件事情：第一，更为强力的银行业联盟；第二，更为有力的财政联盟；第三，更为一致的移民、难民和边界政策。但现在任何一个敢在这些方面做出一丁点努力尝试的政治势力就是在自找麻烦。

在经济上，欧洲的南北经济分化严重，欧元的一面应该是被低估的德国马克，另一面应该是被高估的南部的意大利或者希腊的货币。其实欧洲的南北关系就如同中美之间的关系，北部用良好的制造业换取贸易盈利，然后输送给南部用于建设福利国家和房地产投资，所以欧元只是把强货币与弱货币绑在了一起，其实一种货币与两种货币完全盯住的效果是一样的。所以欧洲的经济困境核心在于，南部的国家绝对不可能通过内生的改革和福利的消减，获得像北部国家一样的产业竞争力和出口盈利，因此南部任何一个国家在这个时点都只想做一件事情，就是跟英国脱欧完全一样的事情，因为只有重新获得独立的货币，并且大幅贬值它的货币，它的贸易、出口、福利才会有足够的竞争力。这是非常残酷的事实。

在选举策略上，以前市场觉得意大利公投与英国公投是执政党孤注一掷的豪赌，现在反对党已经发现了这是一个最为有力的竞选武器，只要提到获胜以后一定会进行脱欧公投的话，竞选者的赢面可能就会迅速放大，这可能将成为右翼势力的一个最佳竞选策略。

这背后的深层次原因是全球化进程的阻断，准确地说是美式全球化和美元全球化进程的逆转。全球化已经结束，或者说全球化 3.0 已经结束。在过去 30 年的全球化进程中受损的那群人开始寻求改变，包括给英国脱欧投了赞成票的中老年人、美国大选投票给特朗普的中下阶层白人，以及正在支持欧洲右翼党派的沉默的多数人。

此外，新兴市场国家近年来受需求回落与资本流出困扰，经济增长普遍乏力。2017 年，来自巴西、印度、南非、俄罗斯等资源型新兴国家的风险仍然需要格外关注，一方面这些国家的经济容易受汇率影响，另一方面全球汇率波动幅度极大且不稳定，因此这些国家的金融体系很容易遭受金融冲击，如“美元升值—大宗商品价格下跌—汇率贬值—资本外逃—汇率进一步贬值—资本外逃加剧—国内金融市场动荡”等。随着美联储加息进程的提速，这种风险可能由其中某国或者某几国引起，进而波及其他国家。这种尾部风险一旦真的发生，对复杂的国际形势将犹如雪上加霜，产生的蝴蝶效应可能扩大到其他新兴国家甚至发达国家，可能再次爆发全球性金融危机。

再来看看中国经济，定调 2017 年政策方向的中央经济工作会议的总体基调突出了一个“稳”字。稳是主基调，稳是大局。要在稳的前提下在关键领域有所进取，在把握好度的前提下奋发有为。与此同时，主要领域“四梁八柱”性改革政策已经基本出台，预示着改革的总体框架已经基本稳定。在宏观政策要稳的前提下，货币政策也转向了“稳健中性”，未来中国经济可能需要依靠修复自身动力来持续上行，意味着我们可能需要重返深度城市化这一核心驱动力。我们认为经过 2014 ～ 2016 年的结构调整和杠杆腾挪，中国经济已经出现了一些积极的信号，整体来说我们还是谨慎偏乐观的。

经过连续 3 个季度 6.7% 的平稳增长，中国经济基本稳住了 L 型走势。除了 GDP 数据之外，2016 年第三季度以来大部分经济数据进一步出现修复，PMI 指数重回荣枯线上方，铁路货运量也两年多来首次出现同比增长。PPI 指数同比增速转正，反映企业盈利空间上升。经济企稳的主要动力还是来自政府推出的房地产业去库存政策，以及维持在较高水平的基础设施建设投资增速。

当然，经济增长的核心动力主要还是来自房地产和基建，以及汽车消费。可能有人说这又回到老路上去了。不过，我们认为其中有一定的新意。首先是基建，传统的“铁公基”整体占比已经下降，轨道交通、地下管廊、海绵城市等新型基建成为主要的增长动力。这些投资主要落地在一二线城市，背后有着人口和产业的支撑，财政部和发改委力推的 PPP 项目也在逐渐落地。

其次是房地产投资，当时市场上普遍预期 2018 年可能会出现负增长。但是我们觉得这一轮房价上涨的主要是一二十个一二线城市，同样是有一定需求支撑的，我们预计调控政策的消化期也就是半年左右，基本上价格和销售会在 2018 年三四月稳住。全国商品住宅的去化周期缩短，尤其是一线及二线核心城市，使得库存并不高。同时，目前一二线城市的库销比基本都在六七个月的水平，也会为新增投资带来支撑。我预计，2018 年房地产投资仍然能够维持 5% 左右的增速。中央经济工作会议明确要“防止出现大起大落”“房价上涨压力大的城市要合理增加土地供应”。这也将使得房地产投资保持合理稳定增长。

有可能成为黑马的是制造业投资。制造业投资在经历了连续 5 年的持续下滑后，已经处于历史低位，有企稳的迹象。第一，工业企业利润已经开始修复；第二，PPI 也在 50 多个月之后终于转正；第三，在供给侧改革推进下，民间投资开始有所修复。另外，人民币自“811 汇改”以来已经累计对美元贬值近 15%，叠加外需的局部改善，对 2018 年出口形成一定拉动作用，也对制造业投资提供支撑。因此，当时我们认为 2018 年制造业投资可能会出现 5% 甚至更高的增长。总体来说，在消费和出口保持稳定的情况下，投资这一块能够支撑 2018 年 GDP 维持 6.3% 左右的增速。

当然，值得担忧的仍然是杠杆率过高的问题。不过，我们认为 2014 ～ 2016 年的政策框架可以归纳成移杠杆和各个部门资产负债表的再平衡，主要包括三个大的层次。首先是政府资产负债表的修复，尤其是修复地方的资产负债表，通过提升中央的负债率、PSL、地方债务置换等手段。2017 年底，地方债务置换预计完成近 9 万亿元，2018 年还有 5 万亿～ 6 万亿元的规模，基本上差不多 2014 年底 15.4 万亿元的地方债务都置换了一遍。当时我们预计 2018 年中国的赤字率将提升到 4% ～ 5% 的水平，再叠加上政治周期的因素，将在一定程度上修复政府部门的造血功能。

其次是金融体系的资产负债表的调整，从 2013 年的钱荒开始，到后来再度加强对理财资金的监管，包括对信托、同业、表外资产的整理，中国逐步转向表内的、标准化的、稳健的、以直接金融为主的金融体系。这将大大提升金融服务实体经济的效率。

最后也是最重要的，是对企业资产负债表的修复。目前看到的进展还比较缓慢，但是未来可能会持续加速——正如中央经济工作会议强调“去杠杆方面，要在控制总杠杆率的前提下，把降低企业杠杆率作为重中之重”。主要的措施包括国企的混合所有制改革、PPP 及债转股等，2017 年都有集中落地的示范项目，未来值得重点关注。

我们认为，经过上述结构调整和杠杆腾挪，中国经济应该能够逐步回到一个中长期可持续的新增长阶段。主要动力包括投资层面的深度城市化、消费升级，以及“一带一路”引领的新一代全球化。

其中内需最关键的，还是要回到深度城市化的主线上来。我们可以看到，不管是基建投资，还是房价上涨，主要还是落在有产业和人口支撑的一二线城市，准确来说应该是超级城市群，具体主要包括两个层次：一是以京津冀、长三角、珠三角三个超级城市群为核心的东部沿海地带，未来主要进入城市升级、城市更新和公共服务均等化的阶段，重点发展的是创新产业和生产性、生活性服务业；二是以长江黄金水道为横轴，京广线为纵轴的十字架，我们称之为“产业转移的黄金十字架”，主要包括合肥等皖江城市带、郑州、武汉、长株潭、成渝这五个区域，未来中国制造业将主要分布在这里。西部地区则主要布局能源和地缘中心，同时贯通以现代网络连通体系，包括高铁、重载货运铁路、高速公路网、油气管网、智能电网等。

未来在中国城市化的核心“弓状地带”，通过“一带一路”、京津冀、长江经济带等区域实践建立起未来深度城市化的梯次范本，形成多个产业集聚带和城市群，带动周边中小城市和小城镇的发展，吸引周边的农村劳动力进城镇工作，同时实现其市民化的转变，由此稳步推进城市化的健康发展。在这样的超级城市群里，大城市与中小城市应该依据各自的人力资本、资源禀赋及产业链确定不同的产业分工，形成空间经济合力和内聚力，实现不同城镇化体系的良性互动与均衡发展。同时，推进城市建设管理创新，优化城市空间结构和管理格局，增强城市综合承载能力。发展相对成熟的城市在未来的城镇化过程中将进入城市管理升级和精细化城市运作阶段，包括创建软硬件并重的绿色智慧城市和创新适应大城市圈发展的新型城市管理模式。

中国未来的深度城市化必然会带来劳动生产率和城市集聚效益的提高，带来城镇公共服务和基础设施投资的扩大，带来居民收入和消费的增加，为农业现代化创造条件，从而持续释放出巨大的内需潜能。这正是中国经济长期平稳较快发展的动力源泉所在。

把全球经济串联在一起的就是G2的政经走势，中国的汇率和美国的利率在全球宏观经济中扮演着货币锚的角色，如果两者持续不稳定，将可能直接导致新一轮全球经济危机——加息和贬值幅度过大，不仅仅会使自身经济的稳定性下降，猛烈的外溢效应也会动摇对方经济的稳定度，并驱赶全球天文量级的流动性狼奔豕突，危害无穷。

现在全球的主要经济体在一个黑天鹅湖中和鲨鱼游泳，这个鲨鱼就是下一轮金融经济危机，你不需要比鲨鱼游得快，但是你一定要确保比最后那两个人游得快。稳住当下并伺机而动，未来就可以从容腾挪、纵横捭阖。“他强由他强，清风拂山岗，他横任他横，明月照大江。他自狠来他自恶，我自一口真气足。”确实，中国经济主要还得靠内在修为，金钱不眠，资本来来去去，只要经济可以稳住，中国的长期投资价值终将会被世界认同。

2018 分水岭：流动性尽头与勇敢者游戏

2017 年的关键词大概有两个：第一个词是“芳华”，2018 年是改革开放第 40 个年头，从这个时候开始，我国所要解决的主要矛盾已经转化为人民日益增长的美好生活需要和不平衡不充分的发展之间的矛盾，这代表一个新的发展历程。只有看清楚改革开放后 40 年的历程，你才会知道未来会往哪里调。第二词就是“油腻”，现在中国经济的状态就是一个“油腻”的状态，中等收入陷阱使我们陷在中间，以前的东西我们尝试过了，买得起房子的买了，买不起的也没买。这一年确实让我们感受很多，我们能不能冲出“油腻”的状态呢？

其实 2017 年并不平凡，首先是一个政治大年，中国共产党召开了十九大。从投资者角度来讲，这是中国未来 50 年的一份“商业计划书”，它确定了中国未来的领导人。它让中国的事情很简单，人定了才能做事，但是他们做事情的核心是什么？它有一个排序。什么是排序？把经济搞上去，股市炒上去？不是，它提出了三个重要的任务，不知道大家是否看了，第一个是防范系统性金融风险，第二个是精准扶贫，第三个是防治污染，保护环境。没有提到任何关于增长的事情，也没有提到更多改革的内容，它提到的这三项已经开始慢慢操作了。举一个例子，如精准扶贫。精准扶贫有一些现象。2017 年首富又换人了，很多富人在演讲时觉得钱太多了也是个累赘，赶紧搞一个扶贫基金，其实都蕴含着星星点点的变化。若你说跟你没关系，对，可能你还没在中国 500 强富豪榜上，但是房产税跟你有关系，也许 2018 年没有，也许 2019 年没有，但是谁能保证 2020 年和未来没有？这与我们的生活密切联系在一起，这是一个政治大年。

同样，2017 年也是一个金融大年。2017 年 7 月开了一个金融工作会议，提出了一个新的机构。一直排位较高的是发改委，整个国务院排名最后的是人民银行，大家好像觉得不太对头。这次成立金稳委，它由国务院分管金融的副总理担任主任，这是一个副国级的单位，置于其他部门之上。为什么建立这样一个单位？很多人都关心这个问题，很多年轻的从业人员不止一次问我："这会对我的职业生涯有什么影响，我的职业生涯由此变短了还是变长了？"大家在金融领域工作的，最终要尽快实现小目标就是靠加杠杆。我觉得从业人员的职业生涯大概率会延长。2017 年资管新规横扫 20 万亿元的影子银行，画面太美，没法想象。这就是 2017 年，但是这些东西按照俗话来说也仅仅只是刚刚开始。

2018 年怎么样？2018 年是流动性与实体经济的分水岭。我们称之为三高一低，这是全球经济和金融面临的现状。什么是三高？高血压、高血脂、高血糖？不是，我们可以做一个类比。全球央行资产负债表规模达有史以来最高，这是我们主要的几台印钞机。2018 年我们有一个判断，这可能是 10 年以来全球流动性的总拐点，从 2008 年到 2018 年这 10 年印出的钞票当时是人类历史上最多的，所以这是一个分水岭。当时全球主要经济体的负债水平、杠杆水平达有史以来最高，2018 年曾是我们人类欠债最多的时刻。相对应的是资产的价格，所谓风险资产，指的是房地产和股票，它的估值水平当时也达有史以来最高，美国已经回到 2008 年金融危机以前的高位，股票已经到了 1929 年的新高。这是三高的特征。同时还有一低，2018 年 VIX 指数创了历史新低。它是波动率指数，当这个指数往上冲时，如过了 40，就是惊涛骇浪。当它下行的时候，特别是降到 10 以下时，则是岁月静好。当时全球投资者的判断是岁月从来没有这么静好过。作为一位职业经济学家，我告诉大家，我感觉挺可怕的，如同一个人有三高，但是这些指标的波动幅度有史以来最低，非常完美。中国投资者都喜欢 8 这个数字，我们觉得 8 是幸运的，但是作为一个经济学家，碰到 8 我就很紧张，2008 年金融危机，1998 年亚洲仍陷金融危机，1988 年美国股灾，2018 年又到了 8 的年份。

2000 年是互联网泡沫，2008 年是房地产泡沫，现在到处都是泡沫。过去 10 多年我们投放的货币的总量是前所未有的，大家看最为“性感”的投资就是比特币，人类历史上所有的资产泡沫加在一起都没有它大，它在 10 多年里面涨了 2000 多万倍，年化率约 600%，比腾讯“性感”多了。如果大量的流动性集中在一些小规模的资产，包括区块链，它号称要改造这个世界，成为货币中的货币，我认为最后它会成为泡沫中的泡沫。

不经意中欧洲 2017 年拯救了人民币汇率，美元指数是欧洲和美国相对的强弱指数，本来欧洲要经历德法等三场大选，但欧洲真的非常幸运，居然拿到了一手同花顺，每关都过了。你认真看，其实整个欧元快速上行是在特朗普当选以后，大家觉得欧元不可能解体，而最后一场德国大选，反对党和反对移民与脱欧的政党的得票率从来没有这么高过，2018 年意大利五星运动如火如荼。中国其他周边国家也从来没有如此不太平过，经常搞点地震之类的事情，整个中国“一带一路”相对而言都被封住了。当然，这只是刚刚开始。特朗普拿了我们 2500 亿美元的订单，回去告诉我们他是我们的竞争对手。如果他是一个商人的话，则是我们最难打交道的商人，未来全球化的路会非常坎坷。如果一只黑天鹅彻底消失，我们就是很幸运的了。

中国经济到底是新周期还是旧繁荣一直处于争议之中。过去 10 多年里，中国的居民部门杠杆水平增加近 30%，房产投资是增加的主要原因；地方政府部门的负债由之前的 1% 增加至 35%，其中基建投资是主要原因，居民部门和政府部门这两个主要部门累积了巨大的负债和杠杆。就金融部门而言，美国金融部门的杠杆由 2007 年的最高点 122% 迅速下降至 80% 的水平，而中国逆流而上，从金融危机之前的 40% 上升到现在的 100%。所以，可以理解为什么三大攻坚任务中将防范金融风险和去杠杆作为首要任务。

2018 年全球的几个重要风险是：第一，美国减税，新兴经济体是否采取措施抑制资本外流，包括可能的热钱和中长期的资本投资。第二，意大利大选，德国大选险胜的背后折射出反欧洲联盟党派的得票处于历史高位，2018 年意大利处于新的风险关口。第三，中美贸易博弈，美国与中国签订 2000 亿美元的订单后，随即将中国列为主要的战略竞争对手，这意味着进一步贸易摩擦难以避免。短期来看，人民币走势相对比较坚挺，当时我们预期未来 1 年内人民币汇率有一个不对称的变化空间，可能处于

6.4 ～ 6.8 的波动区间。第四，其他风险还包括朝核问题、中东等地缘敏感区域。

2018 年是改革开放 40 周年，也是党的十九大后新时代的开局之年。新时代中国社会的主要矛盾转变为“人民日益增长的美好生活需要和不平衡不充分的发展之间的矛盾”。从需求、供给和分配角度来看，我们的需求由过去的房子、车子等物质层面，更多地转变为更安全的食品，更美好的环境，更好的医疗、教育和养老服务，以及社会公平等非物质层面。其实经济也不是很复杂。有一句玩笑说，只要教会猴子需求与供给，猴子也能成为经济学家，所以供给和需求一直是两个重要的因素。供给不充分，什么是不充分？这次中央经济工作会议提到我们要关注青少年早期教育，既有安全，也有质量。我相信不充分就意味着教育、医疗、养老、公共服务都不充分，不充分就要增加供给，而且是有效供给，才能使供给弥补我们的需求。会议还提到了“不平衡”这个词。中国有什么不平衡？中国有很多不平衡，如消费和投资的不平衡、制造业和服务业的不平衡。但中国最重要的不平衡包括三个：第一个是城乡不平衡，第二个是中东西部不平衡，第三个是居民财富分配不平衡。

纵观过去 40 多年的中国经济发展历程，从需求侧看，这个阶段是外向加工型的全球化 3.0，中国成为“世界工厂”，中国制造以高性价比风靡世界，中国以自己的廉价劳动力和土地加入美国所领导的产业链，典型的是手机制造业，这是外需；同时也是城市化 1.0，也就是我们看到的土地城市化，卖地、成立新区，大量基建、土地财政和常住人口导入带来了城市繁荣，这是内需。从供给侧看，近 40 多年是工业化 2.0 阶段，就是福特制，即大规模的流水线生产，最典型的例子就是富士康，中国有良好的受过教育的劳动力；也是信息化 1.0，如 BATJ 代表的信息、社交、通信、电商的崛起。从投资角度看，中国涌现了以“漂亮50”为代表的白电、房地产、银行等企业，符合当前经济发展的需求。从分配角度看，两类核心资产的持有人，如地产大亨、科技新贵等已经先富起来了。为了支撑这样的发展，我们做了 GDP 的锦标赛，学会了货币政策的快速流动性的投放，它的副作用（也就是“油腻”）非常清楚，贫富分化、环境恶化、腐败、债务风险、杠杆上升，以及价值观的焦虑等。

未来的需求会变成全球化 4.0，中国将在全球化里扮演重要角色，深度城市化（城市化 2.0）会是经济地理格局的调整。供给侧则直接越过工业化 3.0，奔向工业化 4.0，也就是以智能制造、中国制造 2025 等一系列规划指导的新工业升级，以及通过 ABC［即人工智能（AI）、大数据（big data）、云计算（cloud）］赋能的信息化 2.0。同时，随着一部分人已经富起来了，分配侧的趋势会演进成共同富裕、精准扶贫、收入再分配。这应该是我们这个变化的时代最大的投资逻辑。

大类资产配置的建议如下。第一，房地产，建议适当降低。房地产的周期大约为三年一轮。一线城市因为限购、限售和限贷等， 部分需求流向了三四线城市。我们不大建议按照以前的分类方法将城市分为一二三四线城市，以后只分一线城市群、二线城市群及周边卫星城市、次级或者特色经济区域及地缘能源敏感区域。以这样的逻辑来考虑，一线城市和二线城市及周边卫星城市仍然有保值和一定增值空间，但是高潮已过。

第二，股票分为“新漂亮 50”和“老漂亮 50”。在目前的估值情况下，新一代的“漂亮 50”存在一定可发掘的空间。以前大市值公司所处的行业更多的是房地产和白色家电，但是没有看到环保和军工，未来可能这些行业里会有大市值公司产生。

第三，债券。2018 年 4 月央行开始呈现一定宽松预期，预示着债券一直在估值修复的过程中，但要特别小心信用风险。

第四，原油。由于原油是所有大宗商品的主干，当时我们预期其 2018 年应该能有一定的上升空间，因为 2018 年全球需求在稳定复苏，所以最高会达到 70 ～ 75 美元的水平。如果原油上升的空间有限，那么总体大宗商品的价格不会大幅度上升，我们认为 2018 年的 PPI 会维持在 3% ～ 4% 的空间，上游商品的价格会趋于平稳。

第五，黄金配置。考虑到地缘风险的上升，2017 年黄金取得了较好的收益，2018 年行情趋同于 2017 年。

总之，短中期整个市场难以高歌猛进，可适当降低房产，增加科技类股权，调整高等级债券，适当配置大宗商品，并加入更多的黄金、美元等保值资产来应对不确定的未来。

科创板的使命：星星之火，可以燎原

“科学技术也是生产力”是马克思的洞见。邓小平更进一步，认为科学技术是第一生产力。熊彼特认为创新是经济发展的根本现象，是突破平庸的循环流转过程的基本力量。而企业，作为科技创新的重要载体，则是“创造性破坏”机制能否发挥的关键。

中国有句老话：“星星之火，可以燎原。”1927 年革命失败后，毛泽东曾以此为题，号召革命队伍上下抓住事物的本质，不宜过度悲观。那么，科创板的本质是什么，在新时代的中国和

"改革开放 2.0"中，肩负着什么使命？

转型的方向

中国经济增速趋稳，到底是需求侧的问题，还是供给侧的问题？我们的观点是，从周期上来看是需求侧，表现为金融危机之后的外需趋弱；从趋势上来看是供给侧，表现为潜在经济增速，即自然增长率的趋稳。从表面上看，中国经济增速趋稳的直接原因是 2008 年金融危机，所以是需求侧的冲击，但在此之前，中国潜在经济增速已经开始下降。这是因为传统的经济增长模式遇到了瓶颈。一方面，2004 年前后，中国进入后刘易斯拐点时代，农村转移劳动力供应不足，非熟练劳动力工资开始上升，不断侵蚀中国制造业的全球竞争力。另一方面，2011 年前后，中国社会的老龄化程度加深，老龄人口占比超过 10% 且不断上升，劳动人口占比开始出现下降，新出生人口不断创新低。经济增长内在地要求要素之间的匹配，在技术不变的情况下，劳动供给不足自然使资本产出效率下降。而且，在投资驱动工业化发展战略的指引下，由于金融配置资源的低效，出现了严重的产能过剩情况。劳动要素出现短缺，资本要素边际报酬下降，这就是供给侧结构性改革所要面对和解决的问题。如何转变经济增长动能，是中国转型的方向。党的十九大报告明确指出，中国经济转型的一个维度就是经济增长动能的转型，即由过去依靠要素投入转变为依靠全要素生产率的提升。过去 40 多年，中国全要素生产率的提升主要源自劳动要素的优化配置。未来，在人口红利不断消失的背景下，全要素生产率的提升将更加依赖资本的优化配置。这是金融供给侧改革的核心逻辑，也是未来金融市场化改革的主线。全要素生产率中的资源配置效率和微观主体效率这两者都与金融市场能否发挥资源配置的功能有关。

金融的角色

在计划经济时期，中国并没有一般意义上的金融。央行发挥着财政的出纳作用，商业银行被看作央行的分支机构，替财政拨款。这种状态直到 1983 年 9 月 17 日国务院颁布《关于中国人民银行专门行使中央银行职能的决定》才逐渐转变。但直到今日，中国的金融市场仍有计划经济的底色，集中体现为金融在投资驱动和出口导向的工业化战略中发挥的作用。它不仅是中国的特色，也是以日本为代表的“东亚模式”的特色。在《金融体系和专业转型的政治》一书中，齐斯曼从金融市场结构的视角，考察了一个国家执行产业政策的能力。他将金融体系分为三种类型：第一种以资本市场为主导，发行股票是企业进行长期融资的主要方式，银行更多提供短期融资。这种类型以英国和美国为代表，是市场经济的典型。第二种以银行信贷为主导，相对于政府控制资金的价格和分配，资本市场只发挥有限的作用。法国、日本和中国都属于这种类型。第三种以银行信贷为基础，但金融机构可以自主支配资金和定价，政府较少干预。这种类型的代表是德国。在第一种类型与第三种类型的金融体系中，市场在金融资源配置中起决定性作用；但在第二种类型中，非市场力量起决定性作用。阿瑟·克罗伯认为，东亚后发国家为了追求全面的产业发展战略，尽快获取经济增长和技术自主，提升国际竞争力，形成了对配置型金融体系的依赖，其基本特点包括：主银行的金融结构、以利率管制和资本管制为代表的金融抑制、高储蓄率、汇率低估等。这种金融体系的优点是可以集中资源发展重点产业，正如西达·斯考切波所说的："就一个国家创设或强化国家组织、雇用人员、凝聚政治支持、补贴经济企业和资助社会项目的现有能力（及潜在能力）而言，该国筹集和部署金融资源的手段所能告诉我们的，超过任何其他单一要素。"以银行间接融资为主导，国有银行为主体是中国金融结构的一个特色，利率管制与信贷控制和配给是货币调控的基本内容。对于后发国家来说，一个重要的发展瓶颈就是资本积累不足，这也是新中国成立尤其是改革开放以来经济建设面临的重要难题。

周恩来同志在《关于发展国民经济的第二个五年计划的建议》的报告中说："国家建设规模的大小，主要决定于我们可能积累多少资金和如何分配资金。"在1957年第一届全国人民代表大会第四次会议上，著名经济学家马寅初发表了"新人口论"重要演讲，认为"我国最大的矛盾是人口增加得太快而资金积累得似乎太慢"，故主张把人口控制起来，进而降低消费比率，增加资金积累。可以说，这是新中国成立70年以来制定金融政策的重要逻辑，无论是积累还是分配，都是为"四个现代化"服务。从这个角度，也就可以理解为何中国资本市场发展和金融开放相对滞后，为何消费在总需求中的比重难以提升。要想实现技术赶超和自主，就得先向外国学习，这就需要向国外购买技术，但问题是缺美元。所以，如何积累外汇储备，也是当时政策制定者关心的问题。显而易见，要想挣美元，就得出口。要想多出口，就得使出口商品有竞争力，而当时的中国只能靠低价策略，这就需要降低商品的成本和国际价格。商品成本的一大构成就是资金成本，这又得靠利率管制来解决，因为在资金短缺的情况下，如果由市场来决定利率，利率必然是较高的。即使在今天，考察温州民间借贷利率和银行贷款利率的差距，也能发现 10 个百分点左右的利差。除此之外，再配合人民币汇率低估和财政补贴，以及 2001 年加入 WTO，中国快速积累外汇储备。人民币汇率低估是金融抑制的一个体现，也是抑制国内消费的一个因素。对中国而言，2015 年底中央提出供给侧结构性改革任务，"三去一降一补"五大任务—去产能、去库存、去杠杆、降成本和补短板，皆是为了应对金融抑制的后遗症，因为金融抑制的环境致使资金价格信号缺失。政府指令替代了价格，发挥着资源配置的作用，一个一个的产业规划和"五年计划"成为信贷资源配置的发令枪和风向标，带有政治属性的信贷投放必然导致资源浪费。金融改革势在必行。

资本市场与科技创新

据统计，在经济增长中，科技创新平均贡献了 85%。所以，著名管理学大师波特早在 1992 年就说过，一个国家要想提升国际竞争力，必须不断地对产业进行创新和升级，而这又源于对有形资产和无形资产的投资。正如美国《商业周刊》首席经济学家迈克尔 · 曼德尔说的，"如果技术是美国经济的新引擎，那么金融就是燃料"。创新理论的集大成者熊彼特也强调，金融对于创新的作用不可忽视。中国决策层一直强调金融支持实体经济，可以说这集中体现在金融如何支持科技创新上。对有形资产的投资，可以依赖银行间接融资，但对无形资产的投资，则更多地依赖资本市场。资本市场的创新逻辑不只是资金融通，更在于资金融通的形式。金融市场结构——直接融资与间接融资和创新的关系，历来是经济学研究的重点。大量研究显示，资本市场的发展对高科技企业和依赖外部融资的企业的创新有正向激励作用，而银行信贷对此有负面作用。

田轩实证分析了股权市场和信贷市场对依赖外部融资与技术密集型行业的创新的影响，发现股权市场的特征更有助于促进创新。一方面，相比于债务融资，权益融资具有风险和收益共享机制，不会增加企业的财务负担。从新一代创新型企业的特征来看，在生命周期的早期阶段，可抵押资产短缺、亏损是常态，不仅难以获得债务融资，获得之后也会由于还本付息的压力，抑制创新的积极性。另一方面，股权投资者能从市场中提取有用信息，帮助甄别优质的投资项目，这种反馈机制在债务融资市场中是不存在的，债务投资者只关注抵押品的价值，而不关注企业的估值水平。一旦 IPO 发行成功，股票的流动性对企业的创新也有影响，但正面和负面的证据都有。正面的影响机制是较高的流动性有助于大股东增持，由于激励相容，大股东会加强对上市公司的治理和监督。公司的股价取决于企业的长期盈利水平，大股东的监督有助于缓解委托－代理问题，能有效降低代理人追求短期目标的行为。创新的周期较长，却是企业长期竞争力的来源，故为了保证股价的良好表现，大股东也会对创新持支持态度。然而，股票流动性太高，也有可能阻碍创新。公司管理层在面临被收购的压力时，容易做出牺牲公司长期价值，而追求短期利好的行为，创新的激励显著不足。投资者结构和交易制度等对股票的流动性都有显著的影响，在对资本市场进行制度设计时，不能只关注融资的便利性，还需要关注市场的流动性，特别是科创板。总而言之，资本市场在促进企业创新中发挥着重要的作用。党的十八届三中全会在《中共中央关于全面深化改革若干重大问题的决定》中提出，让市场在资源配置中起决定性作用，推进政策性金融机构改革。健全多层次资本市场体系，推进股票发行注册制改革，多渠道推动股权融资，发展并规范债券市场，提高直接融资比重—沿着这个方向推进金融供给侧改革，才能建立有助于推动创新的金融体系。

科创板的使命

中国的专利申请数量全球第一，独角兽企业数量全球第二（仅次于美国），但我们认为中国 A 股市场留不住优秀的新一代创新型企业，也缺少培育创新型企业的制度基础，致使百度、阿里巴巴、腾讯、京东均在境外上市。对比美股和 A 股会发现，美股的大市值公司是微软、亚马逊、苹果、谷歌和 Facebook，以及中概股中的阿里巴巴，还有曾经的京东、新浪等，而 A 股，银行占据半壁江山，剩下的则是石油、保险和白酒。这反映出资本市场是中国金融市场建设短板，其表现之一就是对新一代创新型企业的支持不够，具体原因在于漫长的上市审核周期和同质化的发行条件，而且制度创新的节奏跟不上新一代创新型企业的特征，如连续 3 年盈利的要求等，让众多互联网企业望而却步。为了鼓励科技创新，为科创型企业提供融资便利，也为了让投资者分享创新的红利，中国推出了科创板，进一步丰富多层次资本市场。这是金融供给侧改革的重要一环。科创板有着明确的定位——战略新兴产业。《上海证券交易所科创板企业上市指引推荐》明确将六类战略新兴产业作为重点发行对象：新一代信息技术、高端装备、新材料、新能源、节能环保和生物医药，优先推荐互联网、大数据、云计算、人工智能和制造业深度融合的科技创新企业。同时，科创板还设有“负面清单”，包括国家产业政策明确抑制的行业的企业，如危害国家安全、公共安全、生态安全等。

不仅如此，即使来自以上六大类，科创板还要进一步评估该企业是否具有科技创新的能力，具体评估标准为“六个是否”，强调企业是否掌握自主知识产权，是否拥有高效的研发体系，是否拥有市场认可的研发成果，是否服务于高质量发展，是否具备技术成果转化为经营成果的条件，以及是否具有相对的竞争优势。从已经受理的100多家企业名单来看（数据截至2019年6月），生物制药行业占比最高。为了缩短上市发行周期，科创板首次试点注册制，上交所负责审核，证监会负责注册。证监会需要在20个工作日内对发行人的注册申请做出同意或拒绝的决定，上交所审核时间为3个月以内。考虑到不同行业和投票权结构的企业的异质性，上交所以市值为核心，制定了5套上市市值及财务指标标准，供企业自主选择。除此之外，科创板在战略配售、定价、交易制度、公司治理和退市制度等多个方面都有诸多创新，更多地让市场发挥决定性作用，与主板和中小板等有较大不同。从战略定位上来看，设立科创板的目的是“落实创新驱动和科技强国战略、推动高质量发展、支持上海国际金融中心和科技创新中心建设的重大改革举措，是完善资本市场基础制度、激发市场活力和保护投资者合法权益的重要安排”。好的制度能激励科学家和企业家，制度的漏洞则会鼓励人们的投机和套利行为，有力的外部监督和持续的制度改进同样重要。可以看出，科创板是资本市场与创新的结合点，被看作中国资本市场基础制度改革创新的“试验田”，肩负着以增量改革带动存量改革，激发中国资本市场活力的重要使命。科创板的这点星星之火能否有燎原之势，让我们共同期待！

全球市值前十大公司变迁如图 10-1 所示。

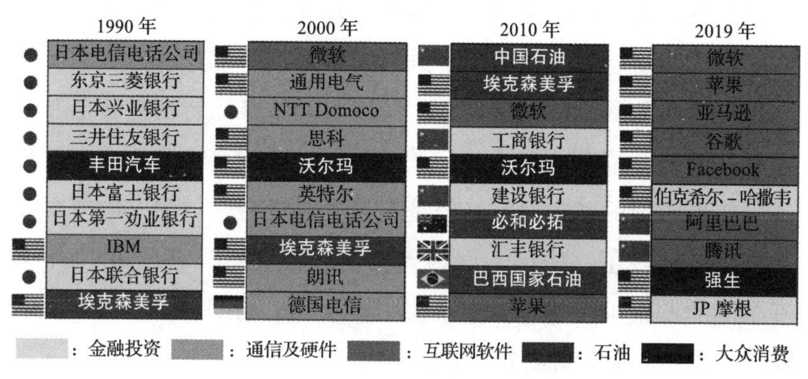

图 10-1 全球市值前十大公司变迁

乘风破浪：2021 年大类资产配置展望

股票之类的风险资产的价值评估，都是由三个因素构成的。第一个因素是所谓的基本面，就是每股盈利（EPS）。如果放大到一个经济体，就是该经济体的 GDP 的增速。这两者之间是一个完全正相关的关系。总体而言，全球的基本面不是特别让人乐观，特别是发达经济体的基本面，比如说美国的经济增长是 -10%，印度的经济增长是负百分之三十几。它们的基本面让人没法看，换句话说，它们的 EPS 肯定不行。中国则不太一样，中国的风险投资已经摆脱了过去的“泥潭”，盈利状况在不断改善。换句话说，中国的 GDP 和 EPS 在 2020 年的第三、第四季度都有所改善，我们也会把投资的重点放到风险投资这一块。但同时，我们需要知道 EPS 的弹性不大，它不可能涨 10% 再跌 10%，它大概只有 2% 或 3% 的弹性。

第二个因素是资产的流动性，它影响着市盈率。如果我们跟踪全球从 2015 年到现在的行情，就会发现全球行情基本上都是由估值推动的，因为全球的基本面不好或者只能说是一般。全球的货币政策还是比较宽松的，虽然美国短期有加息，但是很快就会变成全面的资产流动性释放，所以流动性推动行情的特征非常明显。全球行情被估值推动和基本面推动之间存在着悖论。比如说，如果中国的基本面好，经济在恢复，央行“放水”的节奏就会放缓。实际上，中国人民银行已经有所调整，它在 2020 年第三季度的调整可能就是一个观察期。原来市场期望的一到两次的降准，发生时间或许要往后推。

第三个因素是风险偏好，风险偏好就是指究竟刺激资产往正的方向走，还是往负的方向走。比如说天下太平，大家都很高兴，于是有人就去买股票了。如果地缘风险很大，一个地区各种摩擦、冲撞不断甚至有擦枪走火事件发生的话，此地区的人就会觉得很紧张，这个时候人们肯定会抛弃风险资产向安全投资转移，买国债、黄金、低估值股、蓝筹（指具有稳定盈余的股票）等。所以在未来，这三个因素会处于一个不断调整的过程中。我们也都知道，美国政治可能会酝酿出比较大的不确定性，这个不确定性可能会对风险偏好的形成产生一定的影响。所以，我们在三个因素不断调整的过程中还要保持着谨慎的乐观态度。这也可能更加适合目前三个因素相结合的状态。

进一步来看，市场对投资成长股还是价值股有较大分歧。新经济类型企业 EPS 低甚至无盈利，却有着高市盈率。经济适用型企业往往是指旧经济类型的企业。这些企业的 EPS 处于中低水平，市盈率也较低。为此，我们应该选择的最佳策略是精选新经济类型企业，维护经济适用型企业（挑选低杠杆、核心竞争力强的），常伴消费类企业（EPS 高，市盈率也高）。这样，我们可以高抛低吸，保持主要仓位常在，做长时间的价值投资。

另外，在后疫情时代有 7 个重点投资方向需要我们额外关注。在这 7 个重点投资方向上，我们需要找到相应的合适标的，把它们作为未来 10 年的核心资产来进行配置。这 7 个重点投资方向如下。

- 线上投资（2B、2G、2T）。不仅仅是 C 端方向，投向大家所熟识的 BAT（J）等，还有 B 端也就是企业端、政府端（2G）、物联网端的（2T）。物联网可能是未来互联网进化的方向，有非常明确而且广阔的发展空间。未来，这些线上企业可能会成为万亿元市值的巨头。
- 消费分层。疫情对中产阶级群体的影响是最大的，现在中国整个收入结构是 6 亿人月均收入 1000 ～ 2000 元，4 亿人月均收入 3000 ～ 4000 元，其他 4 亿人的月均收入更高。我们可以看到品牌产品销售、奢侈品销售等都有提升，因为高收入人群经历了资产重估和泡沫经济繁荣，有更多消费升级的需求，而中间阶层人群可能会消费降级，由此廉价电商等会得到长足发展。
- 人工替代与人力维护。疫情使得人们更加注重健康生活，加上中国步入老龄化社会，市场对于医药、医疗、医养、医美的刚需必然会持续快速增长。同时，人们对于机器替代人工、智能自动化操作的需求也会水涨船高。

- 新基建。新老基建同时发力来支持经济增长和转型。一个经济如果只发展房地产是没有未来的，但如果不发展房地产就没有当下。在这个过程中，老基建和房地产会提供一定的缓冲空间，我们希望新基建和高技术产业能够成长起来。新基建主要是数字基建。5G不仅是一个通信技术，而是连接着未来的无穷无尽的智能元器件的一个中枢神经系统。也就是说，5G并不是从3G到4G这么简单，因为4G的终端是手机，现在全球70亿人口就有40亿部手机。但是在物联网时代，智能元器件会越来越多。比如说一个人可能有2部手机，但是未来的智能汽车、电子锁、摄像头、智能冰箱、智能家居等可能有10个甚至20个智能元器件，会有更多的连接，而它们的控制中枢都是由5G、6G或者AI等系统来连接的，所以新基建的发展空间巨大。
- 进口替代和自主可控。疫情以后，全球可能会形成不同的技术集团，大国的科技竞争激烈程度不会下降，因此在核心技术方面，我们强调进口替代和自主可控是必要的选择。
- 责任投资ESG，即环境（environmental）、社会（social）和公司治理（governance）。ESG是衡量上市公司是否具备足够社会责任感的重要标准。疫情使人们更加注重环境、社区和公益，因此正在兴起的责任投资成为未来的必需选择。中国预期在2030年前让碳排放达到峰值，2060年前让净碳排放量为零，即“碳中和”。这是对企业的环境可持续发展能力的检验，唯有在ESG方面有长期投入的企业才能得到投资者的长期青睐。

- 新世代（Z 世代）。未来是属于年轻人的，因此要研究他们偏好的各个方面，如潮玩、b 站，以及各种次生文化圈层和现象（见图 10-2）。

图 10-2　次生文化

至于债券类投资，主要是基于利率因素的，债券的调整比股票要早得多。在 2020 年 6 月的陆家嘴论坛上，“一行两会”（指中国人民银行、中国银行保险监督管理委员会、中国证券监督管理委员会）的几位领导其实释放的是比较“鹰派”的信号。他们提到货币政策，包括流动性可能会有一定修正，在债券市场上其实反映得很明显。现在债券市场的整个收益率其实是有所上升的。在目前状态下，对于债券来说，如果没有大面积的流动性释放，我们可能都会持一种观望的状态。当然，这种流动性释放包括了交易和配置。就配置而言，10 年期国债收益率到 3% 以上，就可以开始配置了；就交易而言，里面的利差可能会比较小，所以相对来说会比较鸡肋，这也是大家已经观察到了的。至于信用债，可能会出现一些信用债违约风险，同时拉大信用利差。

房地产其实是比较让人纠结的投资。我们的观点一直是只知道造房子的经济没有未来，不知道造房子的经济没有当下，中间隔着房产税和注册制（含退市制度）。房地产总体的价格是上升的，因为现在房地产总量的流动性释放肯定有一部分去了实体经济，有一部分去了虚拟经济，包括股票和房子。房地产的问题在于我们没有房子可买，因为现在全国都在限价、限购，进行各种各样的调整，如深圳的政策调整。如果用广义货币来衡量房地产的整个流动性释放过程，我们会看到这样一个数据。2020 年 10 月，中国 M2 同比增长约 10% 左右，而经济增长约 3.5% 左右。也就是说，房地产多供应的流动性接近 6 ～ 7 个百分点，这在历史水平上都是比较高的，而这多供应的货币一定要有地方去。美国就更夸张了，2020 年 8 月美国的 M2 同比增长约 25%。我觉得这应该是美国历史最高的同比增速了。而美国的经济增长是 -10%，这两者一减，30% 的货币供应去哪儿了？不是去推升了股价，就是买了房子，所以美股和美国房地产价格都创下了新高，这对我们来说也是一个警示。现在用美股做基本面投资、价值投资的人，可能感觉有点“麻烦”，因为美国经济和 EPS 都不太行，估值提升实在太快。也因此，对于美国房产会有怎样的走向，我们也不知道，还在观察。

最近两年黄金的估值是非常抢眼的。2020 年 3 月，黄金从每盎司[1] 1700 美元跌掉到每盎司 1500 美元。在全球金融市场一片哀号的时候，黄金作为一个标准的避险资产居然也经历了暴跌，不过很快就从每盎司 1500 美元反弹到了每盎司 2000 美元的历史新高。

总体而言，黄金并不是一个特别好的投资资产。因为在很长一段时间（几十年）的时间里，黄金的年化收益率也就约 3% 左

---

[1] 1 盎司≈ 28.35 克。

右，只是一个温和的通胀水平。换句话说，在过去很长的时间里，投资黄金跟投资股票股权相比并没有明显优势。

但是黄金有两个重要属性。第一，黄金是用来抵抗风险的，所以当市场波动变得非常剧烈，世界变得非常不确定，具有较大风险甚至面临战争威胁的时候，它的价格会明显上升，所谓“乱世藏金”。第二，黄金可以对抗流动性泛滥，2020 年以来全球性的流动性非常泛滥，黄金作为古典时代的一种遗迹、一种货币体系的遗迹，一直被用来对抗流动性泛滥及通货膨胀的压力，所以黄金是一种所谓的保值资产。

从历史发展来看，黄金价格从 1968 年以来经历了三轮大的长周期，分别是 1968 ～ 1985 年、1985 ～ 2001 年及 2001 年到现在，其中也有三波大的牛市、三波大的熊市（见图 10-3）。三波牛市的涨幅，第一次接近 2000%，第二次约 35%，第二次接近 600%；三波熊市的跌幅分别是 60%、40% 和 20% 左右。所以总体而言，确定无疑的是黄金价格还是构成了一幅上行图景。

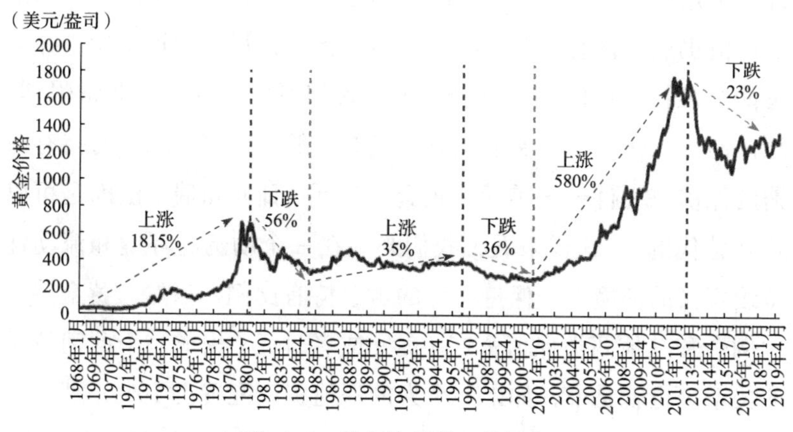

图 10-3　黄金价格的三轮周期

关键问题是，我们要找出是什么原因触发了黄金的牛市和熊市，然后看未来是不是具有同样的背景或者时代因素。虽然黄金的估值在短期内容易受到避险情绪的干扰，但是它的中期走势主要是由全球的实际利率环境决定的。美国是全球经济的火车头，所以一般可以用美国的实际利率来帮助我们判断黄金的中期走势。各种数据显示，黄金价格与美国的实际利率走势高度负相关。回溯历史，伴随着美国经济的下行，美联储开启降息的周期中实际利率往往是回落的，因此会带动黄金上涨。

这样来看，本轮全球经济仍然面临着下行的压力，而这个下行的压力实际上是从2007年次贷危机开始的。这次新冠疫情应当说是加剧了全球经济下行的压力。可见，目前全球宽松的流动性环境是很难改变的。所以，如果美国的经济继续回落，实际利率继续下降，那么黄金的估值应该会有相应的支撑。

同时，考虑到整个全球市场的环境是波动的，而且大型经济体之间摩擦不断，所以世界经济可能会面临一些地缘风险。从另外一个角度来看，全球未来的不确定性是上升的，所以黄金的配置价值仍然非常有优势。特别是美元指数，目前比较低迷，并且可能会维持一段时间。综合考虑，人们对黄金的需求非常强烈。总体而言，作为一个保值工具，我们一般会建议人们同时持有所谓的保值三大件——美元、黄金、日元（日元和瑞士法郎是可以相互替代的）。这样来看，我们必须在一个动荡的环境和流动性持续宽松的环境下，保持一定的黄金持有比例。当然，黄金持有比例会和其他两类保值资产（美元或者日元）构成一个此消彼长的关系。也就是说，如果一个人的保值资产配置占10%，那么黄金和美元或者日元的关系就是，黄金多则另外两种资产少一点，反之也是如此。

有趣的是，同样是为了抗拒流动性狂潮，比特币金光闪闪，黄金却千年不变，相当乏味。

还有一个重要的问题是人民币汇率问题，具体地说就是人民币对美元汇率。在 2020 年的新冠疫情中，不同国家汇率之间的变化是我们分析人民币对美元汇率的一个关键线索。新冠疫情期间，汇率变化确实比较极端。比如说在新冠疫情早期，美元是升值的，但是比较温和，而在新冠疫情在欧洲快速增长的过程中，全球汇率则出现了比较急剧的变化：美元指数迅速冲到了 103。当然，美元指数大部分是欧元和欧系货币构成的，也就是说相对而言欧洲的货币，包括英镑、欧元在内都在贬值，所以这时美元飙升，其他货币贬值。在这种情况下，配置美元是一个比较好的选择。

但是这个过程很快就逆转了，特别是在 2020 年七八月，美元指数迅速下跌，从 103 跌到了 92、93，单月贬值超过了 4%，这段时间贬值超过了 10%。这是一个巨幅的贬值。相应地，英镑和欧元兑美元都升值了 10% 以上，所以全球最重要的两个汇率，也就是美元指数和欧系货币之间此长彼消的关系，决定了全球主要汇率的波动趋势。

除了发达国家的货币以外，就是新兴市场国家的货币，包括中国的货币。毫无疑问，当美元升值的时候，全部新兴市场国家的货币都在贬值，人民币也不例外。在美元飙升的时候，人民币一度贬到了 7.1、7.2 的水平。当然，随着美元指数的下行，人民币也在不断地升值，目前已经升过了 6.6 的水平，恢复非常快。这虽然是一个短期的汇率变化情况，但是确实给了我们一些线索。2005～2015年，人民币对美元汇率升值接近60%，在这段时间购入人民币资产是比较划算的。从2015年到现在这段时间，人民币兑美元总体而言是呈一定的贬值趋势的。这个时候，当然可能会有一部分资本离开中国，在全球进行投资。人们购买了更多的美元，中国的外汇储备下降，人民币汇率走了一个下行通道。所以从2015年8月11日汇改（指中国人民银行宣布调整人民币对美元汇率中间价报价机制）开始，人民币一度从比较高的6.2贬值到7左右的水平，而现在大家已经慢慢地习惯了人民币在7左右的水平了。

谈到汇率波动，我们必须要认识到存在一个所谓的美元周期，美元指数波动如图10-4所示。1973年以后美元不再跟黄金挂钩，开始了大幅波动，线条代表着美元每一次周期的变化。我们可以看到，美元指数基本上经历了三次大的上行，但是每一次上行的高峰位置都有所下降，底部相对来说是比较结实的，大概在85～90左右。

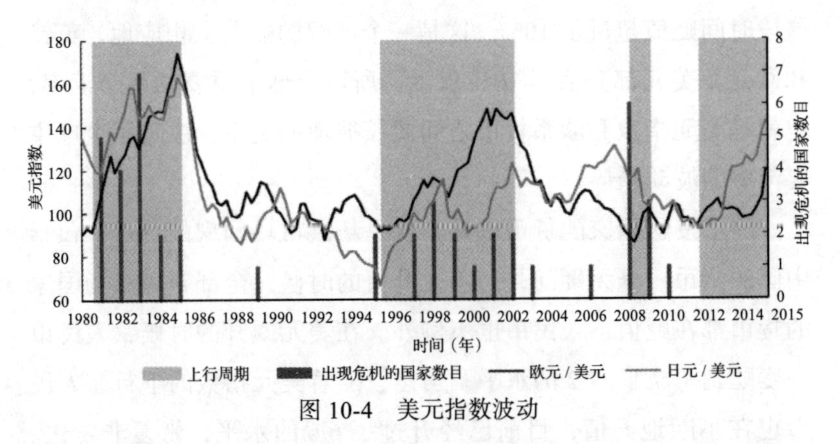

图10-4 美元指数波动

每一次美元指数上行的时候，都会出现很多柱子，代表的是出现危机的国家数目。第一次是 1918 年的美元指数上行，大概有 5 年的时间，基本上摧毁了整个拉丁美洲，也是拉丁美洲金融危机的来源。第二次是在 1995 ～ 2000 年，上行周期也有 5 ～ 6 年，这次美元指数上行摧毁了亚洲的新兴市场国家，亚洲发生了金融危机。第三次美元上行是从 2014 年开始的，2014 ～ 2015 年美元指数上行高度不断增加，在 2020 年的 3 月达到最高位置（103），之后美元指数总体而言是往下走的。如果美元指数变化确实是 5 年（或 6 年）一个周期的话，那么美元指数也许即将进入一个下行周期，这对我们做汇率趋势的判断应当说是有一定的指导作用的。换句话说，如果我们确定美元指数将进入的是一个下行周期，我们就要减少对美元的配置。根据全球汇率此消彼长的关系，欧元、英镑相对来说可能会有一定的升值，人民币也会保持稳定，略有一定的升值。

当然，如果从基本面来看，中国率先从疫情中恢复过来，欧洲疫情的管理及欧洲整个经济的恢复状态也比美国好一点。同时，再看整个货币投放的进程，中国这次的货币流动性投放虽然和以前相比是比较大的，但是相对于世界上所有的大的经济体的货币流动性投放，还是小了很多。中国这次的货币流动性投放不像 2008 年金融危机的时候，没有全力开启印钞模式。总体而言，现在中国的这次货币流动性投放是比较谨慎的。欧洲与中国类似，相对美元而言，欧洲在整个货币流动性投放方面保持着一个比较紧凑的状态。如果把汇率看成是两个国家印钞速度的对比的话，那么一个国家印制的钞票越少，其货币就应该越值钱。所以只要世界市场是相对平稳的，那么全球汇率的大致演化方向就是美元慢慢地贬值，其他国家的货币都有一定的升值空间。对新兴市场而言，人民币的贬值压力会有所缓解，有一定的升值空间。当然，我们也看到，中国政策的意图是并不想让人民币升值太多，因为人民币升值太多的话，可能会对中国的出口形成一定压力，从而消减中国出口的竞争力。

总体而言，如果全球经济复苏比较平稳，中国经济持续增长，那么我们就可以买入人民币。如果全球经济有风吹草动的话，我们就可以买入日元和瑞士法郎。当全球经济面临极度危险的时候，我们可能会更多地配置美元。考虑到美国的整体实力在全球所占的比重确实是下降的，所以美元指数能够恢复到的最高水平也是逐级下降的。我们不排除美元指数会阶段性上升的可能，但它也只有在市场极度恐慌的时候才会出现戏剧性的暴涨。

未来 10 多年左右可能是中国的最佳投资窗口，之后中国的碳排放（城市化加工业化）和老龄化都会达到峰值，情况可以参考日本的 20 世纪 90 年代。在这个过程中，资产价格会膨胀，汇率会升值，国民收入会增加，最终的调整也会由此变得更加剧烈。

代后记　从文艺青年到金融中坚

中国的首席经济学家中有不少文学爱好者，所写研究报告中也有越来越多有趣的内容。邵宇就是其中一个。在过去几年中，他发表了研究报告“如何跑赢印钞机”“金钱不眠：资本阳谋”“德国隐藏在欧元下的五十度灰”……他的宏观研究结合经济模型与历史人文、学科理论与市场实践，读起来趣味横生。

邵宇原是中文系出身。在20世纪90年代市场化大浪潮下，文艺青年邵宇踏入了经济领域，硕士和博士修读经济学及金融学。谈起专业的转变，他表示是因为喜欢经济学研究。他相信人文修养对经济学家很重要：“经济学是科学，也是艺术。经济学固然需要模型数据，更是一个关乎历史人文的学科。我们要意识到理论的局限性，更多地结合人文来回顾历史。”

多年来从复旦大学国际金融系副主任到上海宝山区发改委副主任，再到东方证券首席经济学家，人到中年的邵宇在多种身份之间更懂得融会贯通，只是昔日的文艺情怀被隐藏在日常工作之下，等待机会重新释放。

修行：从文学到经济

邵宇1973年出生在湖南省株洲市田心，“当时那是一个大型的工业基地，整个镇区围绕着一个大型的企业（中车集团），居住了大量的员工和家属”。这个镇构成了一个小型的社会，氛围和周边地方完全不同，“更像一个独立的王国”，从幼儿园到高中，邵宇正是在这个独立王国里成长起来的。出生在一个“企业+移民”氛围浓厚的地方，让他更早地接触到技术创新和开放的思想，也让他产生了后来跨专业考经济学研究生想法的萌芽。

1992年考入湖南科技大学的汉语言文学专业的他，并没有按照专业的方向发展，而是选择报考复旦大学经济学的研究生。当时，中国正处于南方谈话后的第二次改革开放的高潮时期，全国掀起了一股经商的热潮，“大家都在讨论怎么做生意，怎么搞经济发展”。“就和几年前上海自贸区成立一样，每个人都觉得有很多掘金的机会”，在这样的时代潮流的驱动下，大三的他有了“去接触一下关于商业、关于经济方面内容”的想法和一些实践。“当时处在市场化和改革开放的大浪潮，很多人包括体系内的人、文学青年都‘下海’去经商，我不过就是随着潮流而动。那时的创业潮跟现在有点像，我们也倒卖过牛仔裤、收音机等轻工业产品，但比较困惑的是不会记账，做了半天不知道赚了还是赔了，这就激发我去读一些经济相关的书。学经济要学会计、财务、金融、管理，我就以此为契机，更系统地学习相关知识。”

学着学着听说可以考研究生，为了弥补专业差距，大学最后一年，他一头栽进了经济学的书海中。数学、统计、西方经济学、政治经济学，这些原本和一个中文系学生无缘的课程，突然变成了他必须精通的东西。没有补习班，也没有辅导老师，完全靠看书自学。他自我调侃地说道，自己大四一年“有种不务正业的感觉”。“我们文科生当时高考不考数学，所以我数学很烂。但经济学的要求不会因为你的背景而改变，研究生要考高等数学，我只能重新学。我花了很多时间做这方面的学习和研究，自学大量的统计学、微积分、随机分析等。（你觉得不难？）还好，学习过程肯定有点枯燥，但要从事这个行业，这些基本工具肯定要学会。在专业写作时，因为有以前中文的基础，对遣词造句、表述会有更多的考虑和打磨，不会像一般的报告那样，显得比较干涩难阅读。”

“文科是要花很多时间阅读历史、文学史、哲学史、艺术史的。我们过去认为经济学是比较精密的科学，是从定理到结论的很严肃的推导过程，但其实并非完全如此。经济学也是历史经验的提炼和归纳，镶嵌在长长的历史里。只是机械地考虑利润、理性的人并不能完全把握住经济。现代经济，主要是我们讨论的金融投资，仅仅是近二三百年我们生活方式的主流，而以前的人不是这样的。以前的社会只把工作视为很小的部分，人们不是为了利润而工作。这些经济学不会告诉你，但历史会告诉你。现在我们整个社会的节奏都被嵌入到市场经济里了。但回顾历史，看到其他领域（社会、政治、哲学），会有更完整的画面。这个画面对做经济研究是有很大帮助的。”

凿不休则沟深，斧不止则薪多。经过一年自学积淀，邵宇如愿以偿地考上了复旦大学经济学院硕士研究生。“也没有想象中的那么困难，”当被问到跨专业考研的困难时他抬了抬鼻梁上下沉的眼镜，“把该补的课程补上了，一次性就考过了。”

沉淀：从入门到精通

回想起复旦大学从硕士到博士 6 年的求学生涯，邵宇脑海中最先出现的就是两个词汇：“外文书库”和“网球”。这也是他曾经挥洒汗水最多的两个地方。

1996 年北区还在筹建中，所有研究生都住在南区，邵宇就在南区整整生活了 6 年。他现在还经常回忆起这样的下午：金色余晖撒在南区网球场，地上是球网稀稀疏疏的投影。“当时体能很好，顶着烈日，从下午 1 点打到傍晚 6 点不怎么休息也不会累。”他基本上每天都挥汗如雨，课外活动大多是打球。“现在打 20 分钟就累得不行了，最近想重拾这项运动，但还需要点毅力。”他略带惋惜地笑着说道。

他称自己不是一个好学生，“成绩总体较烂”“每次都是刚刚及格，所以绩点也不高”，这种诙谐自谦的另一面却是一个喜欢在图书馆修行的背影。邵宇把泡在图书馆里的那段时光比作一场“修行”。

“现在脑袋里还是那两排桌子，管理员坐在门口，每天都是那几个学子在痴迷地阅读。”当时的文科图书馆，一楼是外文书库，只允许研究生进入。他学习有一个特点，喜欢自学和阅读原典文献。当时中国的经济学理论还处于一个相对早期的发展阶段，国内先进的相关课程和资料还较少。再加上当时研究生并没有现在这么大的就业压力，不需要急着把课程修完空出时间去实习，所以课程分布更加稀疏和均匀。这相对宽松的学习时间恰恰切合他喜欢自学的习惯，他没有把太多时间用于课堂之上，而是把大部分时间花在了图书馆。

“除了打球和上课，很多时候都是从早到晚坐在图书馆里，每一任图书馆管理员我都很熟悉。”大量的英文原始文献阅读为他的经济理论研究打下了坚实的基础，以至于他研究生期间就写出了一本书——《微观金融学及其数学基础》。书的最后是长达数十页的外文参考文献，这种基于原典的参考书在那个资料匮乏的年代是一个巨大的突破。豆瓣网友评论这本书“像是阅读原始文献的读书笔记”，他自己也如是告诉记者。

“找到一手文献就像找到一颗种子一样”，研究生期间他研究的方向是政治经济学，偏向马克思主义经济学，需要额外阅读大量的马克思主义文献。“这对我的帮助很大”，他拿法国经济学家托马斯·皮凯蒂的《21世纪资本论》作为例子，“它只不过是马克思主义的研究或者观点在现在世界的一些演绎”。

在他看来，经典的东西不会过时，有时候只不过是换了一种新的方式呈现出来，“它可能有更加西方化或者先进的方法，但它谈的逻辑和事实本身依旧有启发”。

谈到印象最深的老师，邵宇脱口而出的是他的博士生导师陈观烈先生，他至今难忘在一次讲座上陈老师提出了一个充满预见性的概念——“货币霸权”，提到了美元的霸权和其对全球的影响力。这在2000年还是一个相当新鲜的事物，那时大家对此还没有一个特别清晰的概念，“很遗憾没有把老师的系列思想整理出一个完整的结果来”。

深造：从学生到老师

2002年博士毕业，邵宇选择了留在复旦大学，继续做自己喜欢的研究，将自己在学校吸收的能量慢慢辐射给后辈复旦人，一直到2009年才离开复旦讲台。这七载光阴，他担任过辅导员，当过老师，在牛津大学深造过，在政府挂职锻炼过，每个阶段都收获满满，这些经历都在他后来的工作中打下深深的烙印。

在校期间，他教过金融工程、投资学、金融市场学等本科和研究生课程，而在担任辅导员期间，他在复旦大学带过的学生后来很多跟随他来到了证券公司，成为他所在团队的一员。“因为观点相似，认同你的框架，所以他们愿意跟随你。”在他曾经带过的十多个研究助理中，好几个在复旦大学他便已经交识，很多都成长为了首席经济学家、首席分析师和策略师，出色的已经在某些领域颇有知名度了。

“在复旦的七年，实际上有一年在海外度过，一年在政府度过。”2006年，邵宇进入牛津大学圣安东尼学院进修，在这期间，他听了大量关于政治学、社会学、宗教、地缘政治方面的课程。对于一个学者来说，这是一个开阔眼界的绝佳机会，“对研究框架的形成和事业有很大的帮助”。

如果说海外进修让他能在学理上的经济研究站稳更高点，那么在政府挂职的一年则让他在实践中了解了经济的真正运行逻辑。

“要理解中国经济和其他地方的不同，就要理解其中政府发挥了什么关键作用。”发改委就是一个特别好的切入点，邵宇在上海市宝山区发改委副主任岗位挂职锻炼了一年。在这里工作，“你能理解从中央到地方整个体系和体制是怎样运作的，它的逻辑是什么，它的优点和缺点各是什么，这对你的经济研究大有帮助”。

正是这些经历让他对经济理论与实践之间的关系有了独特的认识。当被问到为什么当初没有选择留在体制内时，他提起了复旦大学的民间校训“自由而无用”。他把自由看成复旦人的底色，自由的底色很重要，一个自由的底色对一个人的价值判断和追求有很大帮助，“待在政府的话你的整个人生的路径、轨迹及价值取向都不太一样。自由在我身上有重要影响，所以觉得政府这条路径未必适合我”。

离去：从校园理论学术到首席经济学家

经济理论与实际状况的偏差让邵宇产生了离开象牙塔走入市场的想法。他把在学校学到的大多东西称为局部的真理，而行业十年的历练则是以开放的心态探究这些真理的过程。

他把学校研究的一些东西戏称为“屠龙术”，看似十分先进，但等我们把这些东西都学会了才发现，这些理论和技巧在解决实际问题上相当差强人意。就好像那本他在研究生阶段写的《微观金融学及其数学基础》，“现在除了前言和后记我基本都看不懂了”。2008 年的金融危机在金融学界产生了理论认识的分水岭，让人们发现“以前学的东西在解释和预测金融危机方面非常苍白”。在学校所学的大多是局部的真理，而邵宇试图追求的是“去真实地感受这个世界，做一些实际的事情，在实践中衡量理论和现实的差距”。

带着复旦大学培育的情怀、积累的学识，邵宇离开了那个生活了 13 年的复旦校园，走入真正的金融世界。步入真实的金融世界无非两种选择——政府的监管机构和行业的金融机构。在这两者之间，他选择了离市场最近的金融机构，从做一名分析师起步。

邵宇第一份工作选择了西南证券，外部的世界并不像学校那样安逸，当时他经常在重庆、上海、北京三地跑。在西南证券研究所待了1年后，他在北京的另外一家证券公司待了1年，最终于2011年回到上海来到了东方证券，直至今天。

“在分析师行业，你的不少时间都在路演和跳槽。”他认为，一个研究者最重要的是自己的IP，不同的平台对IP传播有不同效果，券商相对来说是行业里比较有竞争力和离市场最近的，有利于IP积累和宣传，所以他选择了在券商工作。

凭借广博的学识和丰富的阅历，从2011年入职东方证券至今，他从首席策略师岗位换到了首席经济学家。中国证券业协会的统计数据显示，2015年，国内券商的研究人员具有博士及以上学历的有306人，而首席经济学家的位置，国内券商全部加起来只有不到30个。

在这光鲜的背后是辛勤努力。邵宇1年公开发表文章100多篇，接受采访300多次，演讲200多场，“目前的状态已经是满负荷了”。现在他的生活非常规律，早上6～9点是思考和写作的高峰期，上午9点到下班一般都是接见客户、参加会议、研究交流，6点下班休息，晚上10点多睡觉结束一天的工作和生活。

同样是做经济研究工作，与之前在学校做研究相比，市场上的研究工作有相似的地方也有不同。他把经济学家分成三种：学院型、商业型和政策型。

以前在高校是学院型，日子比较简单，要么研究要么教学，但现在很多时间都在交流和表达。他认为，在学校工作是在一个比较小的圈子中的一种平静的生活方式，它的竞争压力来自同行的学术认可。在券商工作也需要得到同行认可，但更多的是“市场的认可”，特别是“投资者的认可”。学术研究追求理论的精准和美感，而投资者追求模糊的精确。在实际市场上，完全的精准不可能也没有价值，“金融市场充满了巨大的不确定性和运气成分”。

“每一段经历我的感受都不一样。我大概属于分段专一型，调整的契机可能是因为做的时间长了，需要做些变化。但不管做什么工作，花了时间去用心做，就能看到、得到和别人不一样的东西，有些看似走了很多弯路、浪费了很多时间，但最后综合在一起，人会触类旁通。比如我当过老师，做演讲是有优势的。复旦学生非常挑剔，讲得不好会扔臭鸡蛋，这对我的演讲能力有很大的提高。这个技巧对不同的受众其实是可以举一反三的。研究的本质一方面是做出来，还有一方面是传播出去。券商研究的定位和媒体一样，四成研究，六成传播，关起门来闭门造车没人知道是没有价值的。说到政府，在中国整个社会经济生活中，政府是非常重要的角色，如果你不理解政府怎么想、怎么做、怎么看，就不可能对整个经济形势做出清晰的判断。有些经济学家有学术背景，但根本不了解为什么要出台这样的政策。业内开玩笑说只有两种经济学家——做过官的和没做过官的。没做过官的会提出很多天马行空的想法，做过官的则会知道有很多约束的边际条件，不是说不愿意做，而是在现有的条件下只能做到这样。这就比较现实。”

邵宇则能灵活地在三种角色之间转换。他经常参与这三种经济学家的会议，还能在会上碰见复旦大学的老同学、老同事。在1年参加的200多场会议中，商业性质的占了100场左右，学术类型和政府相关的各占 50 场左右，“我觉得一个好的经济学家能在三种角色之间自由转换，它们受到的基本训练是一样的，只要能触类旁通，就应该可以在三者之间灵活来去，这可能是更高的层次吧”。

“成功的花，人们只惊羡于它现时的明艳，然而当初它的芽，洒满了牺牲的血雨”，邵宇浸润在金融市场的近 10 年并不是一路凯歌。他觉得，做研究最大的挫折来自“你的研究不被市场认可”，或者“你的研究出现了重大错误，对重大事件判断的偏差”。“最开始觉得这是很大的羞耻，但是后来慢慢习惯了，我们不过是普通人而已，需要不断从错误中汲取经验，通过打磨让体系更加完整”“市场允许你犯错误”。在金融研究行业难免要“撕报告”，即“报告刚刚写完，相反的事实出现了，直接打脸，你必须把报告撕掉重写，而且是偷偷地撕掉”。他把这种误判看成教训，它让你更加敬畏市场，让你保有更加开放的心态去研究。

谈到研究的价值，很多人认为研究来研究去，结论无非是乐观或者悲观，拍个脑袋就行。他说并非如此，好的研究不应该是锦上添花、歌功颂德，应该是在歌舞升平、洋洋自得中提示风险甚至危机，应当是醒世恒言；而在哀鸿遍野，一片看衰时，则要发现星星之火，见微知著，看到机遇和楼梯所在，提出建设性对策和决策。好的研究也不应该是各种土洋八股、自娱自乐，而是不拘一格、各领风尚。可谓醍醐灌顶。

传道：不变的初心

从学生到教师，从教师到首席经济学家，从学校到市场，变的是身份，不变的是传播真知的初心。

早在硕士生三年级，邵宇就开始了他的第一本书《微观金融学及其数学基础》的写作，即使在参考教材泛滥的今天，邵宇的这本个人“读书笔记”依然没有过时，豆瓣网友评论“金工必读”，有时在一些讲座之后，还经常有学生拿着这本已经绝版的书向他索要签名。

现在，邵宇推荐的是最近的作品《全球化 4.0 ：中国如何重回世界之巅》，“这个框架有很大的解释力，不管是全球化的高潮，还是现在的中美贸易摩擦，它用更长的历史眼光回顾了为什么我们会经历过去的繁荣，为何会出现现在的低潮危机，特别是贸易摩擦、地缘风险等，以及未来如何预见”。这本书的理论框架逐渐得到了学界的认可。他说很高兴能给世界的新进展带来一定的预见性，也很开心很多学者开始用这个框架来描述现在的经济和市场趋势。

这只是“全球宏观三部曲”中的第二部，第一部是《危机三部曲》，是关于 2008 年金融危机的，第三部是正在筹备写作的“全球化 3.5 ：逃逸三重修昔底德陷阱”。“全球化 3.0 演进到 3.5 就是全面的中美贸易、技术、地缘的摩擦”，邵宇表示，这本书预计会在 2021 年出版。

邵宇的书籍常常有文学的味道。在“中国宏观三部曲”系列中，他写过《穿越镀金时代》《新政机遇：改革锦标赛与市场新动力》，还有正在筹划中的第三部“进步新时代”。得益于大学本科四年文学的熏陶，这些书读起来比较轻松，“遣词造句也很得体”。他更乐意以一个比较人文和历史的角度去看待经济学问题，而不仅仅只是数学模型。

这样的“文艺风”也体现在他的演讲中。在 2018 年初的一场题为“2018 分水岭：流动性尽头和勇敢者游戏”的演讲中，他用“芳华”和“油腻”两个词概括了他对 2017 年的印象。前者指改革开放 40 年来中国人的事业、财富和情感的巨大变化，有人成功有人失落；后者指社会经济转型升级发展过程中，产生的类似中年男人所处的一种进退两难的尴尬处境。

除了纸质书，邵宇在许多网络平台也推出了音频作品来传播自己的观点。他在喜马拉雅上有一个与复旦大学经济学院院长张军、助手陈达飞合作的课程——“复旦名师团的经济学课”，意图“把从经济学的基本原理和实际操作中得到的一些感悟和经验通过这种最新的音频方式传播给大众”，即“换一种尝试，以前是写书，现在发现年轻人对音频接受的意愿可能更强”。他也提到，出品的科普理财方面的短音频节目《如何战胜印钞机》正在成为爆款。

“不管是商业研究者还是学术研究者，你的 IP 总归是自己最大的资产。”网络媒体上遍布着他的文章和演讲。在微信朋友圈，他每天都会及时更新热点事件评论和自己在媒体上发布的文章。在采访结束几分钟前，他的朋友圈便发出了一张图片，含蓄地评论刚刚结束的中美之间“坦诚、高效、富有建设性”的贸易问题磋商。

他言语简练而奥妙，论断中饱含着睿智，眼镜背后目光犀利，交谈过程中娓娓道来、逻辑严密。从复旦校园到金融市场，从经济理论到市场实践，他从来没有停止过的是对经济规律和真理的探求。

“我以后大概率会回学校去当老师，”当谈到退出市场后的打算时他如是说，“如果不在金融市场中做真实的研究，纯粹在论文中研究可能会出现偏差。这会驱使我做一些理论与实践相结合的研究，关于中国时代背景下的政策和市场情绪的研究，寻找一种真实的经济学。”“经历了这些，我现在也在复旦、南大等高校做兼职导师，去商学院上课。相比以前的照本宣科，我感觉有了非常大的提升，因为我有更多真实的案例、最鲜活的事件和独创性的框架，学生学到的肯定更有价值。”

经历过学校、政府与市场的修行历练，兼有理论和实践，他能在三类经济学家之间自由转换。他享受在“真实经济学”研究中发现的过程：“读书、教书、写书，是我人生中最快乐的事之一。”

那么曾经的文艺青年梦想还在吗？还在暗暗延续，他还是喜欢大量地阅读、旅行，去看一些戏剧和影视作品。文艺青年梦没有消失，只是被藏在里面了，可能在老一点的时候会再捡起来。现在是在硬邦邦的金融文章里镶嵌这些元素，以后他也可能写财经小说，那就是金融反哺文学，各种尝试不矛盾。平时他也看美剧，看看最新时髦的剧集怎么编写，如《权力的游戏》《纸牌屋》，最近在看讲述华尔街交易、对冲基金博弈的《亿万》。他说：“华尔街题材的影视作品会反应人性，人性也是影响市场的本源之一。在模型计算的基础上，加上人性和情绪的影响，会得出更有趣的结论。”“其实我们也有很好的IP，就看怎么表述出来，也一定是可以做成爆款的。正在写作的《陆家嘴风云》敬请期待！”

旦季

参考文献

[1] 邵宇，秦培景．全球化 4.0：中国如何重回世界之巅 [M]．广西壮族自治区：广西师范大学出版社，2016．

[2] 邵宇．“六新”供给实现产业升级 [J]．金融博览（财富），2015（12）．

[3] 邵宇．一带一路引领千年之变：全球化 1.0 到 4.0 [EB/OL]．http://www.chinatimes.net.cn/article/67401.html，2017-05-15．

[4] 邵宇．“一带一路”风险管控：中国“力量投射”的重大考题 [EB/OL]．http://finance.sina.com.cn/roll/2017-04-13/doc-ifyeifqx5606289.shtml，2017-04-13．

[5] 粤港澳大湾区研究院．粤港澳大湾区研究报告之一创新合作方式促进共同繁荣 [EB/OL]．http://www.dawanqu.org/2017/8-17/ 2NMDE0MzRfMTQxNTQ2NA.html．

[6] 邵宇．深度城市化将持续释放出巨大内需潜能 [EB/OL]．http://www.sohu.com/a/27111022_114984，2015-08-13．

[7] 邵宇．新型城镇化的几种潜在风险 [EB/OL]．http://finance.ifeng.com/a/20130112/7548633_0.shtml，2013-01-12．

[8] 邵宇，王鹏，陈刚．重塑中国：新型城镇化、深度城市化和新四化 [J]．金融发展评论，2013（01）．

[9] 新闻中心中国网．李克强：推进户籍制度改革把农民工转为市民 [EB/OL]．http://www.china.com.cn/news/politics/2012-12/20/content_27474545.htm，2012-12-20．

[10] 智研咨询. 2017年中国GDP、人均GDP及工业增加值统计分析[EB/OL]. http://www.sohu.com/a/164508585_775892，2017-08-14.

[11] 没羽. 西方消费理论文献综述[EB/OL]. https://wenku.baidu.com/view/e0f8743331126edb6f1a10f4.html?from=rec&pos=4&weight=1，2010-11-29.

[12] 李春玲. 当代中国社会的声望分层——职业声望与社会经济地位指数测量[J]. 社会学研究，2005（02）.

[13] 中共中央国务院. 中共中央国务院关于加快发展现代农业进一步增强农村发展活力的若干意见[M]. 北京：人民出版社，2013.

[14] 邵宇. 土地改革：新城镇化的突破点[J]. 金融发展评论，2013（12）.

[15] 邵宇. 存量改造，关停并转——新型城镇化下土地改革之工业用地调整[J]. 东方证券，2013（06）.

[16] 邵宇. 城市欢迎你——新一轮户籍制度改革即将开启[J]. 东方证券，2013（11）.

[17] 邵宇. 改革锦标赛：户籍改革再释人口红利[J]. 中国经济报告，2014（09）.

[18] 邵宇. 自贸区金融改革的逻辑和策略[J]. 清华金融评论，2014（09）.

[19] 邵宇. 国企改革不比预期差，第二轮改革大幕已开启[N]. 第一财经日报，2013-11-19.

[20] 邵宇. 中国利率市场化改革，将通向何方——金改系列报告之二：中国利率市场化的过去与未来[EB/OL]. http://finance.sina.com.cn/money/bond/20130916/140016774631.shtml，2013-09-16.

[21] 邵宇. 中国利率市场化改革之路[J]. 金融市场研究，2013（12）.

[22] 邵宇. 人民币国际化之路：使命召唤还是刀锋之舞[J]. 金融市场研究，2013（12）.

[23] 邵宇. 沪港通与人民币国际化[J]. 中国金融，2014（24）.

[24] 邵宇. 从自贸区到自由港：中国开放新格局[EB/OL]. http://news.hexun.com/2017-11-11/191593211.html，2017-11-11.

[25] 邵宇，陈达飞. 邵宇谈去杠杆三部曲：稳杠杆、移杠杆和去杠杆[J]. 中外企业家，2017（26）.

[26] 邵宇. 供给侧改革——新常态下的中国经济增长 [J]. 新金融, 2015(12).
[27] 邵宇. 穿越镀金时代 [M]. 北京: 东方出版社, 2013.
[28] 邵宇, 秦培景. 危机三部曲: 全球宏观经济、金融、地缘政治大图景 [M]. 上海: 文汇出版社, 2013.
[29] 钟伟, 徐高, 邵宇. 2018年中国经济展望 [J]. 中国外汇, 2017(23).
[30] 邵宇, 吴胜春. 打造穿越黑天鹅湖的新"三驾马车" [J]. 金融市场研究, 2017(01).
[31] 邵宇. 中美贸易战: 逃离三重"修昔底德陷阱" [J]. 清华金融评论, 2018(07).

CFA协会金融前沿译丛

本套丛书为机械工业出版社华章公司与北京CFA协会携手合作，翻译、出版的一系列金融投资领域的前沿著作，甄选全球金融领域最新鲜、实用的金融知识和经验，务求贴合广大金融从业人员的实践需要。

书号	书名	定价
978-7-111-55204-8	华尔街证券分析：股票分析与公司估值（原书第2版）	79.00
978-7-111-52443-4	债券投资策略（原书第2版）	69.00
978-7-111-58572-5	波动率微笑：宽客大师教你建模	79.00
978-7-111-56595-6	多资产配置：投资实践进阶	69.00
978-7-111-51354-4	REITs:人员、流程和管理	59.00
978-7-111-48762-3	投资组合绩效测评实用方法	59.00
978-7-111-53015-2	债券组合投资	59.00
978-7-111-54767-9	证券化与结构化融资：全流程最佳实践指南	99.00
978-7-111-58123-9	并购套利：全球并购投资策略（原书第2版）	80.00
978-7-111-52121-1	现金流建模边学边练	49.00
978-7-111-52048-1	并购指南：如何发现好公司	59.00

金融战争

书号	书名	定价	作者
978-7-111-62403-5	货币变局：洞悉国际强势货币交替	69.00	（美）巴里.艾肯格林
978-7-111-59298-3	金融战争：金融资本如何在全球掠夺财富	69.00	李翀
978-7-111-39155-5	这次不一样：八百年金融危机史（珍藏版）	59.90	（美）卡门M.莱茵哈特 肯尼斯S.罗格夫
978-7-111-62630-5	布雷顿森林货币战：美元如何统治世界（典藏版）	69.00	（美）本・斯泰尔
978-7-111-51779-5	金融危机简史：2000年来的投机、狂热与崩溃	49.00	（英）鲍勃・斯瓦卢普
978-7-111-53472-3	货币政治：汇率政策的政治经济学	49.00	（美）杰弗里 A. 弗里登
978-7-111-52984-2	货币放水的尽头：还有什么能拯救停滞的经济	39.00	（英）简世勋
978-7-111-57923-6	欧元危机:共同货币阴影下的欧洲	59.00	（美）约瑟夫 E.斯蒂格利茨
978-7-111-47393-0	巴塞尔之塔:揭秘国际清算银行主导的世界	69.00	（美）亚当・拉伯
978-7-111-53101-2	货币围城	59.00	（美）约翰・莫尔丁 乔纳森・泰珀
978-7-111-49837-7	日美金融战的真相	45.00	久保田勇夫